普通高等教育"十四五"规划教材
应用型院校会计专业数智化系列教材

总主编　张欣

U0780365

Excel 在财务中的应用

（第二版）

主　编　崔婕

副主编　占文雯

立信会计出版社

LIXIN ACCOUNTING PUBLISHING HOUSE

图书在版编目(CIP)数据

Excel 在财务中的应用 / 崔婕主编. —2 版. —上海：
立信会计出版社，2021.8(2024.8 重印)
ISBN 978 - 7 - 5429 - 6923 - 1

Ⅰ.①E… Ⅱ.①崔… Ⅲ.①表处理软件—应用—
财务管理②Excel Ⅳ.①F275-39

中国版本图书馆 CIP 数据核字(2021)第 169555 号

策划编辑 王艳丽
责任编辑 王艳丽

Excel 在财务中的应用(第二版)

EXCEL ZAI CAIWU ZHONG DE YINGYONG

出版发行	立信会计出版社		
地 址	上海市中山西路 2230 号	邮政编码	200235
电 话	(021)64411389	传 真	(021)64411325
网 址	www.lixinaph.com	电子邮箱	lixinaph2019@126.com
网上书店	http://lixin.jd.com		http://lxkjcbs.tmall.com
经 销	各地新华书店		
印 刷	上海万卷印刷股份有限公司		
开 本	787 毫米×1092 毫米	1/16	
印 张	16		
字 数	390 千字		
版 次	2021 年 8 月第 2 版		
印 次	2024 年 8 月第 8 次		
书 号	ISBN 978 - 7 - 5429 - 6923 - 1/F		
定 价	42.00 元		

第二版前言

《Excel 在财务中的应用》已于 2018 年 11 月由立信会计出版社出版,该书图文并茂,内容详实,重视实践性应用,得到了诸多院校师生和实务工作者的认可。随着时间的推移和知识的更新,编者在吸纳专家、读者反馈意见的基础上,结合近年来教学过程中的使用体会,对本书进行了全面修改。

《Excel 在财务中的应用》(第二版)在原书内容框架的基础上,依据最新会计和财务业务准则,对相关内容进行了更新,并针对全书的重点和难点内容录制了 30 个微课视频,以方便读者掌握相应的知识,使教材更具实用性。具体而言,本书具有以下五个特点。

(1) 为了响应教育部号召,探索构建全员、全课程的大思政教育体系,本书在每个任务的开头都明确提出了学习本任务应掌握的思政目标。

(2) 依据最新会计和财会准则,对相关的业务内容和报表格式进行了更新。

(3) 根据教学需要,在任务 10"投资决策"中新增了资金时间价值函数的内容。

(4) 为了便于读者对本书重点和难点内容的学习和理解,在对应的学习任务中新增了 30 个微课视频。

(5) 对第一版教材中存在的不妥之处进行了重新编写,使教材质量得到了进一步提高。

本书由郑州升达经贸管理学院崔婕担任主编,负责全书框架的拟定和修改组织工作;由占文雯担任副主编;由张欣担任主审。具体编写分工如下:崔婕编写任务 1;肖晓编写任务 2、任务 3;占文雯编写任务 4、任务 5、任务 10;姬昂编写任务 6、任务 8;孔令军编写任务 7、任务 9、任务 11。

本书配有 PPT 课件、Excel 源文件和微课视频,读者可以联系立信会计出版社索取。

编者

2021 年 8 月

前　言

Excel 是 Office 系列软件中用于创建和维护电子表格的应用软件,它不仅具有强大的制表和绘图功能,而且还内置了数学、财务、统计和工程等多种函数,同时也提供了数据管理与分析等多项功能。通过它,用户可以进行各种数据处理、统计分析和辅助决策操作,因此其被广泛地运用于会计、财务和管理等工作中。Excel 2013 以其全新的界面、更简洁的操作等优势,逐渐成为 Excel 中应用最广泛的版本。

本书以 Excel 2013 基本操作为引导和铺垫,将 Excel 在会计和财务中的应用分解成 11 个任务,以任务驱动模式引领读者完成 Excel 在会计和财务中应用的学习。全书共分 4 部分:第 1 部分是 Excel 初认识,介绍了 Excel 的基本操作;第 2 部分是 Excel 在会计核算中的应用,包括 Excel 在会计凭证中的应用、Excel 在会计账簿中的应用、Excel 在财务报表中的应用;第 3 部分是 Excel 在资产管理中的应用,包括 Excel 在现金管理中的应用、Excel 在应收账款管理中的应用、Excel 在存货管理中的应用、Excel 在固定资产管理中的应用;第 4 部分是 Excel 在资金管理中的应用,包括筹资管理、投资决策、Excel 在财务预测与预算中的应用。

本书图文并茂、内容翔实、结构清晰、通俗易懂、重视实践性应用,每个任务末尾都安排了针对性的实战演练,结合大量实例和详尽的操作步骤说明,全面地向读者介绍了 Excel 2013 在会计和财务工作中的具体运用,以培养读者的实际应用能力。本书是多人智慧的结晶,编者都是从事多年教学工作并有丰富实践经验的教师。本书既可作为普通高等院校信息系统专业、信息管理专业、会计电算化专业及其他相关专业的教材,又可作为 Excel 会计应用的培训教材,也是广大 Excel 使用者的一本参考书。

本书由郑州升达经贸管理学院崔婕担任主编,具体编写分工如下:崔婕编写任务 1;肖晓编写任务 2 和任务 3;楚访编写任务 4;陈春先编写任务 5 和任务 7;姬昂编写任务 6 和任务 8;孔令军编写任务 9 和任务 11;郑伟伟编写任务 10。

在本书的编写过程中,参考了一些相关著作和文献,在此向这些著作和文献的作者深表感谢。由于编者水平有限,本书难免有不足之处,欢迎广大读者批评指正。

编者

2018.10

目　　录

第 1 部分　Excel 初认识

第 2 部分　Excel 在会计核算中的应用

第 3 部分　Excel 在资产管理中的应用

第 4 部分　Excel 在资金管理中的应用

第 1 部分

Excel 初认识

Excel 是微软公司 Office 办公系列软件中的电子表格处理软件。它不仅具有强大的数据组织、计算、分析和统计功能，而且可以通过图表、图形等多种形式将处理结果形象地显示出来，还能够方便地与 Office 其他软件互相调用数据，因此，Excel 被广泛地运用于多个行业。对于财务工作者而言，Excel 是其必须掌握的工具之一。大家在学习 Excel 在财务中的具体应用之前，先要初步认识 Excel，了解 Excel 的基本操作。

任务 1　Excel 的基本操作

学习目标 ▶

（1）熟悉 Excel 的工作界面。

（2）熟悉 Excel 的基本操作、Excel 公式和常用函数，掌握 Excel 数据管理和分析方法。

（3）了解 Excel 的图表高级功能。

思政目标 ▶

（1）通过对 Excel 操作规范的学习，培养学生严谨仔细、一丝不苟、严格按会计规范办事的工作作风。

（2）利用 Excel 对数据进行多维度分析，培养学生认真负责、精益求精、积极主动的工作态度。

对于 Excel 初学者来说，首要任务是熟悉它的界面，能够创建工作簿，并对单元格、工作表进行操作。在使用其强大的数据计算功能之前，对公式、数据的管理分析、图表的基本内容有所了解。

1.1　Excel 的启动与退出

1.1.1　Excel 的启动

要使用 Excel，首先应该学会启动 Excel。常用的启动方法有如下几种。

1. 使用"开始"菜单启动

在键盘上按"Win"键或者单击显示屏左下方的"开始"按钮，打开"开始"界面，在"所有程序"中找到 Excel 2013 程序图标，单击即可启动，如图 1.1 所示。

2. 使用桌面快捷方式启动

在桌面单击"开始"按钮，在"所有程序"中找到 Excel 2013 程序图标，右键单击 Excel 2013 程序图标，在弹出的快捷菜单中选择"发送到"→"桌面快捷方式"的命令，如图 1.2 所示，即可为 Excel 2013 创建桌面快捷方式。双击 Excel 2013 快捷方式图标，即可启动 Excel，如图 1.3 所示。

图 1.1　使用"开始"菜单启动 Excel

图 1.2　Excel 2013 创建桌面快捷方式

图 1.3　双击 Excel 2013 快捷方式图标

3. 使用任务栏启动

在桌面单击"开始"按钮，在"所有程序"中找到 Excel 2013 程序图标，右键单击 Excel 2013 程序图标，在弹出的快捷菜单中选择"锁定到任务栏"的命令，如图 1.4 所示，即可将 Excel 固定到任务栏中。单击任务栏中的 Excel 快捷方式图标，即可启动 Excel，如图 1.5 所示。

图 1.4　Excel 2013 固定到任务栏

图 1.5　单击任务栏中的 Excel

图 1.6　Excel 标题栏右侧的"关闭"按钮

1.1.2　Excel 的退出

使用 Excel 将文档处理完毕并保存后，就可以关闭 Excel 程序，退出操作界面。

1. 通过"关闭"按钮退出

单击 Excel 标题栏右侧的"关闭"按钮，如图 1.6 所示。

2. 通过"关闭"命令退出

右键单击 Excel 标题栏，在弹出的快捷菜单中单击"关闭"命令，如图 1.7 所示。

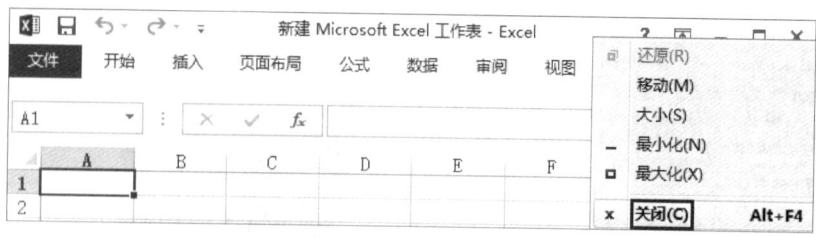

图 1.7　弹出的快捷菜单中"关闭"命令

3. 通过菜单命令退出

单击"文件"按钮,在弹出的菜单中单击"关闭"命令,如图 1.8 所示。

1.2　Excel 的工作界面与鼠标指针的意义

1.2.1　Excel 的工作界面

图1.8　"文件"菜单中的"关闭"命令

在 Excel 中,各种操作都需要在工作簿文件中执行。使用者可以根据需要创建很多工作簿,每个工作簿显示在自己的窗口中。默认情况下,Excel 2013 工作簿使用. xlsx 作为文件扩展名。每个工作簿包含一个或多个工作表,每个工作表由一些单元格组成。每个单元格可包含值、公式或文本。图 1.9 为 Excel 2013 的工作界面,显示了 Excel 中比较重要的元素和部分,主要由快速访问工具栏、标题栏、功能区、编辑栏、工作表编辑区、状态栏和滚动条等部分组成。

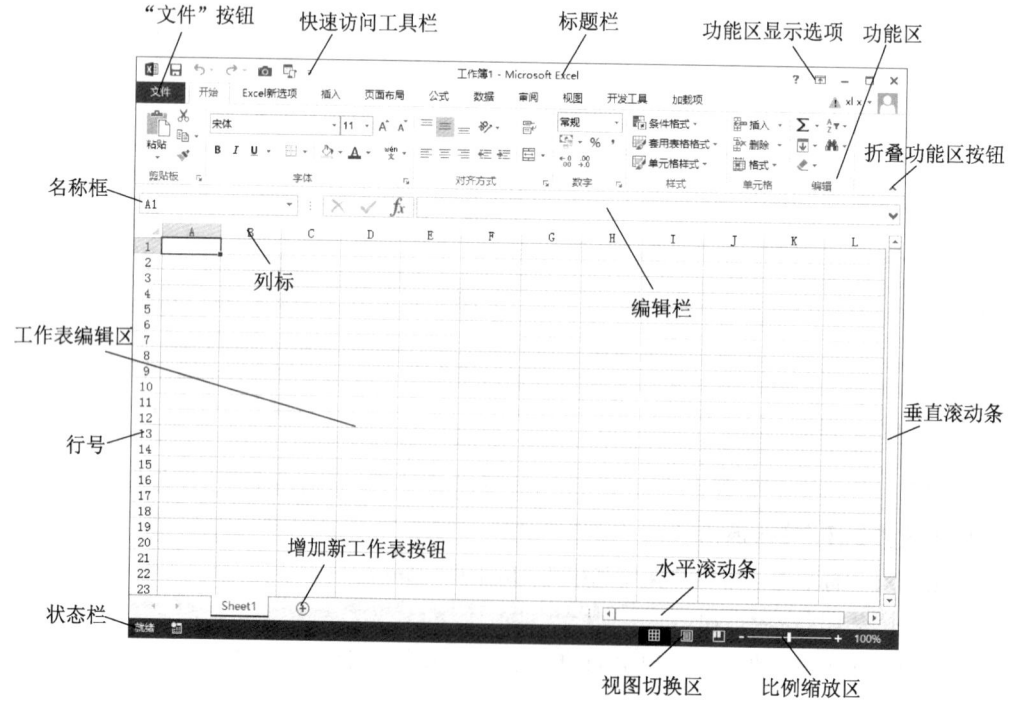

图 1.9　Excel 2013 的工作界面

1. 标题栏

标题栏位于 Excel 窗口的最上方,用于显示当前工作簿和窗口名称,由控制菜单图标、快速访问工具栏、工作簿名称和控制按钮等组成,如图 1.10 所示。标题栏的最左端是快速访问工具栏。标题栏的最右端是对 Excel 窗口进行操作的 5 个按钮,分别为"帮助"按钮 ? 、功能区显示选项按钮 ⊡ 、"最小化"按钮 — 、"最大化"/"还原"按钮 ▢ 和"关闭"按钮 ✕ ,单击相应按钮即可对窗口进行相应的操作。其中,功能区显示选项按钮为新增功能按钮,用于显示或隐藏功能区,选择是否显示选项卡及命令。

图 1.10　标题栏

2. 快速访问工具栏

快速访问工具栏是 Excel 左上角的一个工具栏,由"保存"按钮 🖫 、"撤销"按钮 ↺ 和"恢复"按钮 ↻ 等组成,如图 1.11 所示。

图 1.11　快速访问工具栏

快速访问工具栏可以放置在功能区的下方。右键单击功能区,在弹出的快捷菜单中选择"在功能区下方显示"命令,如图 1.12 所示,快速访问工具栏将移动到功能区的下方,效果如图 1.13 所示。

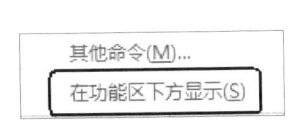

图 1.12　"在功能区下方显示"命令　　图 1.13　快速访问工具栏移动到功能区的下方

3. "文件"按钮

单击 Excel 窗口界面左上角的"文件"按钮,会显示一个"文件"菜单。"文件"菜单中包含多个命令按钮,包括信息、新建、打开、保存、另存为、打印、共享、导出、关闭、账户、选项。用户只需通过单击这些按钮,即可执行与工作簿相关的各项操作,如图 1.14 所示。要退出"文件"菜单,则单击左上角的返回箭头按钮。

4. 功能区

功能区位于标题栏的下方,是由一排选项卡组成的较宽的带形区域,其中包含各种命令按钮,如图 1.15 所示。默认情况下,功能区由开始、插入、页面布局、公式、数据、审阅、视图等选项卡组成。

选项卡:每个选项卡代表在 Excel 中执行的一组核心任务,如图 1.16 所示。

组:一些功能类似的相关命令放在一起并显示在一起,如图 1.16 所示。

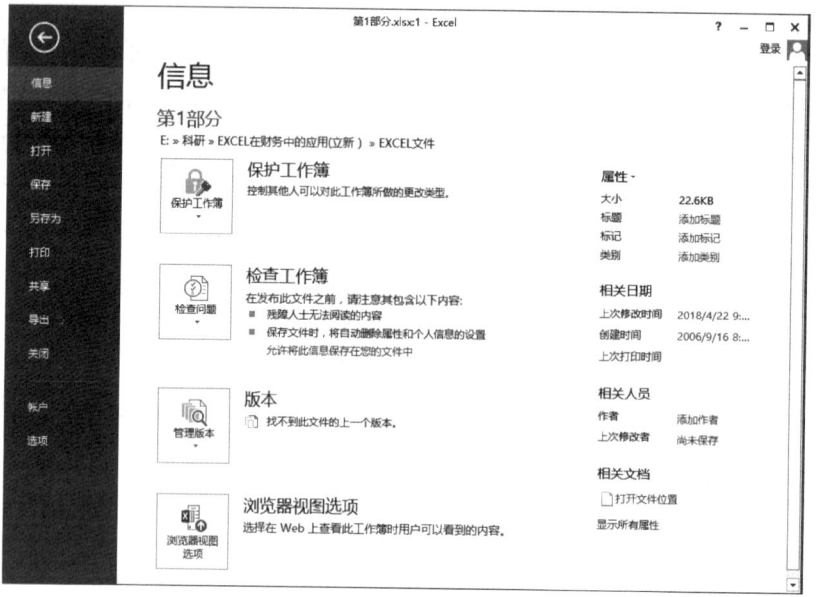

图 1.14　"文件"菜单

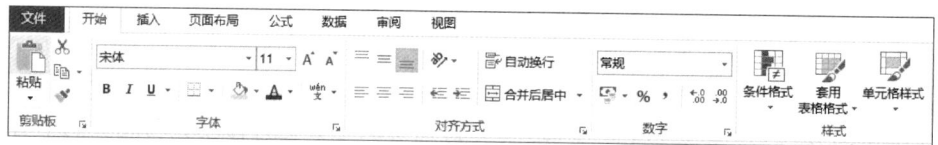

图 1.15　功能区

命令:选项卡的各种按钮或者菜单项,如图 1.16 所示。

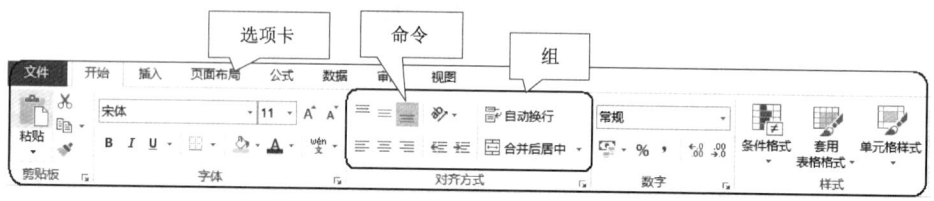

图 1.16　选项卡、组、命令

功能区中的各选项卡提供了不同的命令,并将相关命令进行了分组。以下是对 Excel 各选项卡的概述。

(1) 开始

此选项卡包含基本的剪贴板命令、格式命令、样式命令、插入和删除行或列的命令,以及各种工作表编辑命令。

(2) 插入

选择此选项卡可在工作表中插入需要的任何内容——表、插图、图表、符号等。

(3) 页面布局

此选项卡包含的命令可影响工作表的整体外观,包括一些与打印有关的设置。

(4) 公式

使用此选项卡可插入公式、命令单元格或区域、访问公式审核工具,以及控制 Excel 执行计算的方式。

(5)数据

此选项卡提供了 Excel 中与数据相关的命令,包括数据验证命令。

(6)审阅

此选项卡包含的工具用于检查拼写、翻译单词、添加注释,以及保护工作表。

(7)视图

此选项卡包含的命令用于控制有关工作表显示的各个方面。此选项卡上的一些命令也可以在状态栏中获取。

(8)加载项

如果加载了旧工作簿或者加载了会自定义菜单或工具栏的加载项,则会显示此选项卡。Excel 2013 中不再提供某些菜单和工具栏,而是在"加载项"选项卡中显示这些用户界面自定义的内容。

以上所列内容中包含标准的功能区选项卡。Excel 可能会显示其他一些通过加载项或宏而引入的功能区选项卡。

使用功能区的方法很简单,只需单击需要使用的功能按钮即可。鼠标指向某个功能按钮并在其上停留片刻,将会出现该按钮的功能说明。

有些功能按钮含有下拉箭头,单击该箭头可以打开下拉库,从中可以选择该功能的子功能,如图 1.17 所示。下拉库在很大程度上将复杂的对话框设置简化。

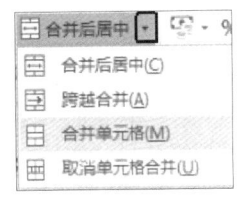

如果需要将功能区最小化,为工作区留出更多的空间,可以将鼠标移至功能区,单击右键,在弹出的菜单中选择"折叠功能区"命令,或者单击"功能区选项卡"按钮，选择命令;最简单的还是单击"折叠功能区"按钮，如图 1.18 所示,功能区就会隐藏起来。

图 1.17 下拉库

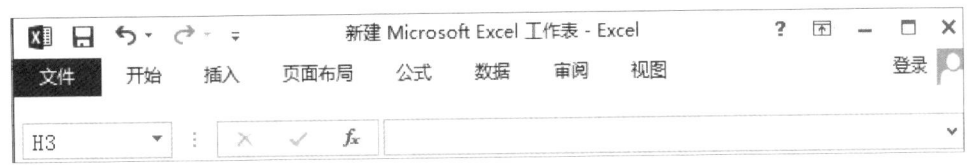

图 1.18 功能区最小化

5. "启动器"按钮

"启动器"按钮位于选项卡中某个组中的右下方,单击如图 1.19 所示的剪贴板的"启动器"按钮即可打开对应组的对话框或者任务空格。

6. 名称框和编辑栏

名称框和编辑栏位于功能区的下方,如图 1.20 所示。名称框用于显示所选单元格或单元格区域的名称,如果单元格还未命名,则名称框显示该单元格的坐标。编辑栏用于显示活动单元格中的数据或公式。

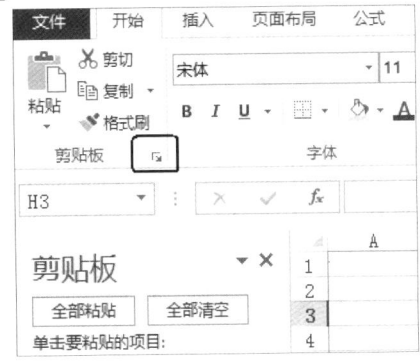

图 1.19 "启动器"按钮

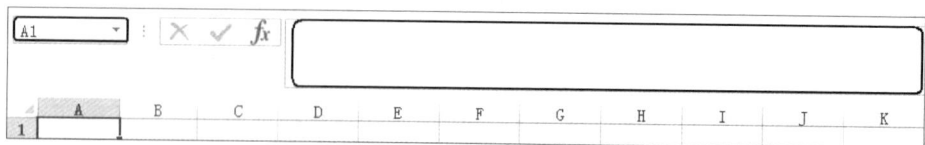

图 1.20　名称框和编辑栏

7. 工作表编辑区

工作表编辑区是 Excel 的主要工作区,是由行线和列线组成的表格区域,用于显示或者编辑工作表中的数据。它是占据屏幕最大且用于记录数据的区域,所有的信息都将存放在这张表中。如图 1.21 所示为工作表编辑区。

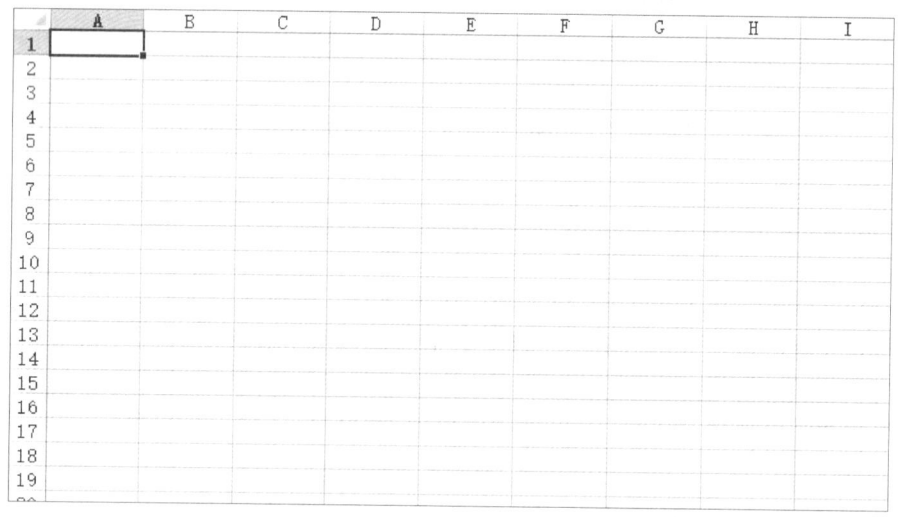

图 1.21　工作表编辑区

8. 工作表标签

工作表标签位于工作表区域的左下方,如图 1.22 所示。工作表标签用于显示工作表的名称,可以通过单击"新工作表"按钮 ⊕ 来增加新的工作表,想要切换工作表,只需单击工作表标签就可以激活相应的工作表。

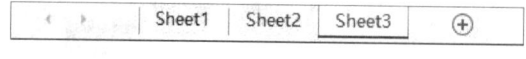

图 1.22　工作表标签

9. 状态栏

状态栏位于工作表区域的下方,如图 1.23 所示,在状态栏中不仅可以显示当前命令或操作的相关信息,而且可以根据当前的操作显示相应的提示信息。

图 1.23　状态栏

默认情况下,在状态栏的右侧显示视图切换区和比例缩放区。使用视图切换区的按钮 田 圈 凹 可以快速选择合适的视图方式,通过调整比例缩放区可以快速设置工作表编辑区的显示比例。

10. 水平、垂直滚动条

水平、垂直滚动条分别位于工作表区域的右下方和右边,如图1.9所示。水平、垂直滚动条用于在水平、垂直方向改变工作表的可见区域。滚动条的使用方法有以下3种。

单击滚动条两端的方向键,单击一次则工作表区域向指定的方向滚动一个单元格;如果按住鼠标,则工作表区域将一格一格地持续滚动。

单击滚动条内的空白区,工作表区域将以一次一屏的频率向指定的方向滚动。

拖动滚动条中的小方块,在拖动的过程中,屏幕将显示所移动到的行号或者列号,释放鼠标后,工作表区域将显示所移动到的区域。

1.2.2 鼠标指针的意义

在 Excel 中进行操作的过程中,鼠标指针经常会出现各种各样的形状,下面列出了一些常见的鼠标指针形状,以便了解其含义与操作。

1. 箭头形状

当鼠标指针放到功能区或菜单栏中时,鼠标指针为普通的箭头形状,如图1.24所示。

2. "I"形状

双击单元格时,鼠标指针在单元格内,成"I"形光标,如图1.25所示。此时可在单元格内输入内容。

图1.24　箭头形状鼠标指针

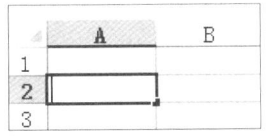

图1.25　I形状鼠标指针

3. 空十字形状

当鼠标指针处于单元格之上或选择单元格时,鼠标指针为空白色十字形状,如图1.26所示。

4. 十字形状

当鼠标指针移到被选中单元格的右下角处,此时鼠标指针的形状变成黑色十字形,如图1.27所示。此时可以对单元格进行填充操作。向外拖动用于填充公式、序列等,向内拖动清除填充内容。

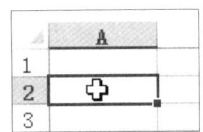

图1.26　空十字形状鼠标指针

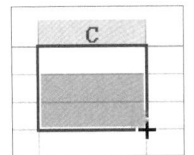

图1.27　十字形状鼠标指针

5. 箭头形状

当鼠标指针在行标题上单击选择行,或者列标题上单击选择列时,鼠标指针的形状变成箭头形状,如图 1.28、图 1.29 所示。

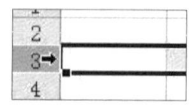　　　　　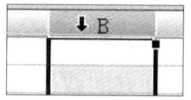

图 1.28　箭头形状鼠标指针(行)　　　图 1.29　箭头形状鼠标指针(列)

6. 双向箭头

当鼠标指针移到列标题之间或行标题之间,此时鼠标指针的形状变成双向箭头形状,如图 1.30、图 1.31 所示,用于调整列宽或行高。

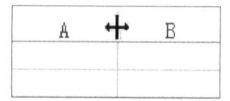　　　　　　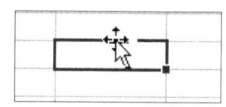

图 1.30　双向箭头形状　　　图 1.31　双向箭头形状　　　图 1.32　十字箭头形状
　　　　鼠标指针(列)　　　　　　　鼠标指针(行)　　　　　　鼠标指针

7. 十字箭头

当鼠标指针放在已选择的单元格或区域边框上,此时鼠标指针的形状变成十字箭头形状,如图 1.32 所示,表示可以拖动单元格或区域进行移动操作。

1.3　单元格、工作表和工作簿

1.3.1　单元格

单元格是 Excel 工作簿的基本对象,也是组成 Excel 工作簿的最小单位。图 1.33 为单元格示例,图中的白色长方格就是单元格。单元格可以记录字符或者数据。在 Excel 的操作中,一个单元格内记录信息的长短并不重要,关键是以单元格作为整体进行操作。单元格的长度、宽度及单元格内字符串的类型可以根据需要进行改变。

单元格可以通过位置标识,每一个单元格均有对应的列号(列标)和行号(行标)。如 1.33 所示的 B2、C4、D6 等就是相应单元格的位置,可以向上找到列号字母,再向左找到行号数字,将它们结合在一起就可以作为该单元格的标识。

	A	B	C	D	E
1					
2		B2			
3					
4			C4		
5					
6				D6	
7					

图 1.33　单元格示例

1.3.2　工作表

使用工作表可以对数据进行组织和分析,可以同时在多张工作表上输入并编辑数据,还可以对来自不同工作表的数据进行汇总计算。在创建图表之后,既可以将其置于源数据所在的工作表上,也可以放置在单独的图表工作表上。如图 1.34 所示的工作表,工作表由单元格组成,纵向为列,分别以字母命名(A、B、C、…);横向为行,分别以数字命名(1、2、3、…)。

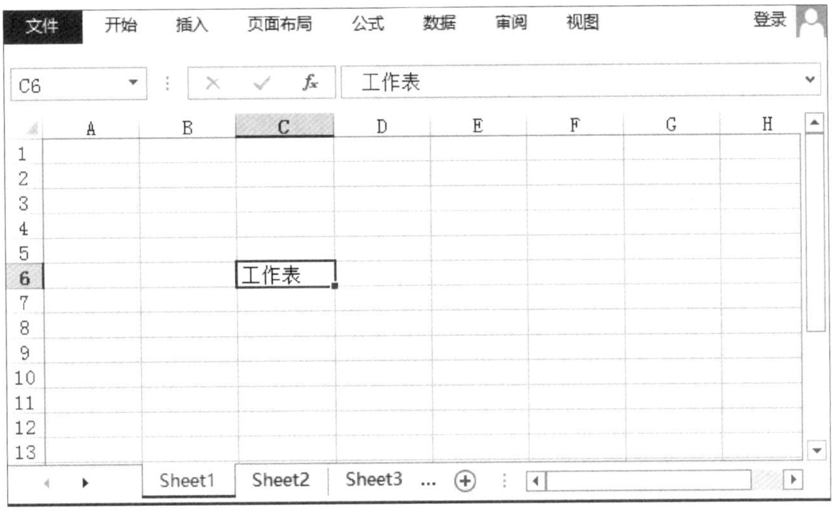

图 1.34　工作表

工作表的名称显示在工作簿窗口底部的工作表标签上。要从一个工作表切换到另一工作表进行编辑,可以单击工作表标签。活动工作表的名称以下划线显示。可以在同一工作簿内或两个工作簿之间对工作表进行改名、添加、删除、移动或复制等操作。

如图 1.34 所示的工作表,当前的名字为 Sheet1。每张工作表均有一个标签与之对应,标签上的内容就是工作表的名称。一张工作表最多可以有 1 048 576 行、16 384 列数据。将鼠标移到工作表中的某一单元格上单击,该单元格的边框将变为粗黑线,这就表示该单元格已被选中。在图 1.34 中,选中的单元格是 C6,即 C 列第 6 行。在工作表中选中单元格后,即可在该单元格中输入字符串、数字、公式和图表等信息。

1.3.3　工作簿

Excel 工作簿是计算和储存数据的文件,每一个工作簿都可以包含多张工作表,因此,可在单个工作簿中管理各种类型的相关信息。如图 1.34 所示的工作簿就有 3 个工作表,分别是 Sheet1、Sheet2 和 Sheet3,当前显示的工作表是 Sheet1。

1. 创建工作簿

（1）自动创建

启动 Excel 2013,将出现如图 1.35 所示的选择界面,可以根据需要选择空白工作簿,Excel 则自动创建一个名为"工作簿 1"的空白工作簿,如图 1.36 所示。

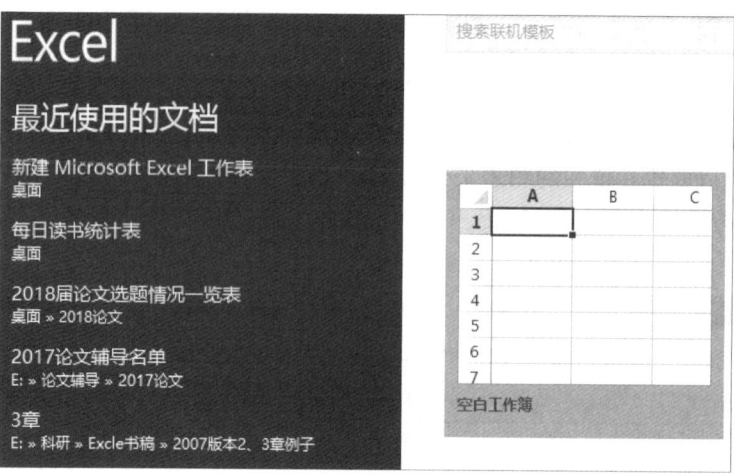

图 1.35　启动 Excel 2013 的选择界面

图 1.36　启动 Excel 2013 自动创建工作簿

（2）使用"新建"按钮创建工作簿

右击桌面，选择快捷菜单中的"新建"→"Microsoft Excel 工作表"命令，如图 1.37 所示，Excel 将自动创建一个"新建 Microsoft Excel 工作表"，打开后如图 1.38 所示。

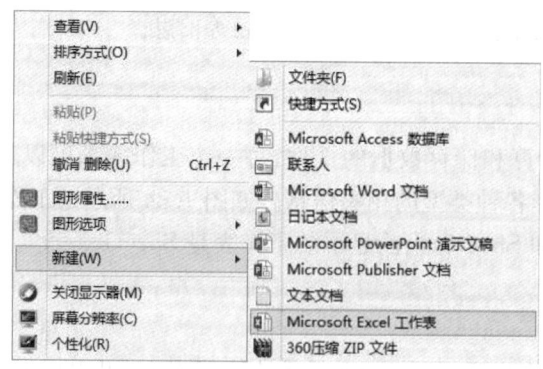

图 1.37　快捷菜单中的"新建"→"Microsoft Excel 工作表"

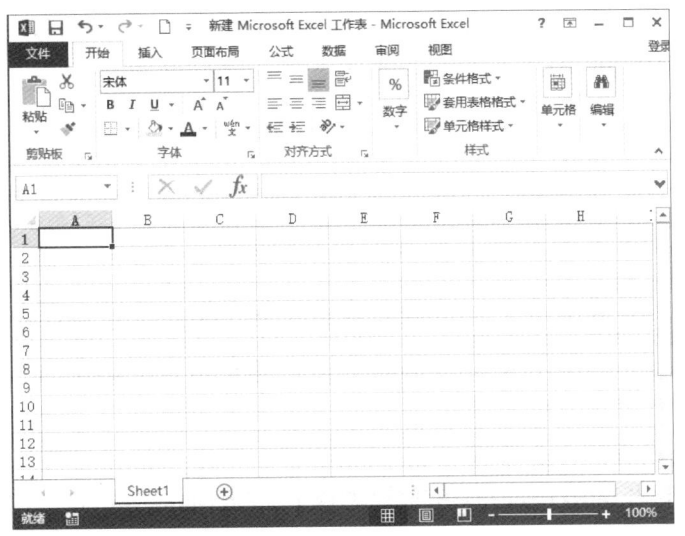

图 1.38　使用"新建"→"Microsoft Excel 工作表"命令创建的工作簿

除以上两种方式外,如果在已经打开 Excel 工作簿的情况下,想再新建工作簿,可以单击快速访问工具栏中的"新建"按钮,或者单击"文件"按钮,打开"文件"选项卡,在菜单中选择"新建"命令,选择"空白工作簿"选项即可创建一个空白工作簿。

2. 同一工作簿显示多个工作表

在工作簿中,要切换到相应的工作表,只需单击工作表标签,相应的工作表就会成为当前工作表,而其他工作表就被隐藏起来。如果想要在屏幕上同时看到一个工作簿中的多个工作表(如 Sheet1 和 Sheet2),首先打开该工作簿并且显示其中的一个工作表 Sheet1,然后进行以下操作。

① 选择"视图"→"新建窗口"命令。

② 单击新建窗口中的 Sheet2。

③ 选择"视图"→"全部重排"命令,如图 1.39 所示。

④ 在如图 1.39 所示的"重排窗口"对话框中,选择"垂直并排"选项,单击"确定"按钮,如图 1.40 所示,就可以同时看到工作簿中的 Sheet1 和 Sheet2 工作表了。

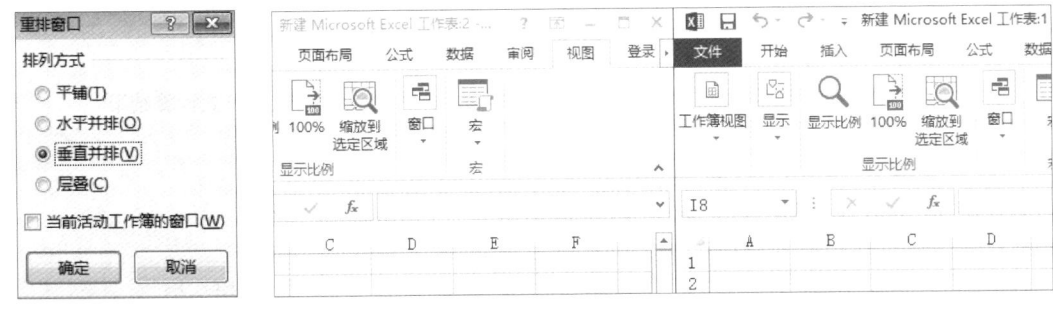

图 1.39　"重排窗口"对话框　　　　图 1.40　一个工作簿显示多个工作表

如果工作中需要同时打开多个工作表进行编辑,可以在打开一个工作簿后,参照以上步骤进行操作。

1.4 公式与函数

1.4.1 公式

微课 1-1

1. 公式概述

公式主要用于计算。可以说,没有公式的 Excel 就没有使用价值。使用公式可以进行简单的计算,如加、减、乘、除等;也可以完成很复杂的计算,如财务、统计和科学计算等;还可以使用公式进行比较或者操作文本和字符串。工作表中需要计算结果时,使用公式是最好的选择。

简单来说,公式就是一个等式,或者说是连续的一组数据和运算符组成的序列。在 Excel 中,公式有其本身的特点,并且有自己的规定,或者叫作语法。

在工作表单元格中输入公式后,使用公式所产生的结果就会显示在工作表中。要查看产生结果的公式,只需选中该单元格,公式就会出现在编辑栏中,如图 1.41 所示。要在单元格中编辑公式,双击该单元格或者按 F2 键即可。

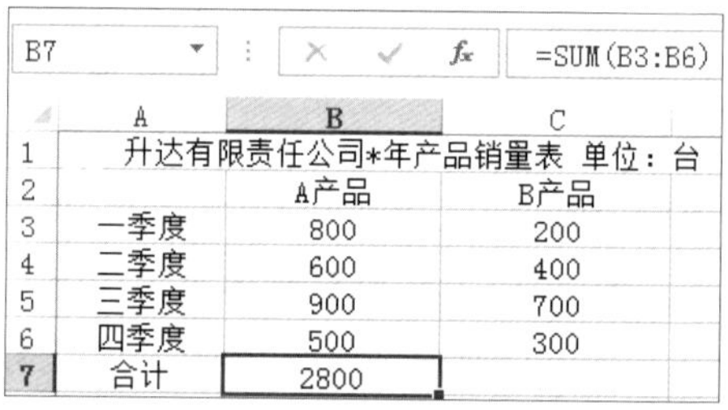

2. 建立公式

（1）手动输入公式

用键盘手动输入公式的操作步骤如下。

① 打开文件,选中要输入公式的 E3 单元格。

② 输入"＝",然后输入计算表达式。如图 1.42

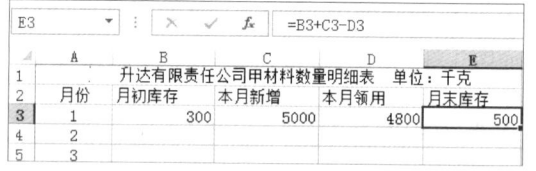

图 1.41 公式结果查看

所示,输入公式"＝B3＋C3－D3"。如果使用的是函数向导向单元格输入公式,Excel 会自动在公式前面插入等号。

③ 按 Enter 键完成公式的输入,如图 1.43 所示,输入公式的 E3 单元格显示计算结果"500"。

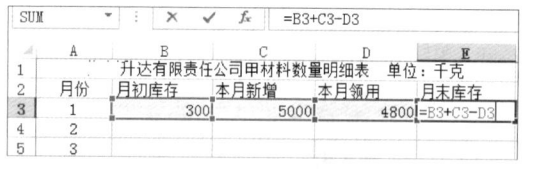

图 1.42 输入公式

图 1.43 显示公式计算结果

（2）单击输入公式

单击输入公式更简单快捷,也不容易出错,仍然沿用上例。

① 打开文件,选中要输入公式的 E3 单元格。

② 输入"＝",然后单击 B3 单元格,B3 单元格周围会显示一个活动虚框,同时单元格引用会出现在 E3 单元格和编辑栏中,如图1.44所示。

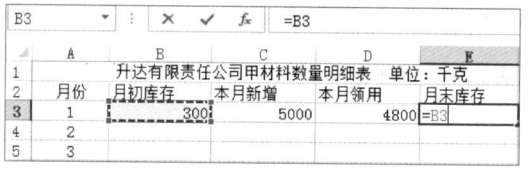

图 1.44 单击单元格 A3

③ 输入"+",单击 C3 单元格,C3 单元格周围会显示一个活动虚框,而 B3 单元格的虚线框变为实线框。

④ 输入"－",单击 D3 单元格,D3 单元格周围会显示一个活动虚框,而 C3 单元格的虚线框变为实线框。

⑤ 按 Enter 键完成公式的输入,得到与图 1.43 相同的计算结果。

3. 公式引用

每个单元格都有自己的行、列坐标位置,在 Excel 中将单元格行、列坐标位置称之为单元格引用。在公式中可以通过引用来代替单元格中的实际数值。在公式中不但可以引用本工作簿中任何一个工作表中任何单元格或单元格组的数据,而且也可以引用其他工作簿中的任何单元格或者单元格组的数据。

引用单元格数据以后,公式的运算值将随着被引用的单元格数据变化而变化。当被引用的单元格数据被修改后,公式的运算值将自动修改。

（1）绝对引用

绝对引用是指被引用的单元格与引用的单元格的位置关系是绝对的,无论将这个公式粘贴到哪个单元格,公式所引用的还是原来单元格的数据。绝对引用会在引用的单元格名称的行和列前都有符号"＄",如 A3 单元格的绝对引用形式为"＄A＄3"。

如图 1.45 所示,B7 单元格输入的公式"＝＄B＄3＋＄B＄4＋＄B＄5＋＄B＄6",为绝对引用。横向向 C7 单元格自动填充,C7 单元格的公式仍然为"＝＄B＄3＋＄B＄4＋＄B＄5＋＄B＄6",还是原来 B7 单元格的数据,如图 1.46 所示。

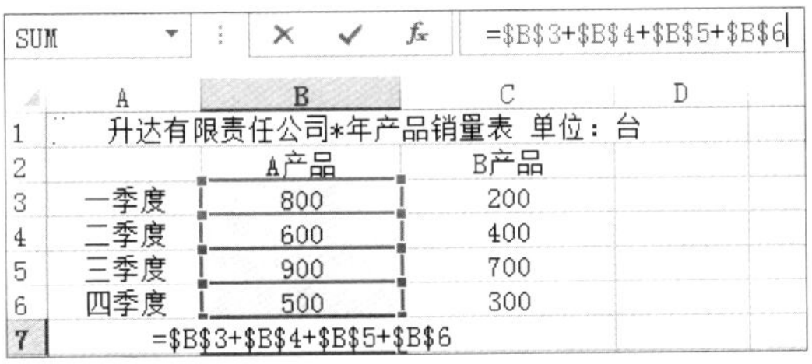

图 1.45　B7 输入绝对引用公式

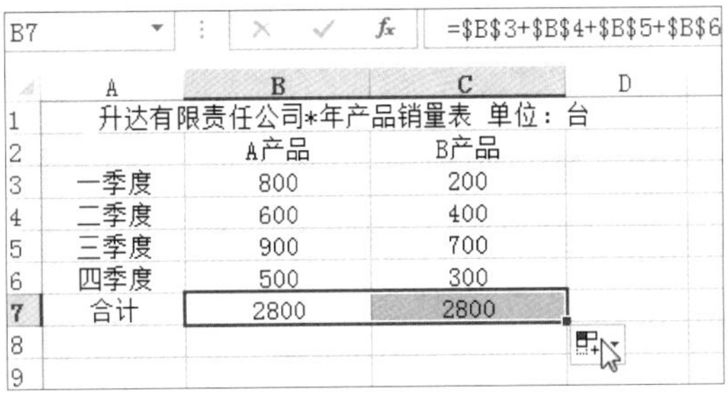

图 1.46　C7 公式与 B7 公式相同

（2）相对引用

相对引用是指当把公式复制到其他单元格中时,行或列应用会发生改变。相对引用的格式是直接用单元格或者单元格区域名,而不加符号"＄",如 A3 单元格的相对引用形式为"A3"。使用相对引用后,系统将会记住建立公式的单元格和被引用的单元格的相对位置关系,在粘贴这个公式时,新的公式单元格和被引用的单元格仍保持这种相对位置。

如图 1.47 所示,B7 单元格输入的公式"＝B3＋B4＋B5＋B6",为相对引用。横向向 C7 单元格自动填充,C7 单元格的公式变为"＝C3＋C4＋C5＋C6",公式中保持着与 B7 单元格相对应的位置关系,如图 1.48 所示。

（3）混合引用

行或列中有一个是相对引用,另一个是绝对引用。如果符号＄在数字之前,而字母前没有＄,那么被应用的单元格的行位置是绝对的,列位置是相对的。反之,则行的位置是相对

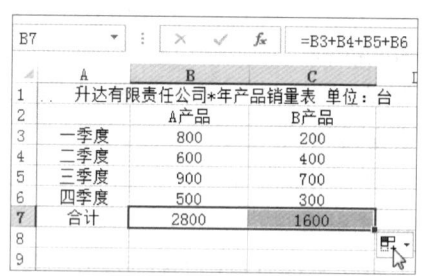

图 1.47　B7 输入相对引用公式　　　图 1.48　C7 公式与 B7 公式相对应

的,而列的位置是绝对的。这就是混合引用,地址中只有一个组成部分是绝对的,如 $E3 或 E$3。

1.4.2　函数

1. 函数概述

函数是 Excel 的重要组成部分,有着非常强大的计算功能。函数其实是一些预定义的公式,函数的语法以函数的名称开始,后面是左括号、逗号隔开的参数和右括号。如果函数要以公式的形式出现,则要在函数名前输入等号“＝”,按语法的特定顺序进行计算。

例如:SUM 函数,其语法为“SUM(number1,[number2],...)”。该函数用于计算一系列数字之和。

SUM 即为函数名,number1、number2 即为参数,中间以逗号隔开。

2. 函数的分类

Excel 提供了大量的函数,这些函数按功能可以分为以下几种类型。

(1) 财务函数

财务函数用于一般的财务计算。

(2) 日期与时间函数

日期与时间函数用于在公式中分析和处理日期和时间值。

(3) 数字和三角函数

数字和三角函数用于处理简单和复杂的数学计算。

(4) 统计函数

统计函数用于对选定区域的数据进行统计分析。

(5) 查找和引用函数

查找和引用函数用于在数据清单或者表格中查找特定数据,或者查找某一单元格的引用。

(6) 数据库函数

数据库函数用于分析数据清单中的数值是否符合特定条件。

(7) 文本函数

文本函数用于在公式中处理字符串。

(8) 逻辑函数

逻辑函数用于真假值判断,或者进行符号检验。

（9）信息函数

信息函数用于确定储存在单元格中数据的类型。

（10）工程函数

工程函数用于工程分析。

（11）多维数据集函数

多维数据集函数用于从多维数据库中提取数据集和数值。

（12）WEB 函数

WEB 函数通过网页链接直接用公式获取数据。

3. 输入函数

输入函数的方法有手动输入和使用函数导向输入两种方式。手动输入和输入公式一样，这里不再介绍。使用函数导向输入函数的具体操作步骤如下。

① 打开 Excel 文件，选中需要输入函数的 B7 单元格，如图 1.49 所示。

② 选择"公式"→"插入函数"命令，或者单击编辑栏中的按钮 fx，打开如图 1.50 所示的"插入函数"对话框。

③ 在"或选择类别"下拉列表框中选择所需的函数类型，则该函数类型的所有函数将显示在"选择函数"列表框中，在该列表框中可选择需要使用的函数。以选择 SUM 函数为例。

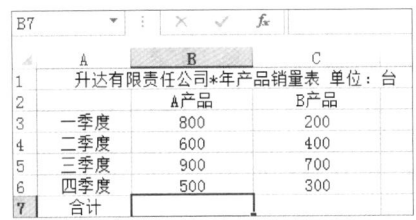

图 1.49　选中需要输入函数的单元格

④ 单击"确定"按钮，弹出所选择函数相应的"函数参数"对话框。

⑤ 在"函数参数"对话框中，完成各项参数的设置，如图 1.51 所示，在"Number1"中输入"B3:B6"，单击"确定"按钮。

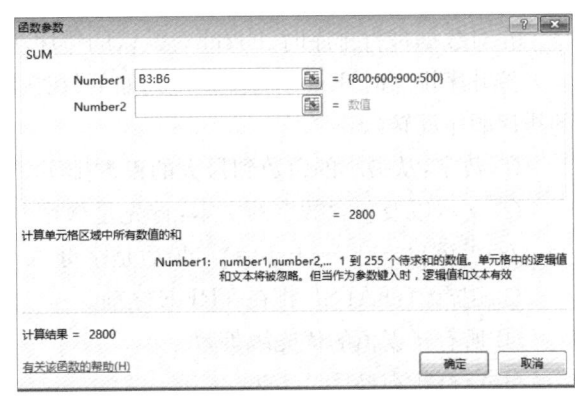

图 1.50　"插入函数"对话框　　　图 1.51　"函数参数"对话框中完成参数的设置

⑥ 函数输入完成，B7 单元格显示函数计算结果，如图 1.52 所示。

此外，步骤⑤函数参数的设置，也可以采用单击折叠按钮 ，在工作表中选定区域的方法，如图 1.53 所示。

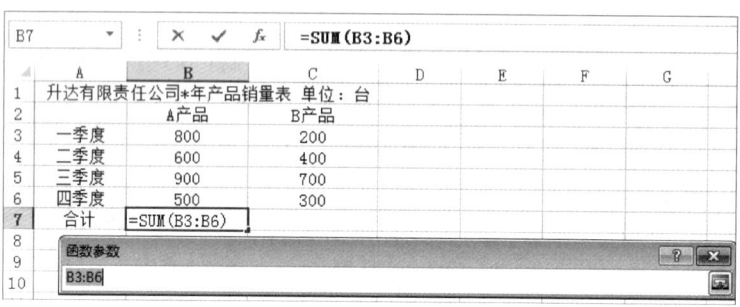

图 1.52　显示函数计算结果

图 1.53　工作表中选定参数

1.5　数据的管理与分析

1.5.1　排序

在工作表或者数据清单中输入数据后,一般需要进行排序操作,以便更加直观地比较各个记录。

1. 默认的排序顺序

在对数据进行排序时,Excel 有默认的排序顺序。

按升序排序时,Excel 的排序规则如下(在按降序排序时,除了空格总是在最后外,其他的排序顺序反转)。

① 数字:从最小的负数到最大的正数排序。

② 文本以及包含数字的文本:首先是数字 0~9,然后是字符'-(空格)!♯\$%&()*,./:;? @\`—{|}~+<=>,最后是字母 A~Z。

③ 逻辑值:FALSE 排在 TRUE 之前。

④ 所有错误值的优先级等效。

⑤ 空格排在最后。

2. 简单排序

简单排序,是指对数据列表中的单列数据进行排序。具体操作步骤如下。

① 单击待排序数据列表中任一单元格,如图 1.54 所示。

	A	B	C	D	E
1		升达有限责任公司销售员销量表			
2	销售员	A产品	B产品	C产品	D产品
3	甲	80	65	80	90
4	乙	100	75	95	90
5	丙	95	90	75	80
6	丁	90	75	85	95
7	戊	100	95	80	80
8	己	98	80	95	95
9	庚	60	75	85	90
10	辛	90	90	95	85

图 1.54　单击待排序数据列表中
任一单元格

② 选择"数据"→"排序"命令,如图 1.55 所示。

③ 弹出"排序"对话框。在该对话框中,选择"主要关键字""排序依据"和"次序"选项的内容,如图1.56所示。

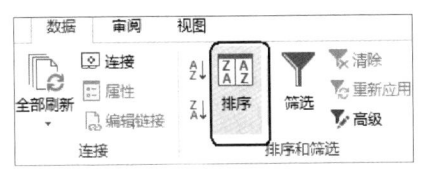

图 1.55　"数据"→"排序"命令

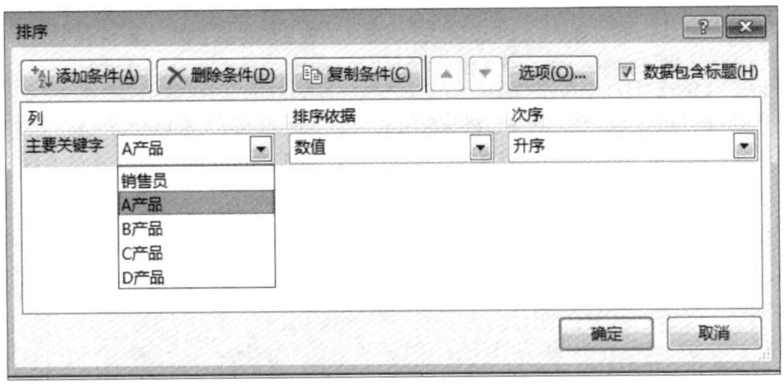

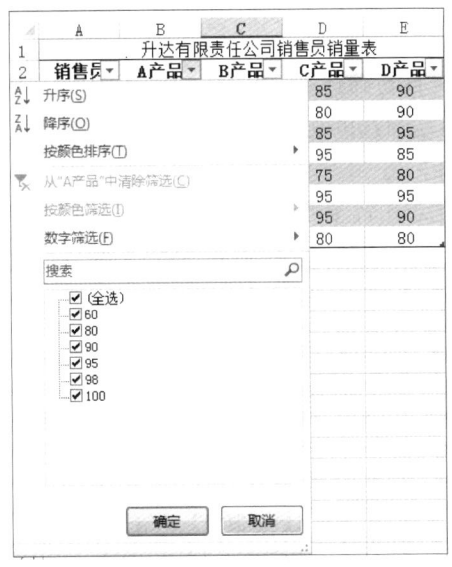

图 1.56　"排序"对话框

④ 单击"确定"按钮,工作表"A 产品"一列的数字将从小到大排列,如图 1.57 所示。

如果是通过建立工作列表的方式进行数据管理,则直接单击需要排序的标题右侧的下拉菜单,选择准备应用的排序方式即可,如图 1.58 所示。

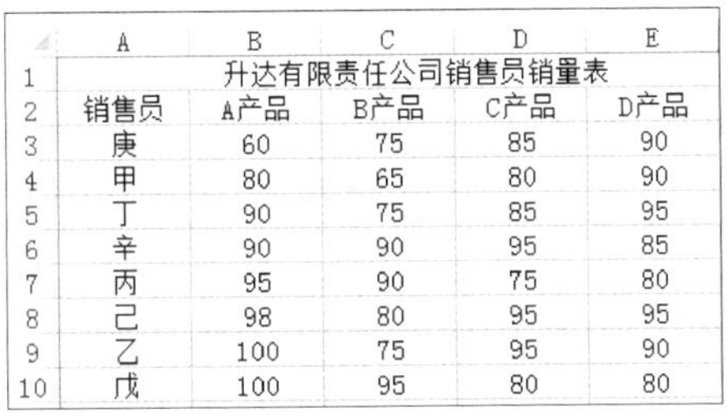

图 1.57　排序后的数据

图 1.58　列标题右侧的排序下拉菜单

3. 多列排序

在根据单列数据对工作表中的数据进行排序时,如果该列的某些数据完全相同,则这些行的内容就按原来的顺序进行排列,这会给数据排序带来一定的麻烦。选择多列排序方式可以解决这个问题,而且在实际操作中也经常会遇到按照多列的结果进行排序的情况。例如,足球比赛中是按总积分来排列名次的。往往有一些球队总积分相同,这时就要通过净胜球来分出名次。

多列排序的具体操作步骤如下。

① 单击需要排序的数据列表中的任意一个单元格。

② 选择"数据"→"排序"命令,弹出"排序"对话框。

③ 在"排序"对话框中,选择"D 产品"作为主要关键字,升序排列。

④ 单击"添加条件"按钮,选择"A 产品"作为次要关键字,升序排列,如图 1.59 所示。

⑤ 单击"确定"按钮,工作表进行了多列排序,效果如图 1.60 所示。

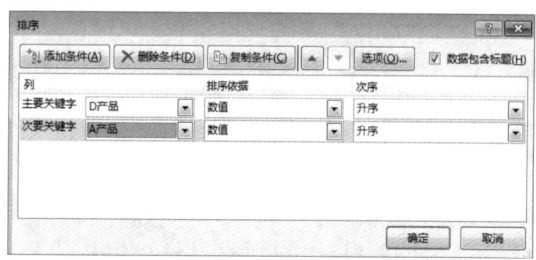

图 1.59 选择次要关键字

	升达有限责任公司销售员销量表			
销售员	A产品	B产品	C产品	D产品
丙	95	90	75	80
戊	100	95	80	80
辛	90	90	95	85
庚	60	75	85	90
甲	80	65	80	90
乙	100	75	95	90
丁	90	75	85	95
己	98	80	95	95

图 1.60 多列排序后的工作表

1.5.2 筛选

微课 1-2

数据筛选,是指从数据中找出符合指定条件的数据。筛选与排序不同,它并不重排数据列表,而只是暂时隐藏不必显示的行。下面介绍各种筛选的方法。

1. 自动筛选

自动筛选的功能比较简单,可以很快地显示出符合条件的数据。自动筛选的具体操作步骤如下。

① 单击需要筛选的数据列表中的任意一个单元格。

② 选择"数据"→"筛选"命令,如图 1.61 所示。

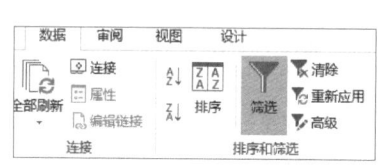

图 1.61 "数据"→"筛选"命令

	升达有限责任公司销售员销量表			
销售员	A产品	B产品	C产品	D产品
甲	80	65	80	90
乙	100	75	95	90
丙	95	90	75	80
丁	90	75	85	95
戊	100	95	80	80
己	98	80	95	95
庚	60	75	85	90
辛	90	90	95	85

图 1.62 带箭头的工作表

③ 工作表变成如图 1.62 所示的格式,在每个字段的右边都出现了一个下拉箭头按钮 ⏷ 。(如果是已经建立好的数据列表,则不需要步骤①至步骤③的操作。)

④ 单击列标题右侧的下列箭头,弹出如图 1.63 所示的下拉菜单。

⑤ 取消选中"全选"复选框,选中"90"复选框。

⑥ 单击"确定"按钮,工作表变成如图 1.64 所示的格式,仅显示符合筛选条件(销售 D 产品 90 个)的数据。

2. 高级筛选

使用高级筛选可以对工作表和数据清单进行更复杂的筛选。对于简单的工作表和数据清单来说,使用高级筛选比较麻烦,但是,对于大型的工作表和数据清单则是非常有用的。

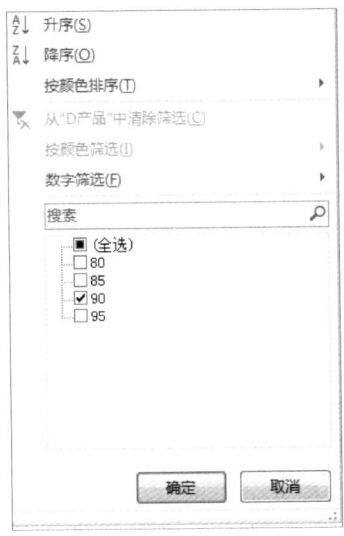

图 1.63　下列菜单

	A	B	C	D	E
1			升达有限责任公司销售员销量表		
2	销售员	A产品	B产品	C产品	D产品
3	甲	80	65	80	90
4	乙	100	75	95	90
9	庚	60	75	85	90

图 1.64　工作表仅显示符合筛选条件的数据

高级筛选的具体操作步骤如下。

① 单击需要筛选的工作表中的任意一个单元格。

② 在筛选区域以外的单元格区域中输入高级筛选的条件,条件中包括筛选条件和其所在列的列标题,如图 1.65 所示。

③ 打开"数据"选项卡,单击"高级"按钮,如图 1.66 所示。

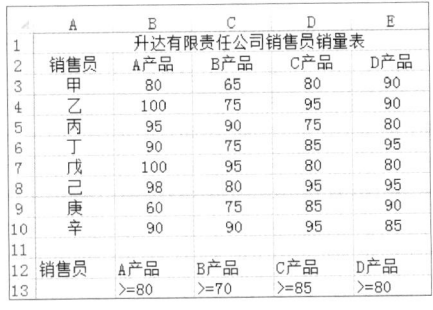

图 1.65　输入高级筛选的条件

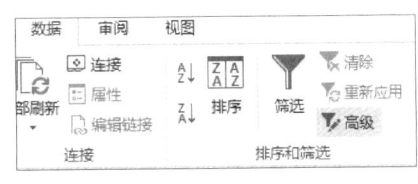

图 1.66　"高级"按钮

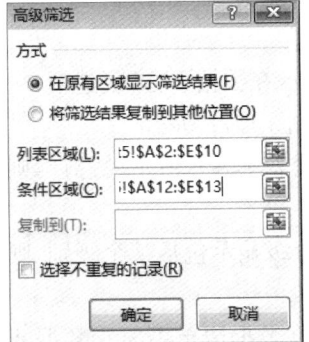

图 1.67　"高级筛选"对话框

④ 弹出如图 1.67 所示的"高级筛选"对话框。选中"在原有区域显示筛选结果"按钮,在列表区域和条件区域中输入相应内容;也可以通过单击折叠按钮在工作表中选定区域,然后单击展开按钮来选定数据区域和条件区域。

⑤ 单击"确定"按钮,筛选结果如图 1.68 所示。

	A	B	C	D	E
1			升达有限责任公司销售员销量表		
2	销售员	A产品	B产品	C产品	D产品
4	乙	100	75	95	90
6	丁	90	75	85	95
8	己	98	80	95	95
10	辛	90	90	95	85

图 1.68　筛选结果

3. 取消筛选

对工作表的数据进行筛选后,工作表中将只显示符合筛选条件的数据,需要查看其他数据时可以取消筛选。如果要取消自动筛选,则打开"数据"选项卡,单击"排序与筛选"选项组中的"清除"按钮即可,如图1.69所示。

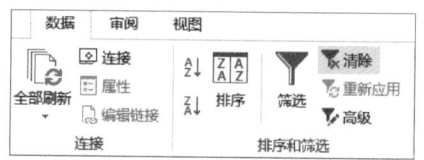

图 1.69　取消自动筛选

1.5.3　分类汇总

分类汇总是将数据按照某一字段进行分类并计算汇总(个数、和、平均值等)。通过分类汇总可以方便地分析出各类数据在总数据中所占的位置。例如,有一个销售数据清单,数据清单中包含了日期、账户、产品、单位、价格以及收入等项。可以按账户来查看分类汇总,也可以按产品来查看分类汇总。Excel 可以自动创建公式、插入分类汇总与总和的行并且自动分级显示数据。数据结果可以方便地进行格式化、创建图表或者打印。

1. 建立分类汇总

建立分类汇总的具体操作步骤如下。

① 在需要分类汇总的工作表中单击任意一个单元格。

② 选中"数据"选项卡中的"分级显示"选项组,单击该选项组中的"分类汇总"按钮,如图 1.70 所示。

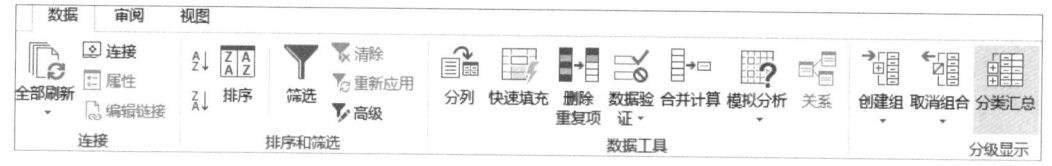

图 1.70　单击"分类汇总"按钮

③ 弹出如图 1.71 所示的"分类汇总"对话框。单击该对话框中的"分类字段"下拉列表框,从中选择需要分类汇总的数据列,所选的数据列应已经排序。

④ 单击"汇总方式"下拉列表框,在下拉列表中选择所需的用于计算分类汇总的函数。

⑤ 在"选定汇总项"列表框中,选中与需要对其汇总计算的数值列对应的复选框。

⑥ 设置"分类汇总"对话框中的其他选项。

如果想要替换任何现存的分类汇总,选中"替换当前分类汇总"复选框。

如果想要在每组之前插入分页,选中"每组数据分页"复选框。

如果想在数据组末端显示分类汇总及总和,选中"汇总结果显示在数据下方"复选框。

⑦ 单击"确定"按钮,完成分类汇总操作,分类汇总后的结果如图 1.72 所示。

对数据进行分类汇总后,如果要查看数据清单中的明细数据或者单独查看汇总总计,则要用到分级显示的内容。

在图 1.72 中,工作表左上方是分级显示的级别符号,如果要分级显示包括某个级别,则单击该级别的数字。如图 1.73 所示显示的为 1 级明细。

分级显示级别符号下方有显示明细数据符号 ⊞,单击它可以在数据清单中显示数据清单中的明细数据,如图 1.74 所示。

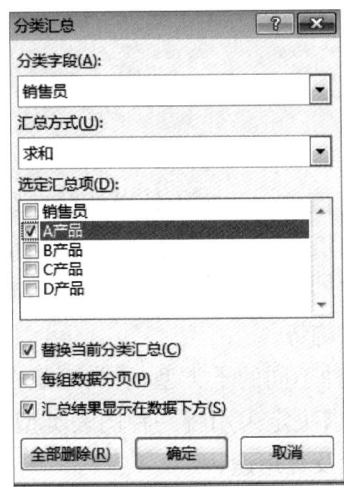

图 1.71 "分类汇总"对话框

1 2 3		A	B	C	D	E
	1		升达有限责任公司销售员销量表			
	2	销售员	A产品	B产品	C产品	D产品
	3	甲	80	65	80	90
	4	甲 汇总	80			
	5	乙	100	75	95	90
	6	乙 汇总	100			
	7	丙	95	90	75	80
	8	丙 汇总	95			
	9	丁	90	75	85	95
	10	丁 汇总	90			
	11	戊	100	95	80	80
	12	戊 汇总	100			
	13	己	98	80	95	95
	14	己 汇总	98			
	15	庚	60	75	85	90
	16	庚 汇总	60			
	17	辛	90	90	95	85
	18	辛 汇总	90			
	19	总计	713			

图 1.72 分类汇总结果

分级显示级别符号下方还有隐藏明细数据符号 ■，单击它可以在数据清单中隐藏数据清单中的明细数据，如图 1.74 所示。

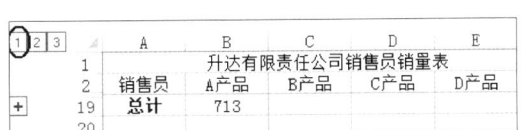

1 2 3		A	B	C	D	E
	1		升达有限责任公司销售员销量表			
	2	销售员	A产品	B产品	C产品	D产品
	19	总计	713			
	20					

图 1.73 分级显示

1 2 3		A	B	C	D	E
	1		升达有限责任公司销售员销量表			
	2	销售员	A产品	B产品	C产品	D产品
	3	甲	80	65	80	90
	4	甲 汇总	80			
	6	乙 汇总	100			
	7	丙	95	90	75	80
	8	丙 汇总	95			
	10	丁 汇总	90			
	12	戊 汇总	100			
	14	己 汇总	98			
	16	庚 汇总	60			
	18	辛 汇总	90			
	19	总计	713			

图 1.74 显示/隐藏明细数据符号

2. 删除分类汇总

对工作表中的数据进行分类汇总后，如果需要将工作表还原到分类汇总前的状态可以删除工作表的分类汇总。删除分类汇总的具体操作步骤如下。

① 在需要删除分类汇总的工作表中单击任意一个单元格。

② 选中"数据"选项卡中的"分级显示"选项组，单击该选项组中的"分类汇总"按钮，打开"分类汇总"对话框。

③ 在该对话框中单击"全部删除"按钮，如图 1.75 所示，工作表中的分类汇总结果将被清除。

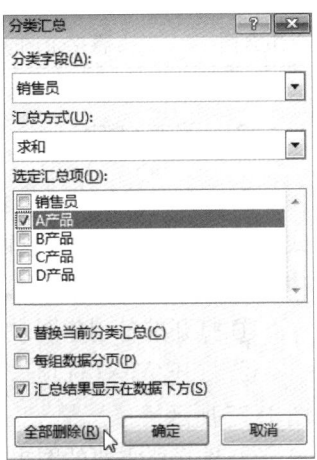

图 1.75 删除分类汇总

1.6 图表

1.6.1 图表概述

图表具有很好的视觉效果,使用 Excel 的图表功能可以将工作表中枯燥的数据转化为简洁的图表形式,可以清晰地看到数据之间的差异。当编辑工作表中的数据时,图表也相应地随数据的改变而改变,不需要再次生成图表。应用图表不仅可以形象地展示数据,而且可以对图表中的数据进行预测分析,得到一系列数据的变化趋势。

Excel 提供了多种图表类型,每种图表类型还包含几种不同的子类型,子类型是在图表类型基础上变化而来的。用户在创建图表前需要根据要求决定采用哪一种图表类型,每一种类型都有其各自的特点,如表 1.1 所示为常见图表类型及其用途。

表 1.1　图表类型及其用途

图表类型	用途
柱形图	用于显示一段时期内数据的变化或者各项之间的比较关系
折线图	用于显示数据的变化趋势
饼图	用于显示数据系列中各项占总体的比例关系
条形图	用于描述各项之间的差异变化或者显示各个项与整体之间的关系
面积图	用于显示局部和整体之间的关系,更强调幅值随时间的变化趋势
XY(散点图)	多用于科学数据,用于比较不同数据系列中的数值,以反应数值之间的关联性
股价图	用于分析股票价格的走势
曲面图	用于确定两组数据之间的最佳逼近
雷达图	用于多个数据系列之间的总和值的比较,各个分类沿各自的数值坐标轴相对于中点呈辐射状分布,同一序列的数值之间用折线相连
组合图	将多个图表进行组合,在一个图表中实现效果

1.6.2 图表创建

创建图表需要以工作表中的数据为基础。根据图表放置方式的不同,将图表分为嵌入式图表和工作表图表。这两种图表的创建方式类似,下面以建立嵌入式图表为例介绍如何使用图表向导来创建图表。创建图表的具体操作步骤如下。

① 打开准备创建图表的工作簿,选择用来创建图表的数据区域,如图 1.76 所示。

② 打开"插入"选项卡,单击"图表"选项组右下角的按钮□,弹出"插入图表"对话框,如图 1.77 所示。

③ 选择所需要的图表类型选,单击"确定"按钮,如图 1.78 所示为簇状柱形图创建完成效果。

	A	B	C	D	E
1	升达有限责任公司销售员销量表				
2	销售员	A产品	B产品	C产品	D产品
3	甲	80	65	80	90
4	乙	100	75	95	90
5	丙	95	90	75	80
6	丁	90	75	85	95
7	戊	100	95	80	80
8	己	98	80	95	95
9	庚	60	75	85	90
10	辛	90	90	95	85
11					

图 1.76　选择用来创建图表的数据区域

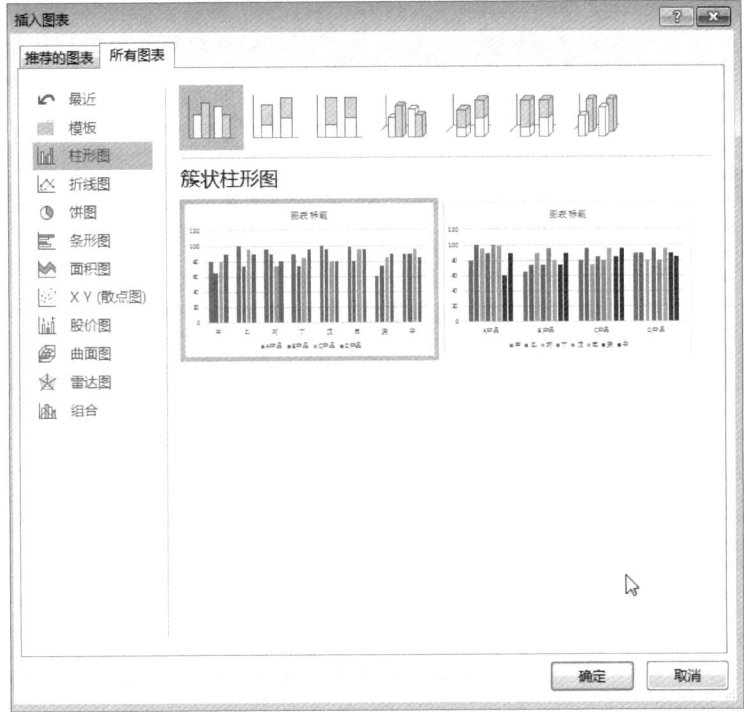

图 1.77　"插入图表"对话框

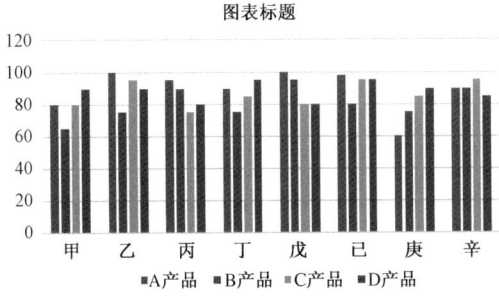

图 1.78　创建完成的簇状柱形图

一些常用的图表已经列示在功能区，用户也可以打开"插入"选项卡，单击"图表"选项组中的各种图表按钮，如图 1.79 所示，创建图表。

图 1.79 "图表"选项组中的各种图表按钮

实战演练

（1）使用"新建"按钮创建一个 Excel 工作簿，并将其重命名为"升达有限责任公司材料耗用统计表"。

（2）在 sheet1 内输入如图 1.80 所示的数据。

	A	B	C	D
1	升达有限责任公司材料耗用统计表单位：吨			
2		A产品	B产品	C产品
3	一季度	28	20	46
4	二季度	45	26	64
5	三季度	41	70	53
6	四季度	32	30	48

图 1.80 升达有限责任公司材料耗用统计表

（3）用手动输入公式的方式对 A 产品求和，使用函数导向方式用 SUM 函数对 B 产品求和。

（4）按 B 产品的材料耗用量对数据降序排序。

（5）筛选出 A 产品材料耗用超过 40 吨且 C 产品耗用超过 60 吨的数据。

（6）针对升达有限责任公司材料耗用统计表，创建一个嵌入式的图表。

第2部分

Excel 在会计核算中的应用

手工账务处理程序一般包括:建账、取得或填制原始凭证、审核原始凭证、编制记账凭证、审核记账凭证、登记账簿、试算平衡、对账、结账和编制会计报表。与传统手工会计核算类似,但有所不同。利用 Excel 进行会计核算工作,会计报表的数据来源于科目汇总表或科目余额表,科目汇总表及试算平衡表的数据来源于会计凭证表。也就是说,基于 Excel 的电算化账务处理流程为:建立会计凭证表——生成科目汇总表、科目余额表——生成账簿——编制会计报表。

任务 2　Excel 在会计凭证中的应用

学习目标 ▶

（1）了解 Excel 环境下的会计凭证体系，学会利用 Excel 常用功能建立会计科目表及期初科目余额表，熟悉记录单功能、定义名称功能。

（2）了解会计凭证表填写的内容及要求，熟悉会计凭证表中的数据计算、自动取数及数据验证等功能。

（3）学会利用数据透视表正确生成科目汇总表。

（4）理解科目余额表的结构及数据关系，熟悉期末余额的计算方式，掌握科目余额表的公式设置和计算方法。

思政目标 ▶

（1）培养学生在利用 Excel 获取处理数据过程中，严格遵守客观性、可靠性和安全性的会计工作纪律。

（2）利用数据分析经济事物的发展规律，提供真实的会计信息，帮助学生树立正确的人生观、价值观。

在 Excel 账务处理中，我们一般利用会计凭证表来记录会计凭证的信息，而且在制作会计凭证表之前，还需要建立许多相互关联的工作表，用来记录企业的基础财务信息或查询、汇总财务数据。本任务以升达有限责任公司 2021 年 1 月份的期初余额表及期初余额数据为基础，根据升达有限责任公司 1 月份发生的经济业务，建立 Excel 账务系统。会计科目是会计核算的基础，故首要根据升达有限责任公司的会计科目建立会计科目表，利用会计科目表的数据编制期初余额表并根据企业具体业务编制会计凭证表。在会计凭证表的基础上，继续编制科目汇总表及科目余额表，以帮助企业查询、汇总会计数据。

升达有限责任公司 2021 年 1 月份的财务信息资料如表 2.1 所示。

表 2.1　期初余额表　　　　　　　　　　　　　　　　单位:元

科目编码	总账科目	明细科目	借方期初余额	贷方期初余额
1001	库存现金		6 200.00	
1002	银行存款		747 460.00	
100201	银行存款	工行	205 811.00	
100202	银行存款	建行	541 649.00	

（续表）

科目编码	总账科目	明细科目	借方期初余额	贷方期初余额
1012	其他货币资金			
1121	应收票据			
1122	应收账款		550 000.00	
112201	应收账款	东方公司	550 000.00	
112202	应收账款	远大公司		
1123	预付账款		20 000.00	
112301	预付账款	永辉公司	20 000.00	
1221	其他应收款		3 000.00	
122101	其他应收款	李大庆	3 000.00	
122102	其他应收款	王迅		
1403	原材料		38 329.55	
140301	原材料	A 材料	22 479.00	
140302	原材料	B 材料	15 850.55	
1405	库存商品		649 231.28	
140501	库存商品	甲产品	431 160.28	
140502	库存商品	乙产品	218 071.00	
1601	固定资产		307 000.00	
1602	累计折旧			28 610.82
1603	固定资产减值准备			
1604	在建工程			
1701	无形资产		1 350 000.00	
170101	无形资产	专利权	150 000.00	
170102	无形资产	土地使用权	1 200 000.00	
1702	累计摊销			
1901	待处理财产损溢			
190101	待处理财产损溢	待处理流动资产损溢		
190102	待处理财产损溢	待处理固定资产损溢		
2001	短期借款			

科目编码	总账科目	明细科目	借方期初余额	贷方期初余额
2202	应付账款			287 000.00
220201	应付账款	永辉公司		
220202	应付账款	神州公司		287 000.00
2203	预收账款			
220301	预收账款	远大公司		
2211	应付职工薪酬			208 962.00
221101	应付职工薪酬	工资		183 300.00
221102	应付职工薪酬	福利费		25 662.00
2221	应交税费			18 440.90
222101	应交税费	应交增值税		
22210101	应交税费	进项税		
22210102	应交税费	销项税		
222102	应交税费	未交增值税		18 440.90
222103	应交税费	应交企业所得税		
2231	应付利息			
2241	其他应付款			14 089.12
224101	其他应付款	代扣个人社保金		14 089.12
2501	长期借款			200 000.00
4001	实收资本			725 000.00
4101	盈余公积			34 540.00
410101	盈余公积	法定盈余公积		34 540.00
4103	本年利润			
4104	利润分配			2 154 577.99
410401	利润分配	提取法定盈余公积		
410402	利润分配	未分配利润		2 154 577.99
5001	生产成本			
500101	生产成本	甲产品		
500102	生产成本	乙产品		
5101	制造费用			

（续表）

科目编码	总账科目	明细科目	借方期初余额	贷方期初余额
6001	主营业务收入			
600101	主营业务收入	甲产品		
600102	主营业务收入	乙产品		
6301	营业外收入			
6401	主营业务成本			
640101	主营业务成本	甲产品		
640102	主营业务成本	乙产品		
6403	税金及附加			
6601	销售费用			
660101	销售费用	职工薪酬		
660102	销售费用	广告费		
660103	销售费用	包装费		
660104	销售费用	其他		
6602	管理费用			
660201	管理费用	职工薪酬		
660202	管理费用	办公费		
660203	管理费用	差旅费		
660204	管理费用	水电费		
660205	管理费用	折旧		
660206	管理费用	修理费		
660207	管理费用	无形资产摊销		
660208	管理费用	业务招待费		
660209	管理费用	其他		
6603	财务费用			
660301	财务费用	利息		
660302	财务费用	现金折扣		
660303	财务费用	手续费		
6701	资产减值损失			
6711	营业外支出			
6801	所得税费用			

说明:由于本企业业务在 2021 年 1 月发生,故增值税税率采用 13%。

升达有限责任公司 2021 年 1 月份的会计业务具体如下。

① 3 日,从工商银行提取现金 3 000 元。

借:库存现金	3 000
贷:银行存款——工行	3 000

② 5 日,接受投资人投入的设备一台,评估作价 80 000 元。

借:固定资产	80 000
贷:实收资本	80 000

③ 8 日,从永辉公司购进 A 材料 18 000 元,购进 B 材料 12 000 元,增值税进项税额共计 5 100 元,材料已入库,款项用工行存款支付。

借:原材料——A 材料	18 000
——B 材料	12 000
应交税费——应交增值税(进项税额)	5 100
贷:银行存款——工行	25 100
预付账款——永辉公司	10 000

④ 9 日,从工行银行取得 3 个月期借款 500 000 元存入银行,月利率 0.5%,按月计提利息,到期一次还本付息。

借:银行存款——工行	500 000
贷:短期借款	500 000
借:财务费用——利息	2 500
贷:应付利息	2 500

⑤ 10 日,向远大公司销售甲产品,售价 258 849.56 元,增值税率 13%,款项尚未收到。

借:应收账款——远大公司	292 500
贷:主营业务收入——甲产品	258 849.56
应交税费——应交增值税(销项税额)	33 650.44

⑥ 13 日,各部门领用原材料,甲产品耗用 A 材料 32 000 元,B 材料 28 000 元,乙产品耗用 A 材料 42 000 元,生产车间一般耗用 B 材料 5 000 元,行政管理部门领用 B 材料 3 000 元。

借:生产成本——甲产品	60 000
——乙产品	42 000
制造费用	5 000
管理费用——其他	3 000
贷:原材料——A 材料	74 000
——B 材料	36 000

⑦ 15 日,收到东方公司所欠部分货款 450 000 元,已存入工行账户。

借：银行存款——工行	450 000
贷：应收账款——东方公司	450 000

⑧ 17 日，由于职工违反公司章程，对其处以罚款 2 000 元，现金已收到。

借：库存现金	2 000
贷：营业外收入	2 000

⑨ 18 日，从神州公司购进原材料，A 材料 58 000 元，B 材料 30 008.85 元，增值税 11 441.15 元，所有款项已用工行存款支付。

借：原材料——A 材料	58 000
——B 材料	30 008.85
应交税费——应交增值税（进项税额）	11 441.15
贷：银行存款——工行	99 450

⑩ 19 日，职工王迅出差预借差旅费 4 000 元，以现金支付。

借：其他应收款——王迅	4 000
贷：库存现金	4 000

⑪ 22 日，向东方公司销售商品，其中甲产品售价 98 000 元，乙产品 78 017.7 元，增值税 22 882.3 元，款项已收到，存入工行账户。

借：银行存款——工行	198 900
贷：主营业务收入——甲产品	98 000
——乙产品	78 017.7
应交税费——应交增值税（销项税额）	22 882.3

⑫ 24 日，收到远大公司欠款 292 500 元，存入工行账户。

借：银行存款——工行	292 500
贷：应收账款——远大公司	292 500

⑬ 25 日，用工行存款支付本月产品销售的广告费 10 000 元。

借：销售费用——广告费	10 000
贷：银行存款——工行	10 000

⑭ 26 日，分配工资：生产工人工资 30 000 元（按工时分配，甲产品 6 000 工时，乙产品 4 000 工时），车间管理人员工资 8 000 元，行政管理人员工资 12 000 元。

借：生产成本——甲产品	18 000
——乙产品	12 000
制造费用	8 000
管理费用——职工薪酬	12 000
贷：应付职工薪酬——工资	50 000

⑮ 26 日，计提固定资产折旧，车间折旧 16 000 元，行政管理部门折旧 10 000 元。

借：制造费用	16 000
管理费用——折旧	10 000
贷：累计折旧	26 000

⑯ 27 日,王迅出差回来报销差旅费 3 800 元,交回现金 200 元。

借:管理费用——差旅费	3 800
库存现金	200
贷:其他应收款——王迅	4 000

⑰ 27 日,用现金支付水电费 1 400 元,其中车间水电费 800 元,行政管理部门水电费 600 元。

借:制造费用	800
管理费用——水电费	600
贷:库存现金	1 400

⑱ 28 日,用工行存款支付上月未交增值税 18 440.9 元。

借:应交税费——未交增值税	18 440.9
贷:银行存款——工行	18 440.9

⑲ 28 日,按工时分配本月制造费用。

借:生产成本——甲产品	17 880
——乙产品	11 920
贷:制造费用	29 800

⑳ 29 日,结转出售商品成本。甲产品成本 220 000 元,乙产品成本 40 000 元。

借:主营业务成本——甲产品	220 000
——乙产品	40 000
贷:库存商品——甲产品	220 000
——乙产品	40 000

㉑ 31 日,月末结转损益。

借:主营业务收入——甲产品	356 849.56
——乙产品	78 017.7
营业外收入	2 000
贷:本年利润	436 867.26
借:本年利润	301 900
贷:主营业务成本——甲产品	220 000
——乙产品	40 000
销售费用——广告费	10 000
财务费用——利息	2 500
管理费用——其他	3 000
管理费用——职工薪酬	12 000
管理费用——折旧	10 000
管理费用——差旅费	3 800
管理费用——水电费	600

2.1　建立会计科目表

建立会计科目表时,需要在 Excel 工作表中录入数据。录入数据有两种方式:一种方式是直接在对应的单元格中录入数据;另一种方式是在"记录单"中录数据。采用记录单方式录入数据,便于查找、修改会计科目,能够提高工作效率。所以,本书采用记录单方式建立会计科目表。

2.1.1　定义会计科目表格式

定义会计科目表格式的具体操作步骤如下。

① 在 D 盘建立"升达公司"文件夹,在该文件夹下新建 Excel 工作簿,将其重命名为"会计核算.xlsx"。打开"会计核算.xlsx"工作簿,双击工作表标签"sheet1",输入新工作表名称"会计科目表"。

② 选中 A1 单元格,输入工作表标题"会计科目表"。选中 A1:C1 单元格区域,单击鼠标右键,在弹出的快捷菜单中单击"设置单元格格式"命令,如图 2.1 所示。

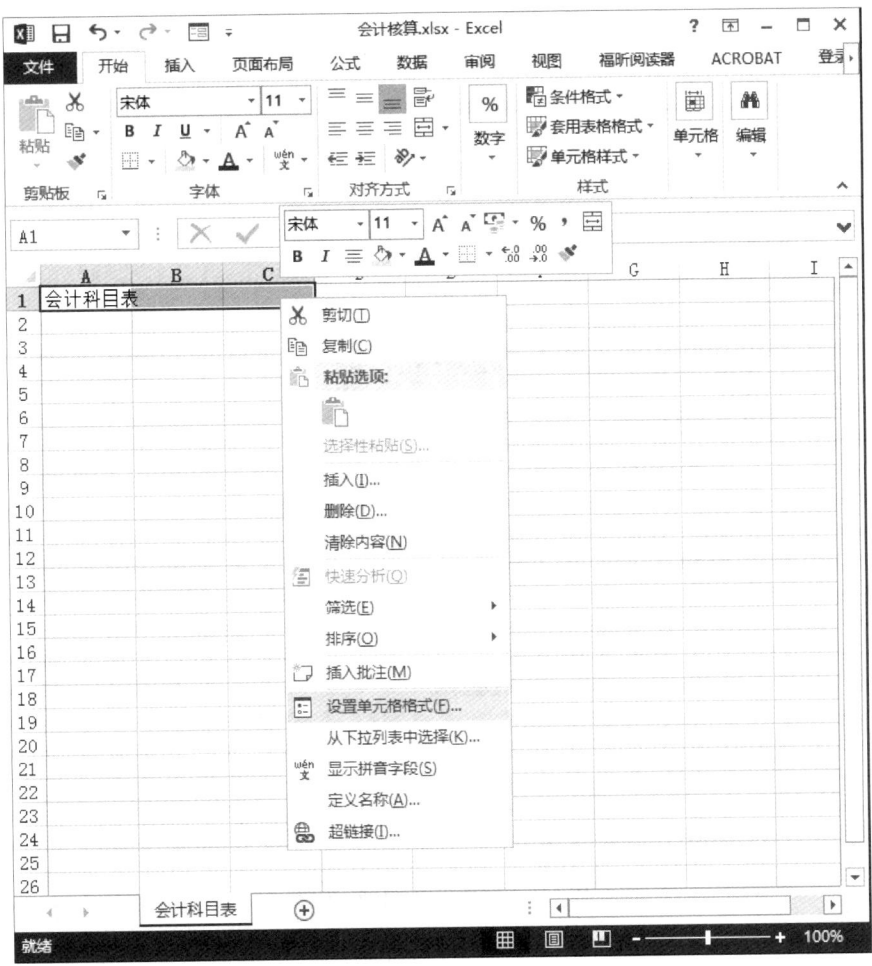

图 2.1　选择"设置单元格格式"命令

③ 打开"设置单元格格式"对话框,选中"对齐"选项卡,选中"水平对齐"下拉列表中的"跨列居中",如图 2.2 所示;选中"字体"选项卡,设置字体为"宋体",字形为"加粗",字号为"20",如图 2.3 所示。

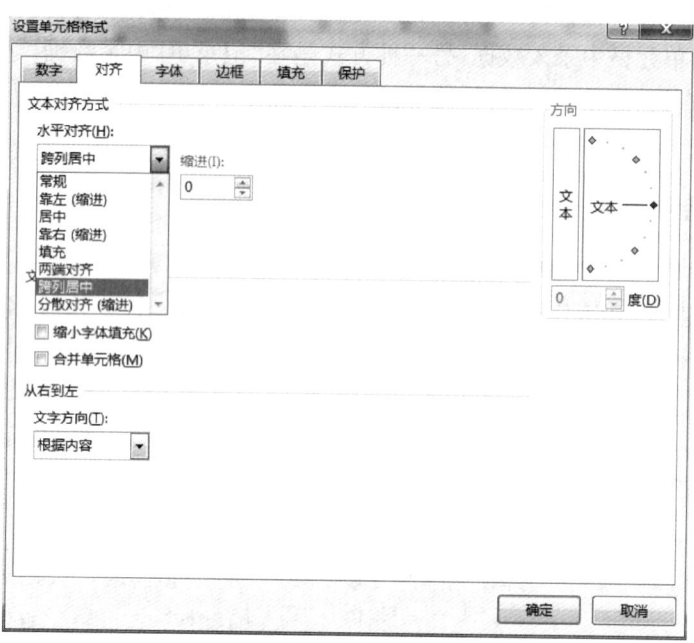

图 2.2 选择对齐方式为"跨列居中"

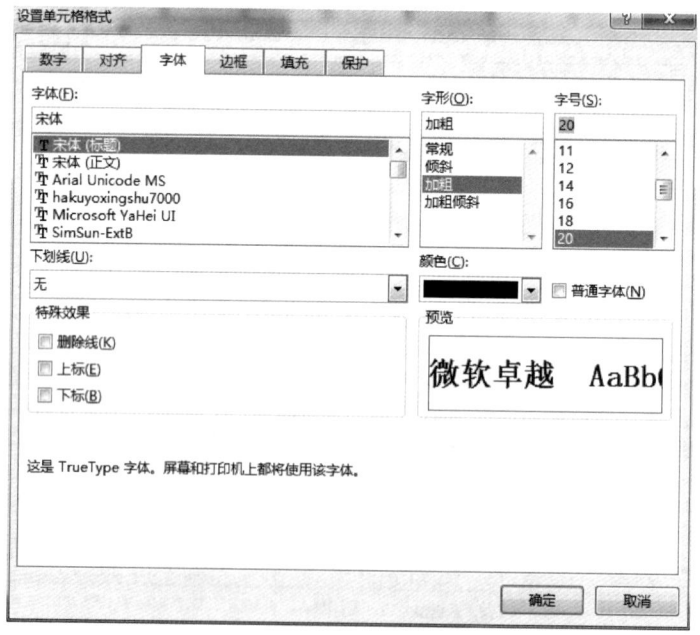

图 2.3 选择字体、字形、字号

④ 单击列号 A,选中 A 列后单击鼠标右键,在弹出的快捷菜单中单击"设置单元格格式"命令,打开对话框选择"数字"选项卡下的"文本",如图 2.4 所示。

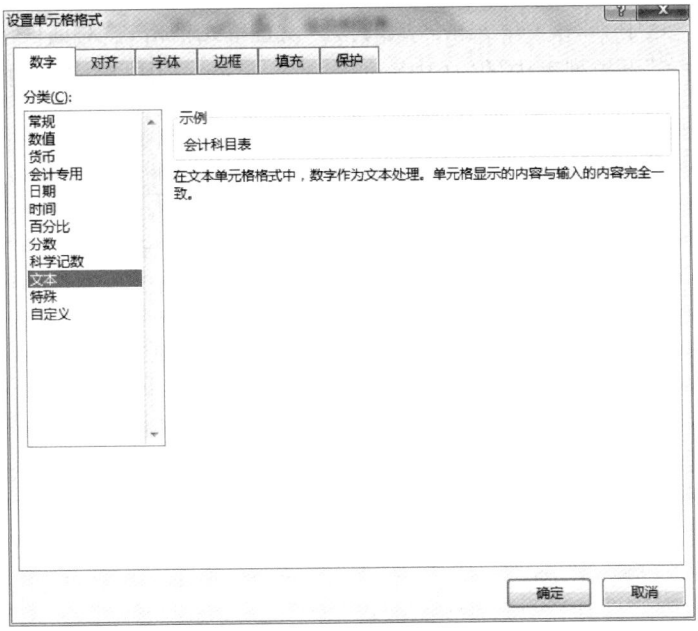

图 2.4　设置数字分类为"文本"

图 2.5　选择"列宽"选项

⑤ 选中 A 列,单击鼠标右键,在弹出的快捷菜单中单击"列宽",如图 2.5 所示,在弹出的"列宽"窗口中,录入列宽为"12",如图 2.6 所示。同理,设置 B 列的列宽为"16",设置 C 列的列宽为"20"。

⑥ 在 A2、B2、C2 单元格内分别输入"科目编码""总账科

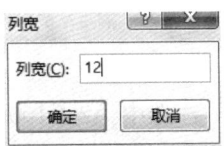

图 2.6　设置列宽为 12

目""明细科目"。选中 A2:C2 单元格区域,打开"设置单元格格式"对话框,选中"对齐"选项卡,选中"水平对齐"下拉列表中的"居中",如图 2.7 所示;选中"字体"选项卡,设置字体为"宋体",字形为"加粗",字号为"14",如图 2.8 所示。

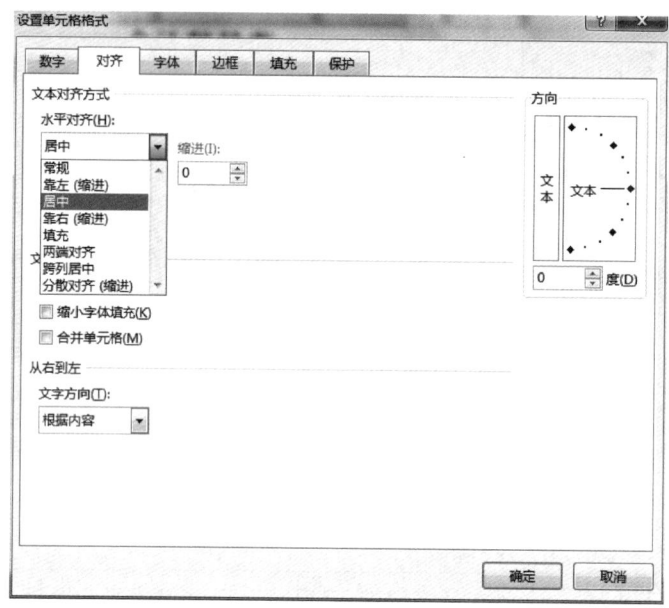

图 2.7　设置对齐方式为"居中"

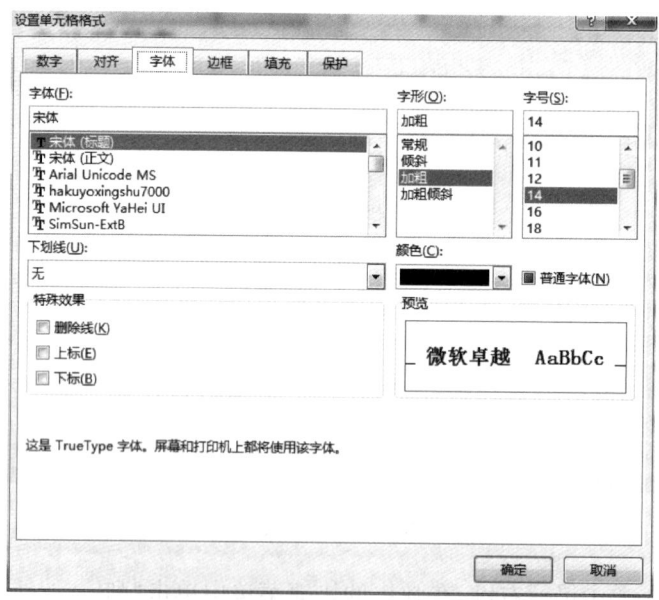

图 2.8　设置字体、字形、字号

　　⑦ 选中 A2:C100 单元格区域,在"开始"选项卡"字体"功能区的"边框"功能中,单击下拉箭头,选择"所有框线",如图 2.9 所示。

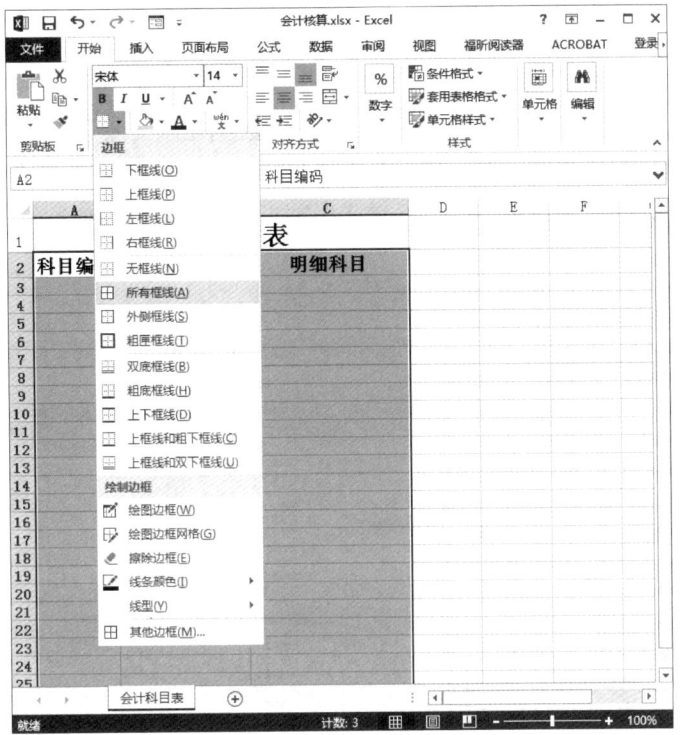

图 2.9　选择"所有框线"

2.1.2　使用"记录单"录入数据

使用"记录单"录入数据的具体操作步骤如下：

① 选中 A2:C2 单元格区域单击左上角快速访问工具栏"记录单"按钮，这时屏幕出现如图 2.10 所示的提示。

② 单击"确定"按钮，打开"会计科目表"记录单对话框，在"科目编码"文本框录入"1001"，按"Tab"键可切换到下一字段，在"总账科目"文本框录入"库存现金"，如图 2.11 所示。

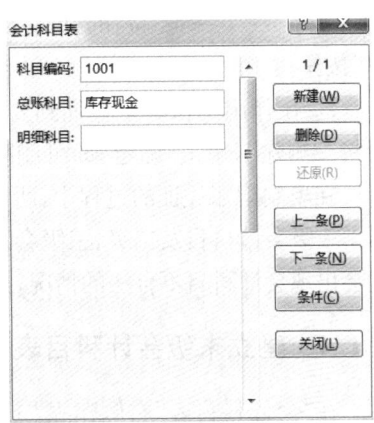

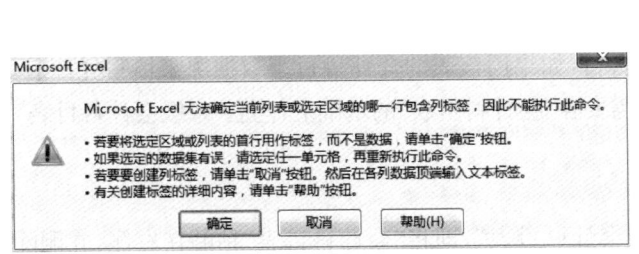

图 2.10　记录单提示窗口　　　图 2.11　通过"记录单"录入数据

③ 单击"新建"按钮或回车键,继续输入表 2.1 所示会计编码及会计科目,完成升达有限公司所有会计科目录入后,单击"关闭"按钮退出。设置好的"会计科目表"如图 2.12 所示。

若快速访问工具栏中没有"记录单"按钮,可以通过单击"文件"→"选项"→"快速访问工具栏",打开"自定义快速访问工具栏"窗口,在"从下列位置选择命令"处下拉箭头选择"不在功能区中的命令",找到"记录单"命令后,单击"添加"按钮,将其添加至右侧,单击"确定",如图 2.13 所示。

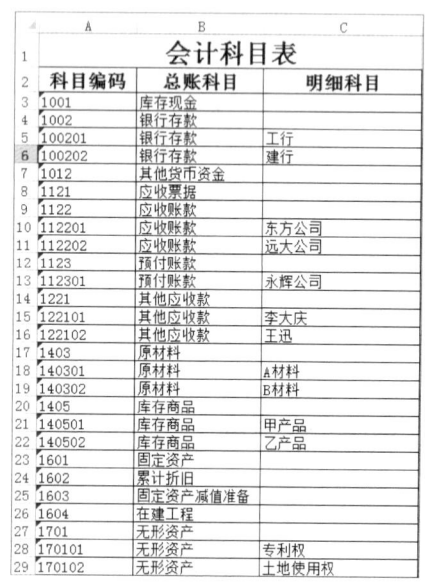

图 2.12 会计科目表

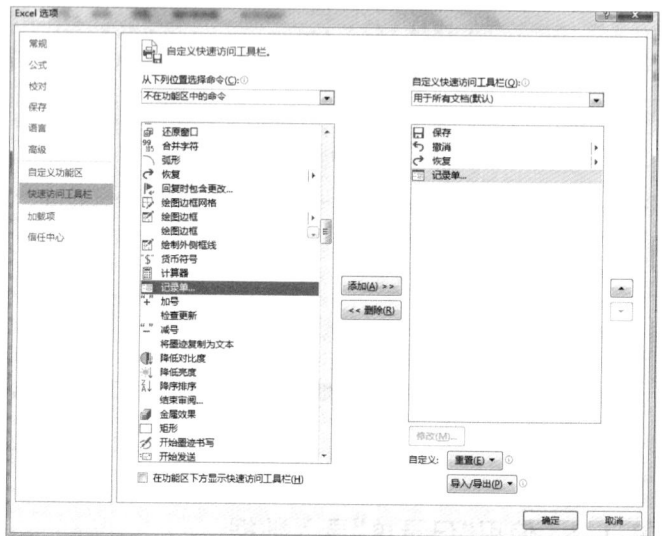

图 2.13 添加"记录单"命令至快速访问工具栏

2.1.3 使用"记录单"查找及删除记录

① 选中会计科目表中任意单元格,单击"记录单"按钮,在弹出的窗口中单击"上一条""下一条"进行记录查询。

② 在弹出的窗口中单击"条件"按钮,录入要查询的"科目编码"或"科目名称"后,单击"上一条"或"下一条"按钮,即可按顺序找到满足条件的记录。若要退出当前查找,单击"表单"按钮。

③ 在弹出的窗口中查询到要删除的记录后,单击"删除"按钮,弹出提示窗口"显示的记录将被删除",单击"确定"即可删除该记录。

在填制记账凭证的过程中,所填写的会计科目必须是末级会计科目,而"会计科目表"中包括了一级会计科目及二级、三级会计科目,如果用该表的会计科目为数据源来填写凭证表,可能会出现会计科目不合法的情况,故需要在"会计科目表"的基础上,建立"末级会计科目表"。

2.1.4 建立末级会计科目表

在"会计科目表"右侧建立"末级会计科目表",即将"会计科目表"粘贴在右侧,并删除表中的非末级科目。具体操作步骤如下:

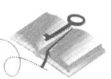

① 选中会计科目表 A1:C93 单元格区域，单击右键选择“复制”，选中 E1 单元格单击右键选择“粘贴”。

② 选中 E1:G1 单元格区域，单击右键选择“设置单元格格式”，在“对齐”页面“水平对齐”下选择“跨列居中”，单击“确定”。选中 E1 单元格，将标题改为“末级会计科目表”，如图 2.14 所示。

③ 选择“末级会计科目表”中的非末级科目“1002 银行存款”，即 E4:G4 单元格区域，单击鼠标右键选择“删除”，如图 2.15 所示。在弹出的“删除”对话框中选择“下方单元格上移”，如图 2.16 所示。

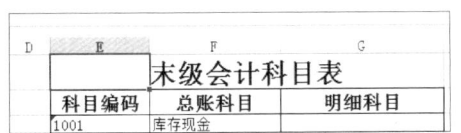

图 2.14　设置“末级会计科目表”标题

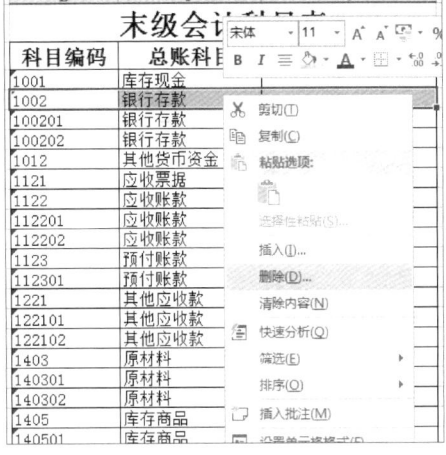

图 2.15　删除非末级科目

④ 同理，删除其他非末级科目，也可按 Ctrl 键同时选择多个非末级科目删除。完成的“末级会计科目表”如图 2.17 所示。

图 2.16　选择“下方单元格上移”

末级会计科目表

科目编码	总账科目	明细科目
1001	库存现金	
100201	银行存款	工行
100202	银行存款	建行
1012	其他货币资金	
1121	应收票据	
112201	应收账款	东方公司
112202	应收账款	远大公司
112301	预付账款	永辉公司
122101	其他应收款	李大庆
122102	其他应收款	王迅
140301	原材料	A材料
140302	原材料	B材料
140501	库存商品	甲产品
140502	库存商品	乙产品
1601	固定资产	
1602	累计折旧	
1603	固定资产减值准备	
1604	在建工程	
170101	无形资产	专利权
170102	无形资产	土地使用权
1702	累计摊销	
190101	待处理财产损溢	待处理流动资产损溢
190102	待处理财产损溢	待处理固定资产损溢
2001	短期借款	
220201	应付账款	永辉公司
220202	应付账款	神州公司
220301	预收账款	远大公司

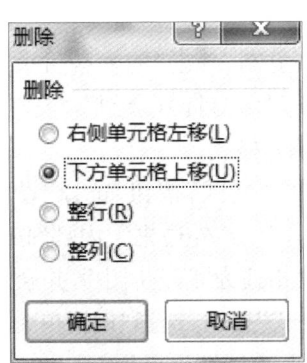

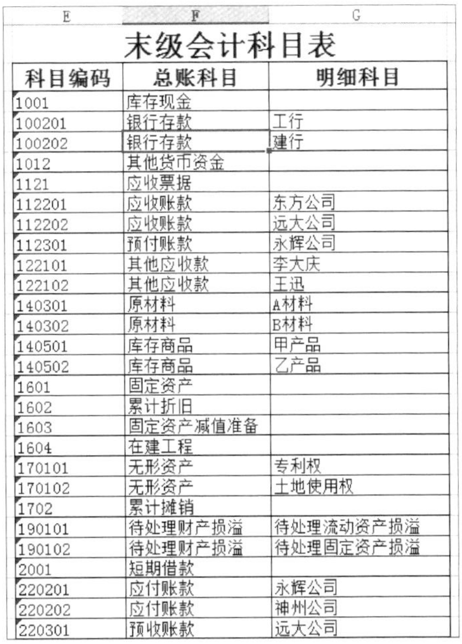

图 2.17　末级会计科目表

2.1.5 定义名称

为了更简便使用"会计科目表"和"末级会计科目表",需要将其区域定义对应名称。选中会计科目表 A 到 C 三列,单击"公式"选项卡中"定义名称"按钮,如图 2.18 所示。在弹出的"新建名称"对话框中,录入"会计科目表",范围选择"工作簿","引用位置"右侧默认为"＝会计科目表！$A：$C",单击"确定",如图 2.19 所示。

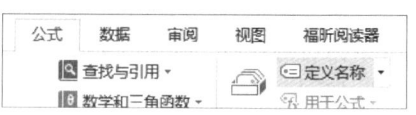

图 2.18 定义名称

同理定义"会计科目表！$E$3：$G$71"区域,名称为"末级会计科目表",如图 2.20 所示。

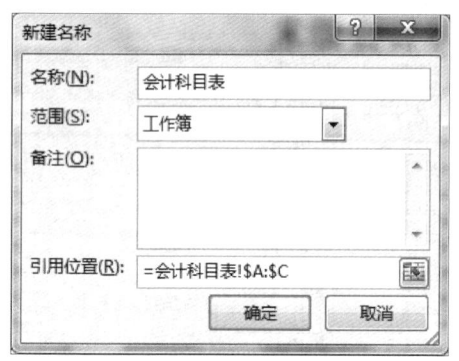

图 2.19 定义"会计科目表"名称

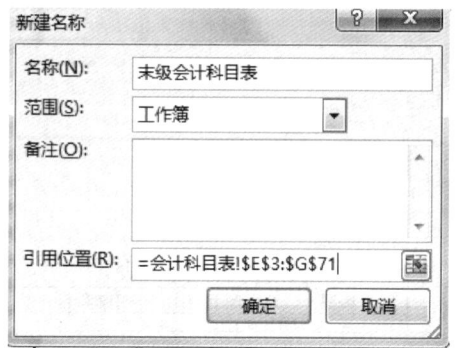

图 2.20 定义名称"末级会计科目表"

2.2 建立期初科目余额表

期初科目余额表中,期初余额数据的录入要从末级科目开始,上级科目的余额由定义好的公式自动计算。具体操作步骤如下。

① 在会计科目表右侧,单击"新工作表"按钮 ⊕ ,追加一张空白工作表 sheet1,双击"sheet1"将其重命名为"期初科目余额表"。

② 选中 A1:E1 单元格区域点击选项卡中"合并后居中"按钮,在合并后的单元格中录入"期初科目余额表",在"开始"选项卡"字体"功能组中设置字体为"宋体",字号为"20",字形为"加粗"。

③ 选中"会计科目表"表页中 A2:C93 单元格区域复制,单击"期初科目余额表"A2 单元格粘贴,在 D2、E2 单元格中分别录入"期初借方余额""期初贷方余额",单击 C2 单元格,向右填充至 E2 单元格,单击"自动填充选项"选择"仅填充格式"。

④ 选中 A2:E94 单元格区域,单击"开始"选项卡中"格式"按钮,选择"设置单元格格式",选择"边框"页,选择线条样式为细线、颜色为橙色,单击"外边框""内部"按钮,单击"确定",如图 2.21 所示。选择 A94:C94 单元格区域,设置其格式为"跨列居中",并录入"合计"。

选中 A2:E2 单元格区域,单击"开始"选项卡中"格式"按钮,选择"设置单元格格式",选择"边框"页,选择线条样式为粗线、颜色为橙色,单击"上边框""下部"按钮,单击"确定",如图2.22所示;选择"填充"页,背景色选择"无颜色",图案颜色选择"橙色",图案样式选择"细

逆对角线 条纹",如图 2.23 所示。

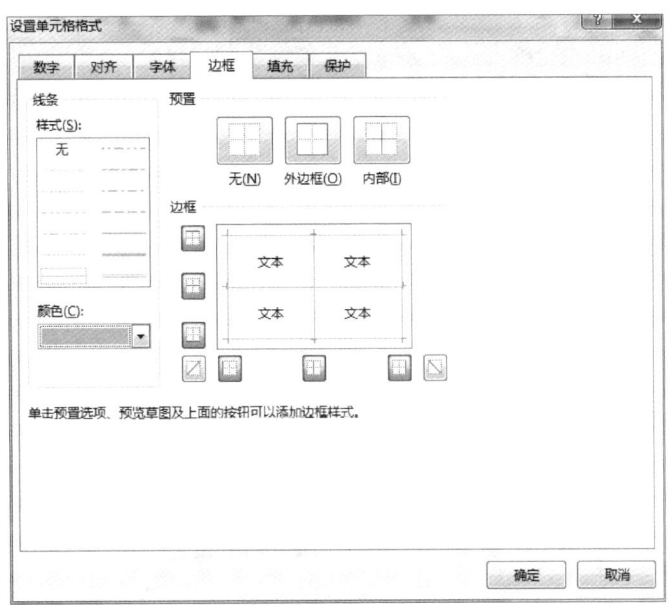

图 2.21　细框线设置

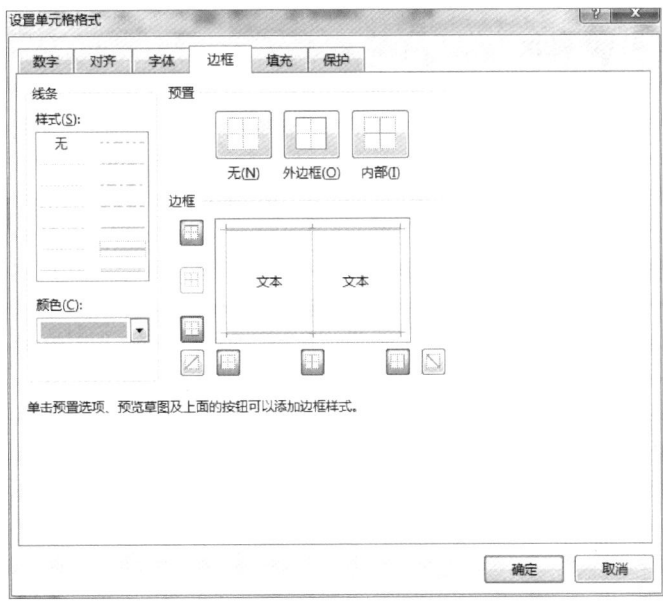

图 2.22　上下框线设置

　　⑤ 选中 D:E 列,设置单元格格式,设置数字分类为"会计专用",小数位数为"2",如图 2.24 所示。

　　⑥ 选中 D3 单元格,单击"视图"选项卡中的"冻结窗格"按钮,在下拉菜单中选择"冻结拆分窗格"命令,如图 2.25 所示。即可将窗口从 D3 单元格左上方的交点处进行冻结,其左边的列和上边的行将被锁定。

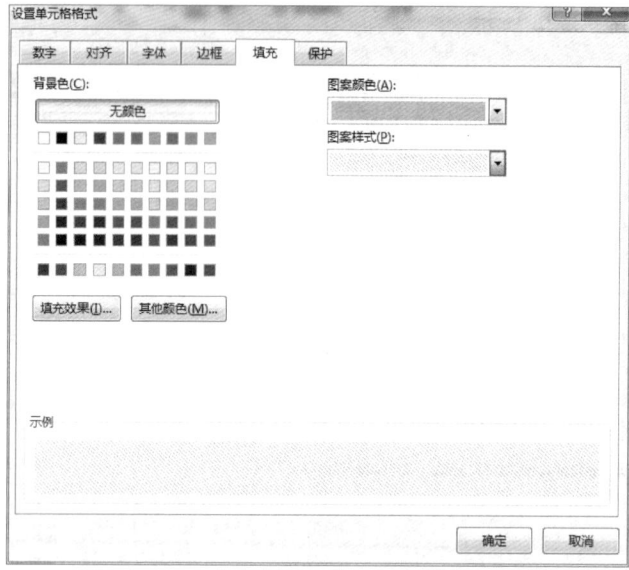

图 2.23　填充色及图案样式设置

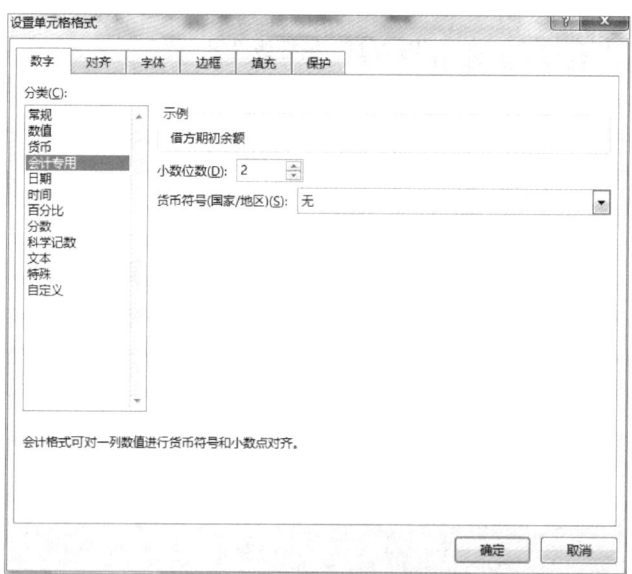

图 2.24　设置数字分类

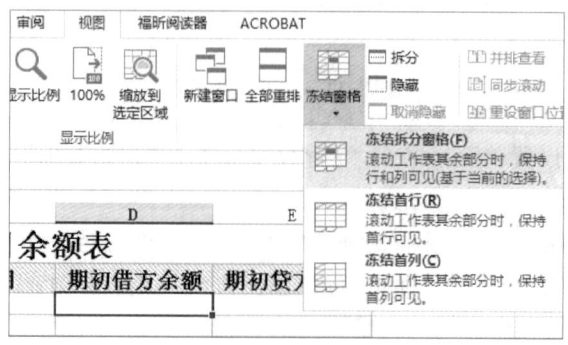

图 2.25　设置冻结窗格

⑦ 定义有明细科目的总账科目的计算公式（此处不考虑科目余额方向及有无余额，都设置公式）。

D4 单元格公式为：＝D5＋D6

D9 单元格公式为：＝D10＋D11

D12 单元格公式为：＝D13

D14 单元格公式为：＝D15＋D16

D17 单元格公式为：＝D18＋D19

D20 单元格公式为：＝D21＋D22

D27 单元格公式为：＝D28＋D29

D31 单元格公式为：＝D32＋D33

D35 单元格公式为：＝D36＋D37

D38 单元格公式为：＝D39

D40 单元格公式为：＝D41＋D42

D43 单元格公式为：＝D44＋D47＋D48

D44 单元格公式为：＝D45＋D46

D50 单元格公式为：＝D51

D54 单元格公式为：＝D55

D57 单元格公式为：＝D58＋D59

D60 单元格公式为：＝D61＋D62

D64 单元格公式为：＝D65＋D66

D68 单元格公式为：＝D69＋D70

D72 单元格公式为：＝D73＋D74＋D75＋D76

D77 单元格公式为：＝SUM(D78:D86)

D87 单元格公式为：＝D88＋D89＋D90

把 D 列公式复制到 E 列，将升达有限责任公司期初余额表中末级科目的期初余额录入。

函数说明：SUM 函数。SUM 函数为求和函数，其功能为计算单元格区域中所有数值的和。

语法：SUM(number1，[number2]，…)。

number1(必需参数)是指要相加的第一个数字。该数字可以是数字，单元格引用或单元格范围。

number2(可选参数)是要相加的第二个数字。可以按照这种方式最多指定 255 个数字。

⑧ 选择 D94 单元格，单击"公式"选项卡"插入函数"按钮 f_x ，打开"插入函数"对话框，在"或选择类别"右侧下拉菜单选择"数学与三角函数"，选择"SUMIF"函数，单击"确定"按钮，如图 2.26 所示。

打开函数参数对话框，在参数"Range"

图 2.26　插入 SUMIF 函数

输入"A：A"列，在参数"Criteria"输入英文状态下的"????"。在"Sum_range"输入框内输入"D：D"列。最后单击"确定"按钮，如图 2.27。在 D94 单元格中完成如下公式的输入：

$$=SUMIF(A：A,"????",D：D)$$

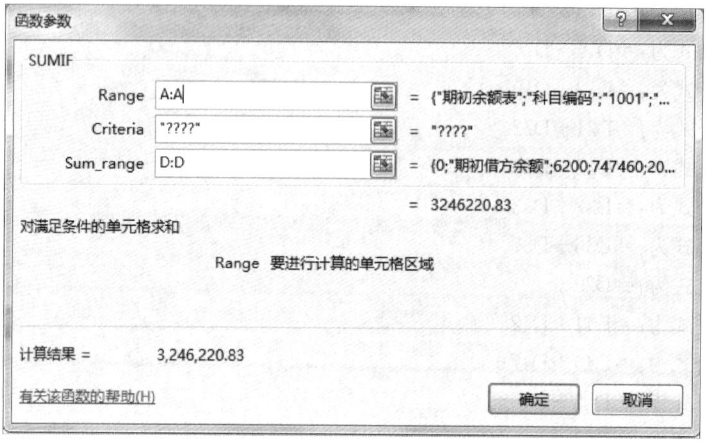

图 2.27 "函数参数"对话框

即求出科目编码长度为 4 的总账科目期初借方余额合计数。

同理在 E94 单元格中输入公式"=SUMIF(A：A,"????",E：E)"，其含义为求科目编码长度为 4 的总账科目期初贷方余额合计数。

函数说明：SUMIF 函数。根据条件对单元格区域内的数据求和。

语法：SUMIF(range, criteria, [sum_range])，即：SUMIF(判断区域，判断条件，求和区域)。

range 为判断区域，必需参数。用于确定根据条件计算的单元格区域。每个区域中的单元格必须是数字或名称、数组或包含数字的引用。空值和文本值将被忽略。所选区域可以包含标准 Excel 格式的日期。

criteria 为判断条件，必需参数。用于确定对哪些单元格求和的条件，其形式可以为数字、表达式、单元格引用、文本或函数。例如，条件可以表示为 32、">32"、B5、"32"、"苹果"或 TODAY()。任何文本条件或任何含有逻辑或数学符号的条件都必须使用英文状态下的双引号("")括起来。如果条件为数字，则无需使用双引号。

sum_range 为求和区域，可选参数。用于确定求和的实际单元格(如果要对未在 range 参数中指定的单元格求和)。如果省略 sum_range 参数，Excel 会对在 range 参数中指定的单元格(即应用条件的单元格)求和。

可以在 criteria 参数中使用通配符，包括问号(?)和星号(＊)。问号匹配任意单个字符；星号匹配任意一串字符。如果要查找实际的问号或星号，请在该字符前键入波形符(～)。

⑨ 检查 D94 与 E94 是否相等，即可判断期初余额录入的试算平衡。选择 F94 单元格，如图 2.28 所示，输入公式"=IF(D94＝E94,'期初余额试算平衡','期初余额不平衡')"，也可用"插入函数"输入公式，此处不再赘述。

函数说明：IF 函数。

| F94 | ▼ | : | × | ✓ | f_x | =IF(D94=E94,"期初余额试算平衡","期初余额不平衡") |

期初科目余额表

	A	B	C	D	E	F
2	科目编码	总账科目	明细科目	期初借方余额	期初贷方余额	
87	6603	财务费用		—	—	
88	660301	财务费用	利息			
89	660302	财务费用	现金折扣			
90	660303	财务费用	手续费			
91	6701	资产减值损失				
92	6711	营业外支出				
93	6801	所得税费用				
94		合计		3,671,220.83	3,671,220.83	期初余额试算平衡

图 2.28　输入"期初余额试算"函数

IF 函数是 Excel 中最常用的函数之一,用于判断是否满足某个条件,如果满足则返回一个值,不满足则返回另一个值。IF 函数最简单的形式表示:如果内容为 True,则执行某些操作,否则就执行其他操作,因此 IF 语句可能有两个比较结果。第一个结果为 True,第二个结果为 False。

语法:IF(logical_test,value_if_true,[value_if_false]),即 IF(判断条件,成立,不成立)。

logical_test(必需参数),指要测试的条件。

value_if_true(必需参数),logical_test 的结果为 TRUE 时返回的值。

value_if_false(可选参数),logical_test 的结果为 FALSE 时返回的值。

⑩ 定义区域"期初科目余额表！＄A＄2:＄E＄94"名称为"期初科目余额表",如图 2.29 所示。

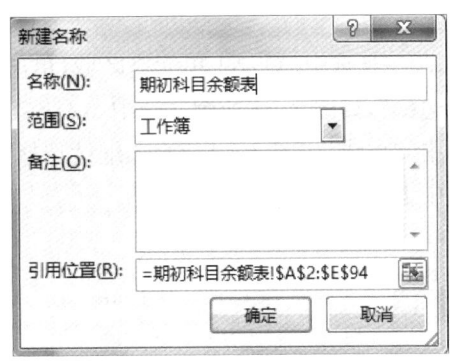

图 2.29　定义"期初科目余额表"名称

2.3　建立会计凭证表

在电算化财务工作中,作为凭证、账簿和报表三大账务处理流程的起始点,记账凭证的填制是最基础的,也是工作量最大的。作为账表等文件的数据来源,只有保证记账凭证的信息正确、完整的录入系统,才能正确地生成账簿和报表。

建立 Excel 电算化处理的会计凭证表,首先要定义会计凭证表的格式及公式,再根据企业当期会计业务录入本月会计分录,即可得到本月的会计凭证表。

本部分用到的 Excel 知识主要有数据验证、CONCATENATE 函数、IF 函数、VLOOKUP 函数。

2.3.1　定义会计凭证表格式

定义会计凭证表格式的具体操作步骤如下。

① 打开"会计核算.xlsx"工作簿,单击"期初科目余额表"后面的"新工作表"按钮,追加新工作表"sheet1",并将其重命名为"会计凭证表"。选中 A1:K1 单元格区域,分别输入"类别编号""年""月""日""凭证编号""摘要""科目编码""总账科目""明细科

目""借方金额""贷方金额",设置其字体为宋体 12 号、加粗、居中。选择第一行,设置行高为 24。

② 选中 A1:K1 单元格区域,单击"开始"→"字体"功能区中"填充颜色"按钮,选择橙色,如图 2.30 所示。

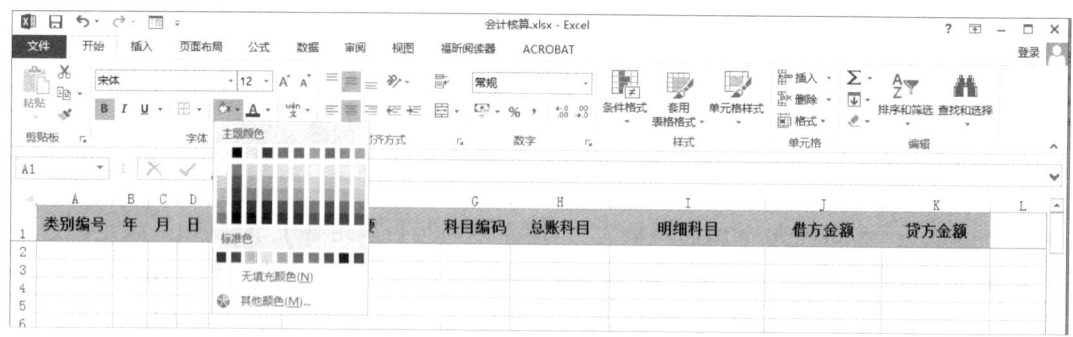

图 2.30 设置底色为"橙色"

③ 选中 A1:K1 单元格区域,单击"开始"→"字体"功能区中"边框"按钮,选择"所有边框",如图 2.31 所示。选中 A2:K78 单元格区域,选择"边框"按钮,选择菜单下方"线型"中的虚线,如图 2.32 所示。继续选择"边框"按钮,选择"所有边框",即可完成对会计凭证表中框线的设置。

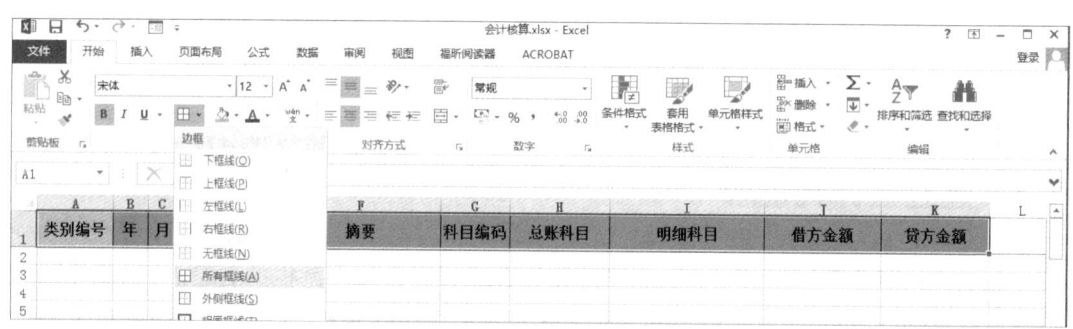

图 2.31 设置会计凭证表表头框线

④ 选择第 B 列,设置其单元格格式,选择数字分类为"文本",选择 J:K 列,设置单元格格式,选择数字分类为"会计专用",货币符号为"无"。

2.3.2 定义单元格数据验证

1. 定义"日"数据验证

为了在输入会计凭证日期时更加便捷,设置"日"的数据验证。选择 N2 单元格,设置其单元格属性为"文本",输入"01",使用填充柄向下填充至 N32 单元格,如图 2.33 所示。

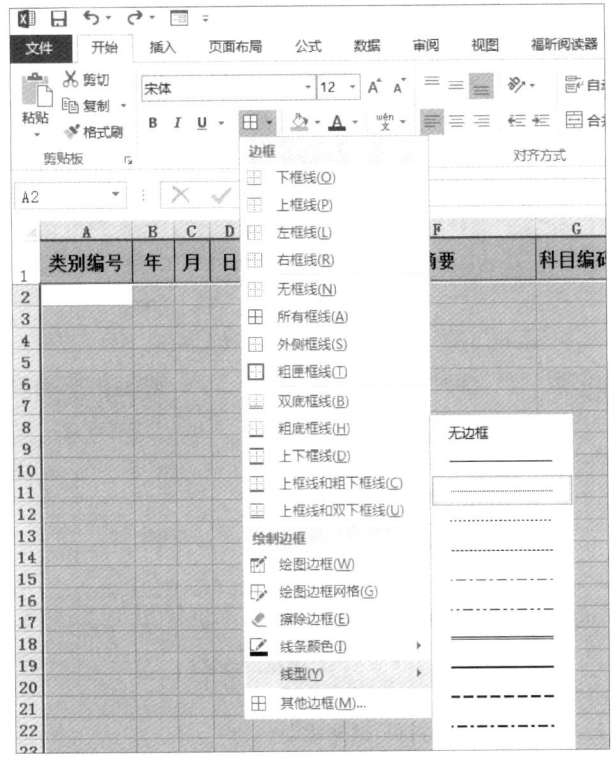

图 2.32 选择边框线型

图 2.33 填充序列

选中 D2 单元格,单击"数据"→"数据验证"按钮,打开"数据验证"对话框,在"设置"选项卡"允许"下拉菜单选择"序列",在"来源"输入框中,选择"＄N＄2：＄N＄32"区域,如图2.34 所示。单击"出错警告"选项卡,设置"错误信息"为"日期非法!",单击"确定",如图2.35 所示。最后,拉动列标,调整第 N 列的宽度,将第 N 列隐藏。

图 2.34 设置"凭证日期"数据验证

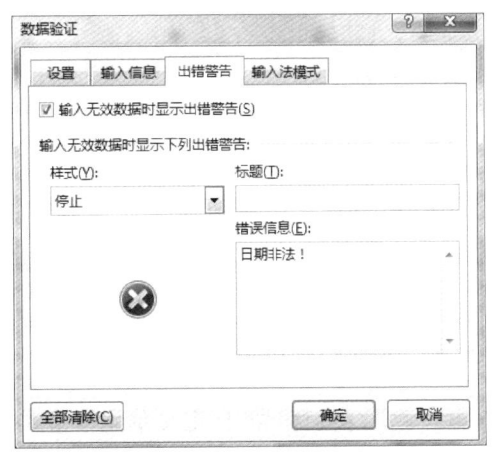

图 2.35 设置"凭证日期"数据验证

2. 定义"科目编码"数据验证

在会计凭证中,会计科目必须输入末级科目,所以在此将"科目编码"设置为仅允许末级会计科目编码。选中 G2 单元格,单击"数据"选项卡中"数据验证"按钮,打开"数据验证"对话框,在"设置"选项卡"允许"下拉菜单选择"序列",在"来源"输入框中,录入"＝末级会计科目编码",如图 2.36 所示。单击"出错警告"选项卡,设置"错误信息"为"科目无效!",最后单击"确定",如图 2.37 所示。

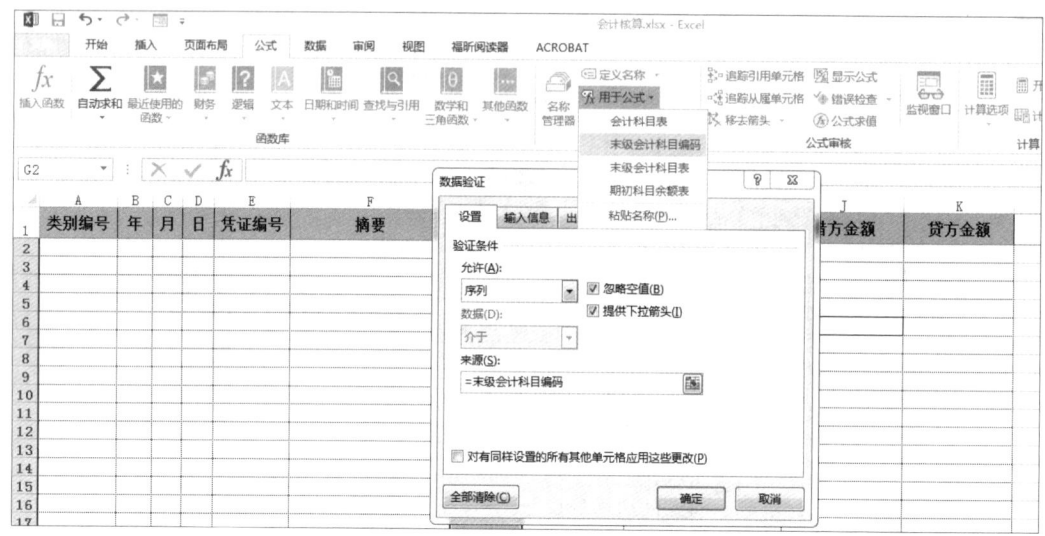

图 2.36 设置"会计科目"数据验证

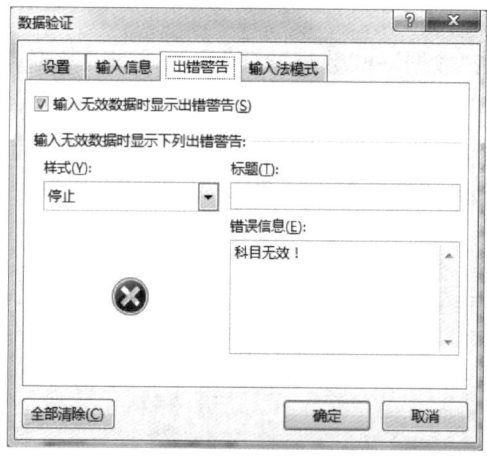

图 2.37 设置"会计科目"数据验证

2.3.3 定义单元格公式

1. 定义"类别编号"自定义单元格格式

选中 A2 单元格,设置其单元格格式,在"数字"选项卡中,选择"自定义",在右侧"类型"选择框中,输入""记"＃＃",如图 2.38 所示,设置凭证字号单元格格式。注意:自定义公式时,标点符号均为英文状态下输入。

自定义单元格格式之后,在 A2 单元格输入"1",即可显示为"记 1"。单击 A2 单元格,

双击填充柄,即可将公式填充至 A78 单元格。

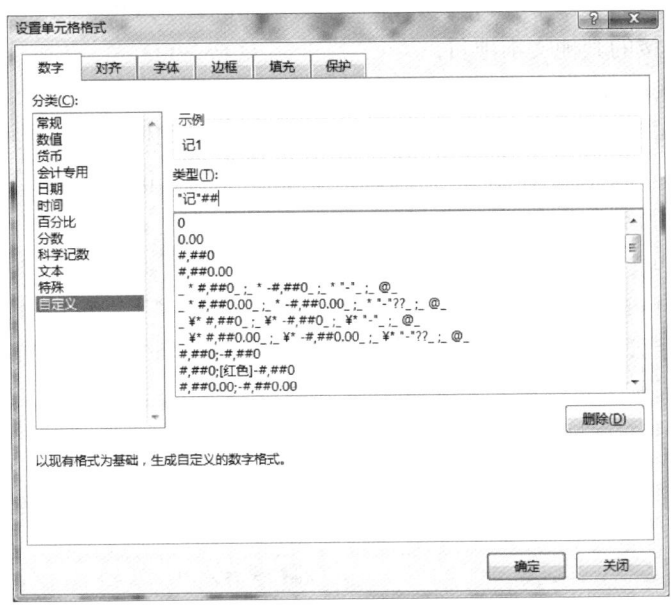

图 2.38　设置自定义单元格格式

2. 定义"凭证编号"自动生成公式

选中 E2 单元格,单击"公式"选项卡中"文本函数",选择"CONCATENATE"函数,在弹出的"函数参数"对话框的"Text1"输入框中输入"B2",在"Text 2"输入框中输入"C2",在"Text 3"输入框中输入"D2",在"Text 4"输入框中输入"A2",最后单击"确定",如图 2.39 所示。

在 E2 单元格中完成公式"＝CONCATENATE(B2，C2，D2，A2)"的输入后,单击 E2 单元格,双击填充柄,即可将公式填充至 E78 单元格。

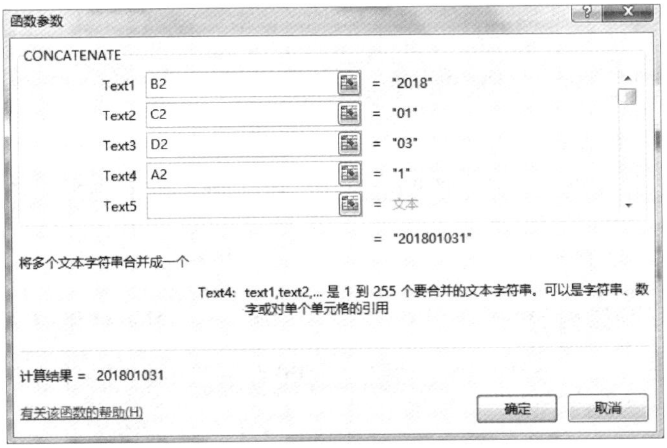

图 2.39　设置文本函数

函数说明:CONCATENATE 函数。

CONCATENATE 是常用文本函数,其功能是将两个或多个文本字符连接为一个字符串。

语法：CONCATENATE(text1，[text2]，…)。

text1 指要连接的第一个项目。项目可以是文本值、数字或单元格引用。

text2 指要连接的其他文本项目。

3.定义"总账科目"自动生成公式

① 选中 H2 单元格，单击"公式"选项卡中"逻辑"，选择"IF"函数，在弹出的"函数参数"对话框的"Logical_test"输入框中输入"G2＝""""，在"Value_if_true"输入框中输入空文本""""，双引号必须为英文状态下的双引号，如图 2.40 所示。

② 单击"Value_if_false"输入框，选择"名称框"下拉箭头，选择"VLOOKUP"函数，打开"函数参数"对话框，在"Lookup_value"输入框输入"G2"；在"Table_array"输入框单击"公式"选项卡中"用于公式"，选择"末级会计科目表"；在"Col_index_num"输入框中输入"2"；在"Range_lookup"输入框中输入"0"，如图 2.41 所示。

③ 单击编辑栏空白区域，回到"IF"函数对话框，单击"确定"，如图 2.42 所示。

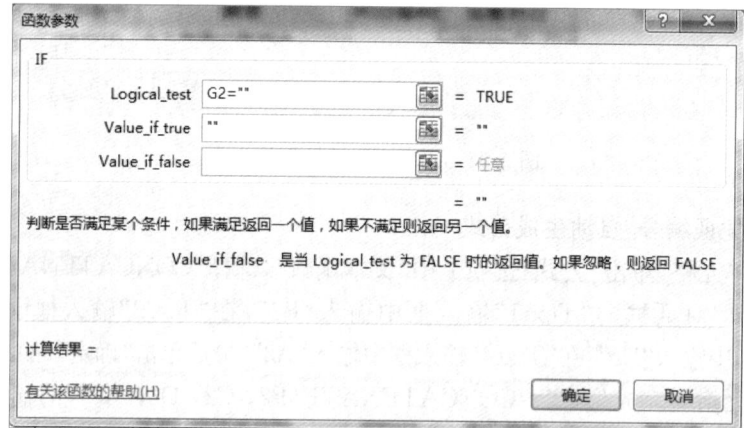

微课 2-1

图 2.40 设置总账科目公式 1

图 2.41 设置总账科目公式 2

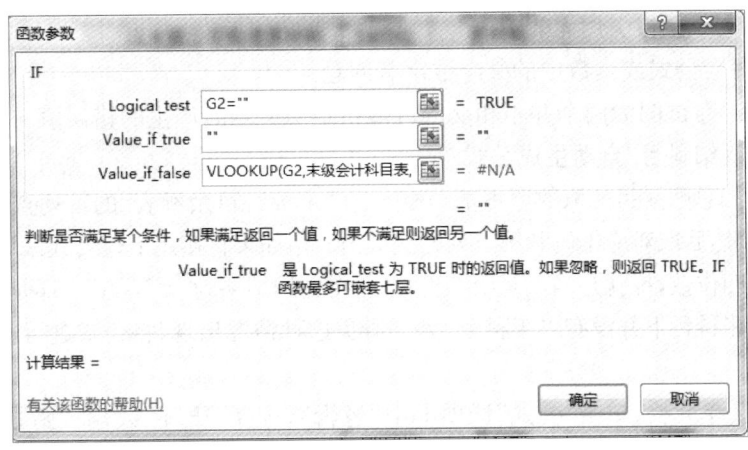

图 2.42　设置总账科目公式 3

在 H2 单元格中完成下列公式的输入：

＝IF(G2＝"","",VLOOKUP(G2,末级会计科目表,2,0))

此公式的含义为：如果"G2"单元格科目编码为空,则总账科目显示为空,如果科目编码不为空,则在"末级会计科目表"首列查找"G2"单元格内的科目编码,找到后返回该行与"末级会计科目表"第 2 列交叉点的值,即返回该科目编码对应的总账会计科目。

由于公式考虑了科目编码为空的情况,所以当科目编码为空时不再出现"♯N/A"的错误提示。

函数说明：VLOOKUP 函数。

VLOOKUP 函数是一个应用非常广泛的查找与引用函数,通过它可以迅速地从复杂的数据库中找到所需信息。

语法：VLOOKUP(lookup_value,table_array,col_index_num,[range_lookup]),即：VLOOKUP(查找值,查找的区域,返回位置(列),查找方式)。

lookup_value：需要在查找区域的首列中查找的数据。

table_array：需要在其中查找数据的区域。

col_index_num：查找区域中待返回的匹配值的列序号。

range_lookup：逻辑值,指在查找时是要求精确匹配还是模糊匹配。逻辑值为 0 时,检索类型为精确查找；逻辑值为 1 时,检索类型为模糊查找。当该参数省略时,默认为逻辑值 1,即模糊查找。

在公式或函数的运用过程中,有时会因为公式或函数的设置以及人为因素造成单元格中出现错误信息。当出现错误时,Excel 会给出一些提示,以帮助用户找出错误的原因。公式与函数运算中常见错误提示包括以下几种。

"♯♯♯♯♯!"：输入到单元格的数值太长,在单元格中显示不下,可以通过修改列宽来修正。

"♯VALUE!"：使用了错误的参数和运算对象类型。

"♯DIV/0!"：公式被 0 除时。

"♯NAME!"：公式中产生不能识别的文本,产生的错误值。

"♯N/A"：函数或公式中没有可用的数值,产生的错误值。

"♯REF!":单元格引用无效。

"♯NUM!":公式或函数中的某个数字有问题。

"♯NULL!":试图为两个并不相交的区域指定交叉点时产生的错误值。

4. 定义"明细科目"自动生成公式

明细科目和总账科目的取数原理基本相同:在"末级科目余额表"的首列查　　微课 2-2
找"科目编码",然后取对应编码和第三列的交叉值。但如果直接用上述公式来取数,就会出现
当科目编码是四位数,也就是当不是明细科目时,得到的结果为"♯N/A"。那是由于科目编码
为四位数的总账科目下并没有二级科目,为了避免这种情况出现,将公式进行改进,具体操作
步骤如下:

① 选中 I2 单元格,单击"公式"选项卡中"逻辑",选择"IF"函数,在"函数参数"对话框
中将光标定位在"Logical_test"输入框中,单击名称框的下拉三角按钮,选择"其他函数",如
图 2.43 所示;选择"文本"类别下的"LEN"函数,如图 2.44 所示,单击"确定"按钮。

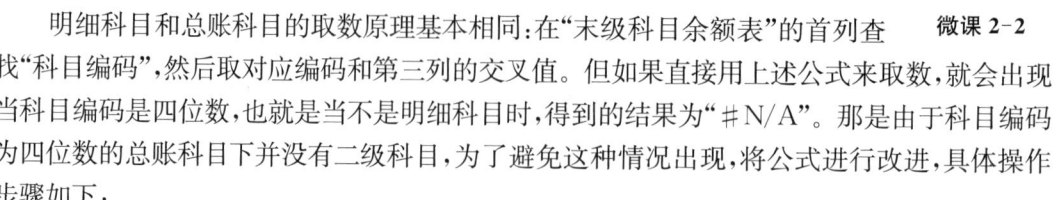

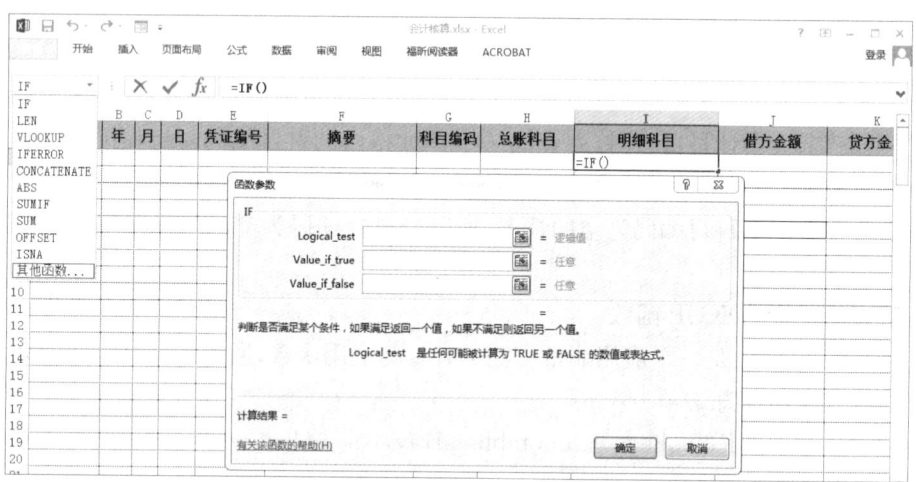

图 2.43　在 Logical_test 中插入名称框中的其他函数

图 2.44　插入 LEN 函数

　　② 打开"LEN"函数对话框,在参数"Text"输入框中输入"G2",如图 2.45 所示。此时单击编辑栏后面的空白区,返回到 IF 函数的"函数参数"对话框,如图 2.46 所示。

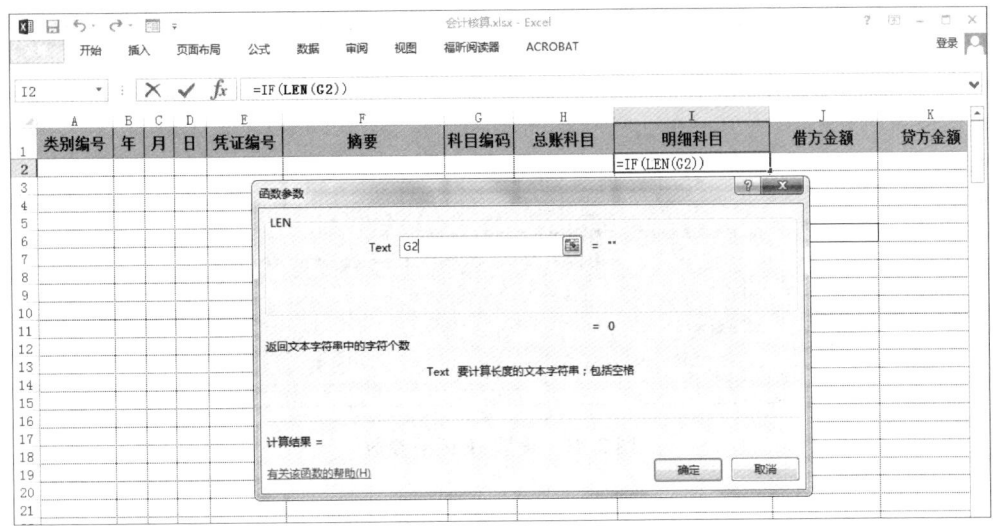

图 2.45　设置 LEN 函数参数

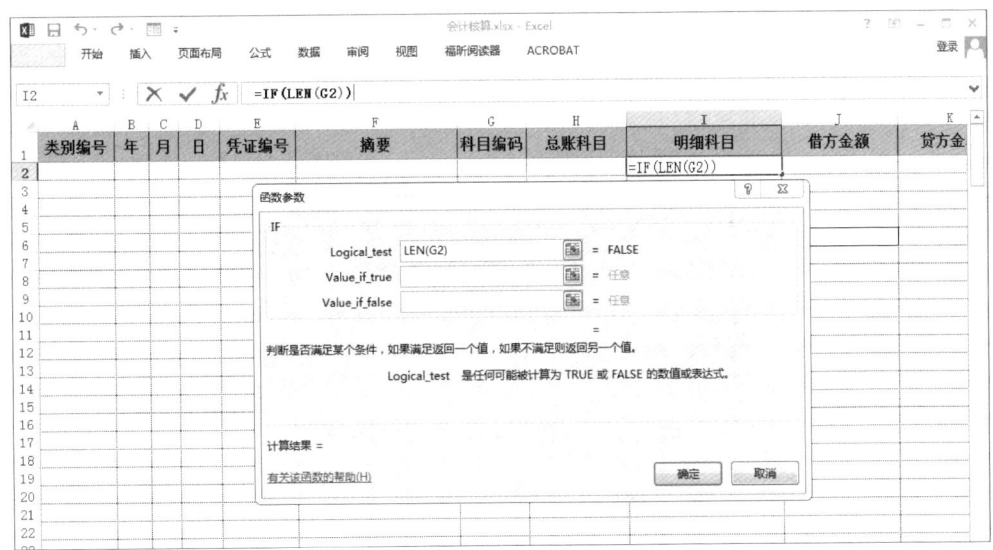

图 2.46　返回 IF 函数"函数参数"对话框

　　③ 在"Logical_test"输入框内"LEN(E2)"后面继续输入公式"<＝4",在"Value_if_true"输入框内输入空文本""",双引号必须为英文状态下的双引号。将光标定位在参数"Value_if_false"输入框内,继续单击名称框下拉三角按钮,选择"VLOOKUP"函数,如图 2.47 所示。

　　④ 打开"VLOOKUP"函数的"函数参数"对话框,如图 2.48 所示。

　　在参数"Lookup_value"输入框输入"G2";

　　在参数"Table_array"输入框输入"末级会计科目表";

　　在参数"Col_index_num"输入框输入"3";

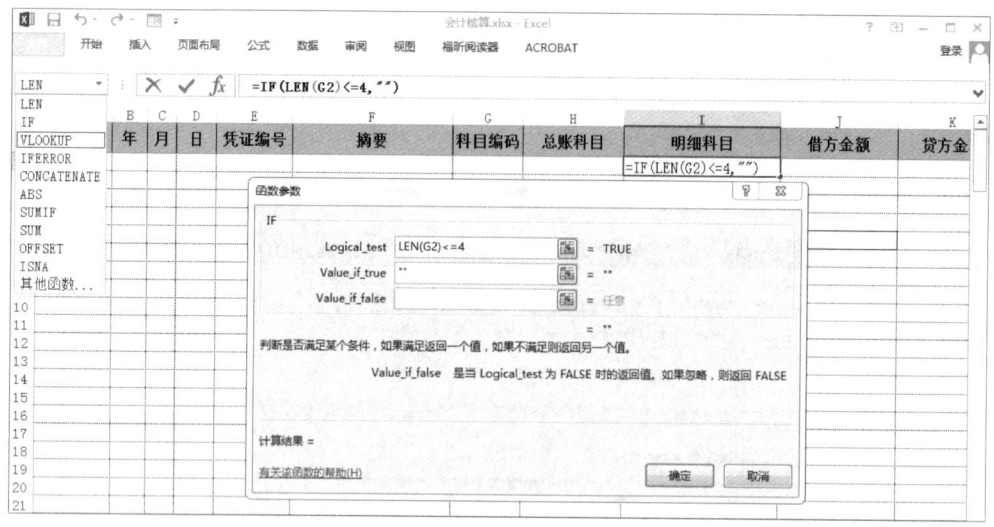

图 2.47　设置 IF 函数参数

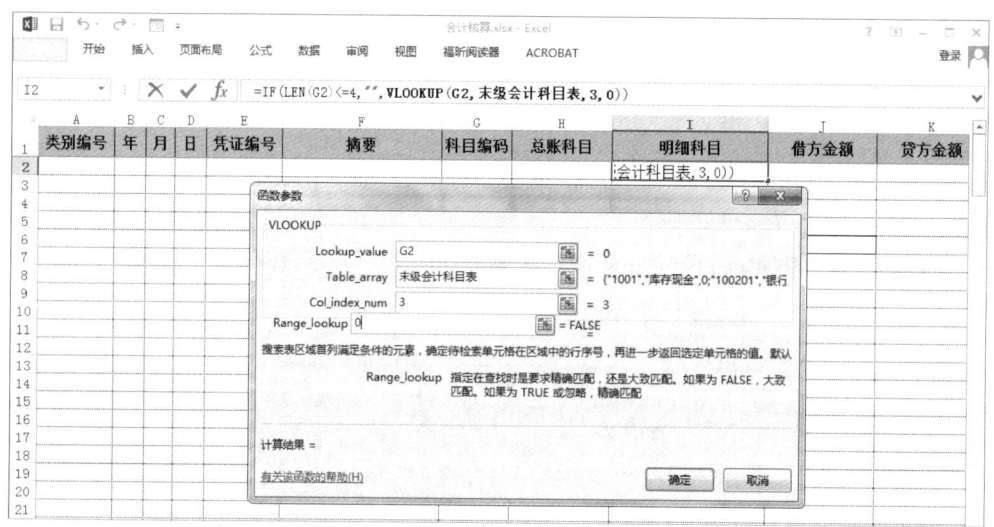

图 2.48　设置 VLOOKUP 函数参数

在参数"Range_lookup"输入框输入"0"。

⑤ 单击"确定"按钮,在 I2 单元格中完成下列公式的输入:

＝IF(LEN(G2)＜＝4,"",VLOOKUP(G2,末级会计科目表,3,0))

此公式的含义为:首先判断 G2 单元格的长度是不是小于等于 4,如果是,则没有明细科目,返回空文本""",否则在范围名称"末级会计科目表"的首列查找 G2 单元格内的科目编码,找到后返回该行与"末级会计科目表"第 3 列交叉点的值,即科目编码对应的明细科目。

函数说明:LEN 函数。LEN 是文本类函数。其功能为返回文本字符串中的字符数。

语法:LEN(text)。text 指要查找其长度的文本。空格将作为字符进行计数。

⑥ 最后,选中 D2:I2 单元格区域,光标放到选择区右下角变为填充柄实心"＋"号,向下填充,具体填充至哪一行,可根据业务量随时调整。

图 2.49　单元格填充

5. 设置借贷不平衡自动提示公式

借贷记账法的记账规则是"有借必有贷，借贷必相等"。为了保证会计凭证表中录入的借贷金额基本正确，可以利用记账规则来验证借方、贷方发生额是否相等。

操作步骤如下：

① 选中 M2 单元格，单击选项卡中"填充颜色"按钮，将其填充为蓝色。单击"公式"选项卡中"插入函数"按钮，打开"插入函数"对话框，选择"常用函数"下的"IF"函数，如图 2.50 所示。

② 单击"确定"按钮，打开 IF 函数的"函数参照"对话框。把光标定位在"Logical_test"输入框内，单击名称框的下拉三角箭头，选择"SUM"函数，如图 2.51 所示。

图 2.50　插入 IF 函数

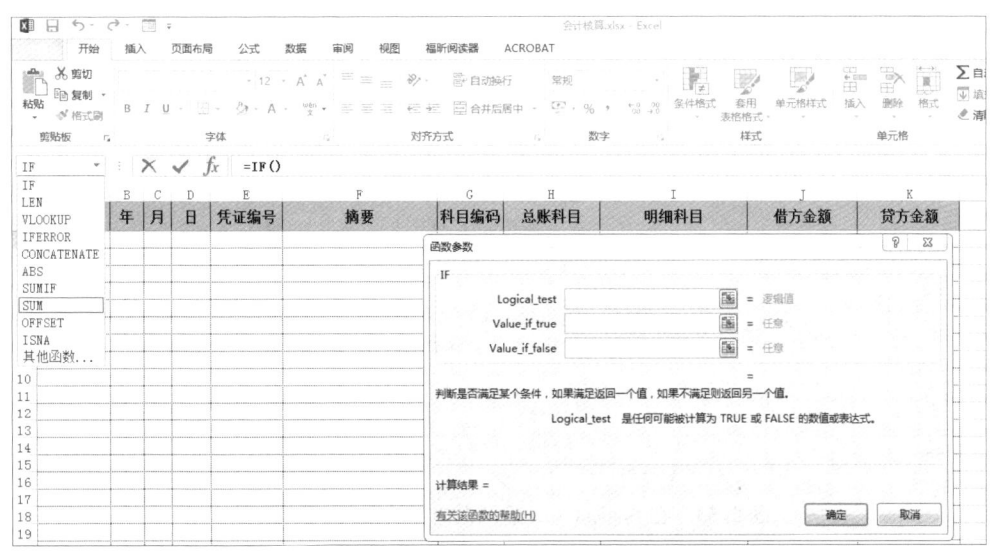

图 2.51　在 Logical_test 输入框内插入 SUM 函数

③ 打开 SUM 函数的"函数参数"对话框,如图 2.52 所示,将光标定位在"Number1"输入框,选择第 J 列的列标,完成"J:J"的输入。

图 2.52　设置 SUM 函数参数

④ 单击编辑栏后面的空白区域,重新打开 IF 函数的"函数参数"对话框,并在"Logical_test"输入框内的"SUM(J:J)"后,继续输入"=",再单击名称框下拉菜单按钮,选择"SUM"函数,如图 2.53 所示。

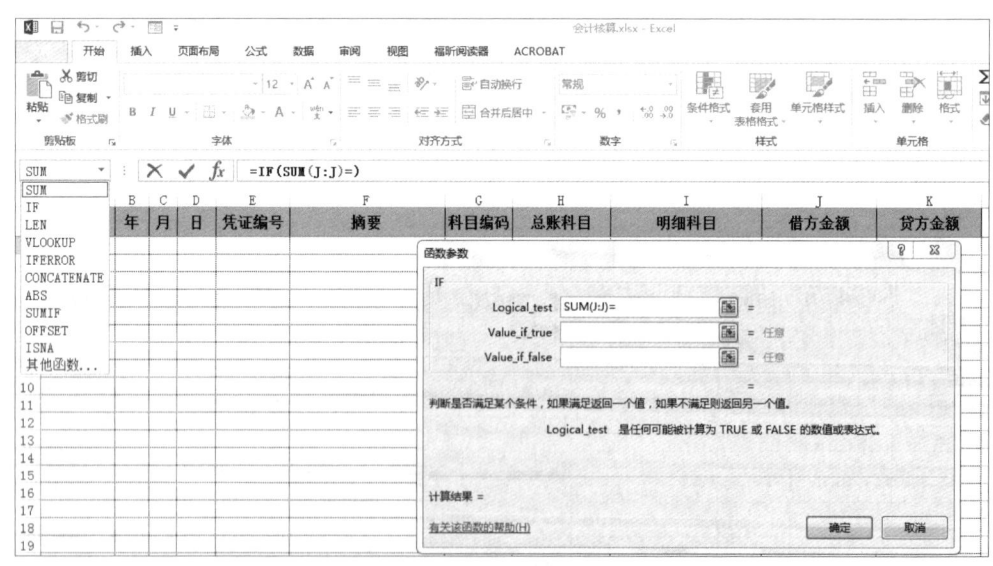

图 2.53　在 Logical_test 输入框内继续插入 SUM 函数

⑤ 打开 SUM 函数的"函数参数"对话框,如图 2.54 所示,将光标定位在"Number1"输入框,选中第 K 列的列标,完成"K:K"的输入。

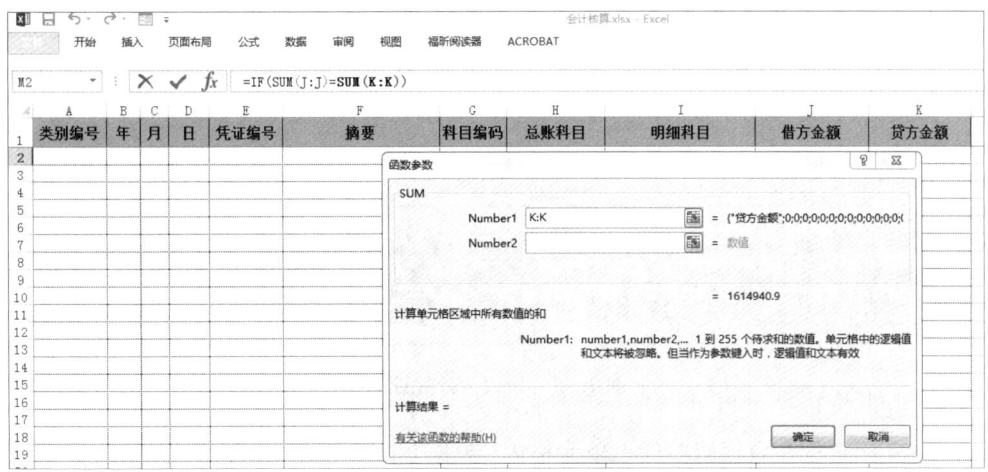

图 2.54　设置 SUM 函数参数

⑥ 单击编辑栏后面的空白区域,重新回到 IF 函数的"函数参数"对话框,如图 2.55 所示。

在参数"Logical_test"输入框内已自动输入"SUM(J:J)=SUM(K:K)";

在参数"Value_if_true"输入框内输入文本"借贷平衡!";

在参数"Value_if_false"输入框内输入文本"借贷不平衡,请检查!"。

输入文本时要用英文状态下的双引号。

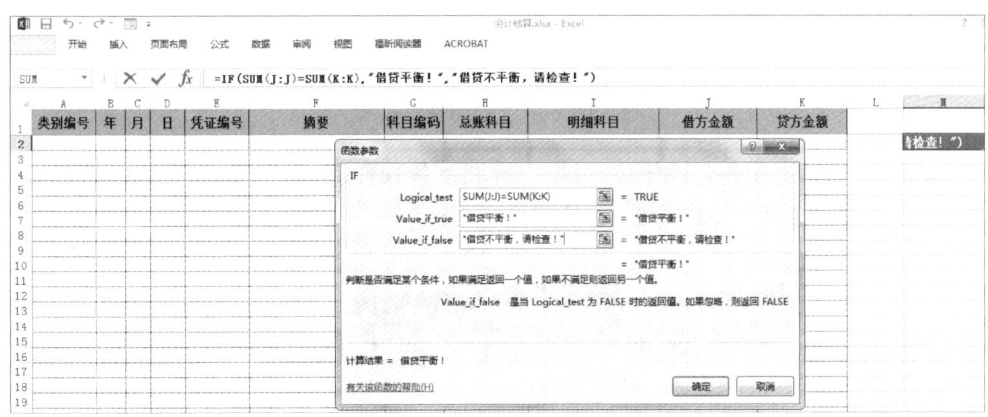

图 2.55　设置 IF 函数参数

⑦ 单击"确定"按钮,在 M2 单元格中完成下列公式的输入:

=IF(SUM(J:J)=SUM(K:K),"借贷平衡!","借贷不平衡,请检查!")

此公式的含义为:首先判断借方发生额的合计数是否等于贷方发生额的合计数,如果是,则返回"借贷平衡",否则返回提示"借贷不平衡,请检查!"。

2.3.4　录入会计凭证表

会计凭证表的格式及公式设置已完成,需要将升达有限责任公司 2021 年 1 月份的会计业务录入。

① 输入业务 1 的分录。选中 A2 单元格,输入"记1";选中 B2 单元格,年份输入"2021";选

中 C2 单元格,月份输入"01";选中 D2 单元格,日期选择"03";E2 单元格自动生产凭证编号为"20210103";选择 F2 单元格,输入摘要"从工行取现金";选中 G2 单元格,选择科目编码"1001",则总账科目自动生成"库存现金";选中 J2 单元格,输入金额"3000"。同理输入第三行贷方项目。

	A	B	C	D	E	F	G	H	I	J	K
1	类别编号	年	月	日	凭证编号	摘要	科目编码	总账科目	明细科目	借方金额	贷方金额
2	记1	2021	01	03	202101031	从工行取现金	1001	库存现金		3,000.00	
3	记1	2021	01	03	202101031	从工行取现金	100201	银行存款	工行		3,000.00
4											

图 2.56 录入会计凭证表

② 将光标定位在数据清单任一单元格内,单击功能区中的"视图"→"冻结窗格"下拉菜单中的"冻结首行"命令,如图 2.57 所示。

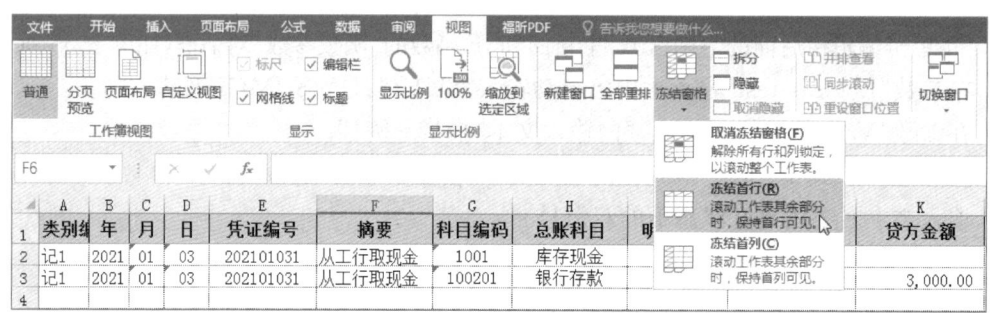

图 2.57 冻结首行

③ 输入本月其他业务会计分录,根据内容调整各列合适列宽及对齐方式。最后得到本月的会计凭证表。如图 2.58、图 2.59、图 2.60 所示。

	A	B	C	D	E	F	G	H	I	J	K
1	类别编号	年	月	日	凭证编号	摘要	科目编码	总账科目	明细科目	借方金额	贷方金额
2	记1	2021	01	03	202101031	从工行取现金	1001	库存现金		3,000.00	
3	记1	2021	01	03	202101031	从工行取现金	100201	银行存款	工行		3,000.00
4	记2	2021	01	05	202101052	接受投资	1601	固定资产		80,000.00	
5	记2	2021	01	05	202101052	接受投资	4001	实收资本			80,000.00
6	记3	2021	01	08	202101083	从永辉公司购进原材料	140301	原材料	A材料	18,000.00	
7	记3	2021	01	08	202101083	从永辉公司购进原材料	140302	原材料	B材料	12,000.00	
8	记3	2021	01	08	202101083	从永辉公司购进原材料	22210101	应交税费	进项税	5,100.00	
9	记3	2021	01	08	202101083	从永辉公司购进原材料	100201	银行存款	工行		25,100.00
10	记3	2021	01	08	202101083	从永辉公司购进原材料	112301	预付账款	永辉公司		10,000.00
11	记4	2021	01	09	202101094	从工行借入短期借款	100201	银行存款	工行	500,000.00	
12	记4	2021	01	09	202101094	从工行借入短期借款	2001	短期借款			500,000.00
13	记5	2021	01	09	202101095	计提短期借款利息	660301	财务费用	利息	2,500.00	
14	记5	2021	01	09	202101095	计提短期借款利息	2231	应付利息			2,500.00
15	记6	2021	01	10	202101106	向远大公司销售甲产品	112202	应收账款	远大公司	292,500.00	
16	记6	2021	01	10	202101106	向远大公司销售甲产品	600101	主营业务收入	甲产品		258,849.56
17	记6	2021	01	10	202101106	向远大公司销售甲产品	22210102	应交税费	销项税		33,650.44
18	记7	2021	01	13	202101137	各部门领用原材料	500101	生产成本	甲产品	60,000.00	
19	记7	2021	01	13	202101137	各部门领用原材料	500102	生产成本	乙产品	42,000.00	
20	记7	2021	01	13	202101137	各部门领用原材料	5101	制造费用		5,000.00	
21	记7	2021	01	13	202101137	各部门领用原材料	660209	管理费用	其他	3,000.00	
22	记7	2021	01	13	202101137	各部门领用原材料	140301	原材料	A材料		74,000.00
23	记7	2021	01	13	202101137	各部门领用原材料	140302	原材料	B材料		36,000.00
24	记8	2021	01	15	202101158	收到东方公司货款	100201	银行存款	工行	450,000.00	
25	记8	2021	01	15	202101158	收到东方公司货款	112201	应收账款	东方公司		450,000.00
26	记9	2021	01	17	202101179	收到职工罚款	1001	库存现金		2,000.00	
27	记9	2021	01	17	202101179	收到职工罚款	6301	营业外收入			2,000.00

图 2.58 本月会计凭证表(1)

	类别编号	年	月	日	凭证编号	摘要	科目编码	总账科目	明细科目	借方金额	贷方金额
28	记10	2021	01	18	2021011810	从神州公司购进原材料	140301	原材料	A材料	58,000.00	
29	记10	2021	01	18	2021011810	从神州公司购进原材料	140302	原材料	B材料	30,008.85	
30	记10	2021	01	18	2021011810	从神州公司购进原材料	22210101	应交税费	进项税	11,441.15	
31	记10	2021	01	18	2021011810	从神州公司购进原材料	100201	银行存款	工行		99,450.00
32	记11	2021	01	19	2021011911	职工出差预借差旅费	122102	其他应收款	王迅	4,000.00	
33	记11	2021	01	19	2021011911	职工出差预借差旅费	1001	库存现金			4,000.00
34	记12	2021	01	22	2021012212	向东方公司销售商品	100201	银行存款	工行	198,900.00	
35	记12	2021	01	22	2021012212	向东方公司销售商品	600101	主营业务收入	甲产品		98,000.00
36	记12	2021	01	22	2021012212	向东方公司销售商品	600102	主营业务收入	乙产品		78,017.70
37	记12	2021	01	22	2021012212	向东方公司销售商品	22210102	应交税费	销项税		22,882.30
38	记13	2021	01	24	2021012413	收到远大公司欠款	100201	银行存款	工行	292,500.00	
39	记13	2021	01	24	2021012413	收到远大公司欠款	112202	应收账款	远大公司		292,500.00
40	记14	2021	01	25	2021012514	支付广告费	660102	销售费用	广告费	10,000.00	
41	记14	2021	01	25	2021012514	支付广告费	100201	银行存款	工行		10,000.00
42	记15	2021	01	26	2021012615	分配工资	500101	生产成本	甲产品	18,000.00	
43	记15	2021	01	26	2021012615	分配工资	500102	生产成本	乙产品	12,000.00	
44	记15	2021	01	26	2021012615	分配工资	5101	制造费用		8,000.00	
45	记15	2021	01	26	2021012615	分配工资	660101	管理费用	职工薪酬	12,000.00	
46	记15	2021	01	26	2021012615	分配工资	221101	应付职工薪酬	工资		50,000.00
47	记16	2021	01	26	2021012616	计提固定资产折旧	5101	制造费用		16,000.00	
48	记16	2021	01	26	2021012616	计提固定资产折旧	660205	管理费用	折旧	10,000.00	
49	记16	2021	01	26	2021012616	计提固定资产折旧	1602	累计折旧			26,000.00
50	记17	2021	01	27	2021012717	报销差旅费	660203	管理费用	差旅费	3,800.00	
51	记17	2021	01	27	2021012717	报销差旅费	1001	库存现金		200.00	
52	记17	2021	01	27	2021012717	报销差旅费	122102	其他应收款	王迅		4,000.00
53	记18	2021	01	27	2021012718	支付水电费	5101	制造费用		800.00	

图 2.59　本月会计凭证表（2）

	类别编号	年	月	日	凭证编号	摘要	科目编码	总账科目	明细科目	借方金额	贷方金额
54	记18	2021	01	27	2021012718	支付水电费	660204	管理费用	水电费	600.00	
55	记18	2021	01	27	2021012718	支付水电费	1001	库存现金			1,400.00
56	记19	2021	01	28	2021012819	支付上月未交增值税	222102	应交税费	未交增值税	18,440.90	
57	记19	2021	01	28	2021012819	支付上月未交增值税	100201	银行存款	工行		18,440.90
58	记20	2021	01	28	2021012820	分配本月制作费用	500101	生产成本	甲产品	17,880.00	
59	记20	2021	01	28	2021012820	分配本月制作费用	500102	生产成本	乙产品	11,920.00	
60	记20	2021	01	28	2021012820	分配本月制作费用	5101	制造费用			29,800.00
61	记21	2021	01	29	2021012921	结转出售商品成本	640101	主营业务成本	甲产品	220,000.00	
62	记21	2021	01	29	2021012921	结转出售商品成本	640102	主营业务成本	乙产品	40,000.00	
63	记21	2021	01	29	2021012921	结转出售商品成本	140501	库存商品	甲产品		220,000.00
64	记21	2021	01	29	2021012921	结转出售商品成本	140502	库存商品	乙产品		40,000.00
65	记22	2021	01	31	2021013122	月末结转损益	600101	主营业务收入	甲产品	356,849.56	
66	记22	2021	01	31	2021013122	月末结转损益	600102	主营业务收入	乙产品	78,017.70	
67	记22	2021	01	31	2021013122	月末结转损益	6301	营业外收入		2,000.00	
68	记22	2021	01	31	2021013122	月末结转损益	4103	本年利润			436,867.26
69	记23	2021	01	31	2021013123	月末结转损益	4103	本年利润		301,900.00	
70	记23	2021	01	31	2021013123	月末结转损益	640101	主营业务成本	甲产品		220,000.00
71	记23	2021	01	31	2021013123	月末结转损益	640102	主营业务成本	乙产品		40,000.00
72	记23	2021	01	31	2021013123	月末结转损益	660102	销售费用	广告费		10,000.00
73	记23	2021	01	31	2021013123	月末结转损益	660301	财务费用	利息		2,500.00
74	记23	2021	01	31	2021013123	月末结转损益	660209	管理费用	其他		3,000.00
75	记23	2021	01	31	2021013123	月末结转损益	660201	管理费用	职工薪酬		12,000.00
76	记23	2021	01	31	2021013123	月末结转损益	660205	管理费用	折旧		10,000.00
77	记23	2021	01	31	2021013123	月末结转损益	660203	管理费用	差旅费		3,800.00
78	记23	2021	01	31	2021013123	月末结转损益	660204	管理费用	水电费		600.00

图 2.60　本月会计凭证表（3）

2.4　生成科目汇总表

在会计核算中，会计报表往往根据科目余额表的数据填列，而一些特殊的会计科目，如"应收账款""应付账款""预收账款""预付账款"科目的填列，还需要涉及相关明细科目的余额。为了使资产负债表的数据更准确、适用性更强，本部分将明细科目融入整个账务处理系统。在本部分不仅需要生成"总账科目汇总表"，还需要生成"末级科目汇总表"，在此基础上继而生成"总账科目余额表"和"末级科目余额表"。

2.4.1 生成末级科目汇总表

在前面学习的基础上,我们已经学习了一些数学函数及查找函数,可以利用这些函数来生成末级科目汇总表。但 Excel 2013 拥有更强大的数据透视表功能,可以避免设置公式的烦琐和出错,能够轻松、快捷、准确、灵活的生成科目汇总表。

具体操作如下。

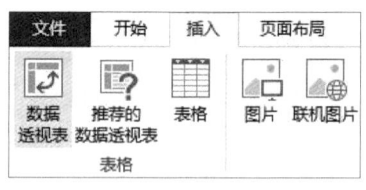

图 2.61 插入"数据透视表"

① 选中"会计凭证表"工作表数据清单内任一单元格,单击"插入"选项卡中"数据透视表"按钮,如图 2.61 所示。

② 弹出"创建数据透视表"对话框。"选择一个表或区域"输入框中,默认的区域为"会计凭证表!＄A＄1:＄K＄78",和"会计凭证表"所在区域相同,不需要修改。如默认区域不是所需要的区域,可以根据需要选择相应的区域。选择放置透视表的位置为"新工作表",如图 2.62 所示,单击"确定"。Excel 2013 会自动在"会计凭证表"前面新建一张空的数据透视表,如图2.63所示。

图 2.62 "创建数据透视表"对话框

图 2.63 新建的空白数据透视表

③ 为了数据透视表更加清晰、美观,在此选择一种样式模板。单击功能区中"数据透视表工具"选项卡中的"设计",在"数据透视表样式"功能组中选择"数据透视表样式浅色 20"

图标,如图 2.64 所示。

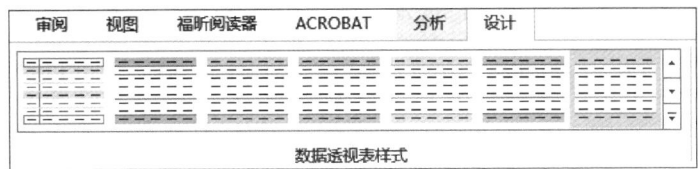

图 2.64　选择数据透视表样式

④ 在"数据透视表字段列表"中,选择"科目编码",或将"科目编码"字段拖到"行"区域中,如图 2.65 所示。

在"数据透视表字段列表"中,选择"总账科目",或将"总账科目"字段拖到"行"字段区域中,如图 2.66 所示。

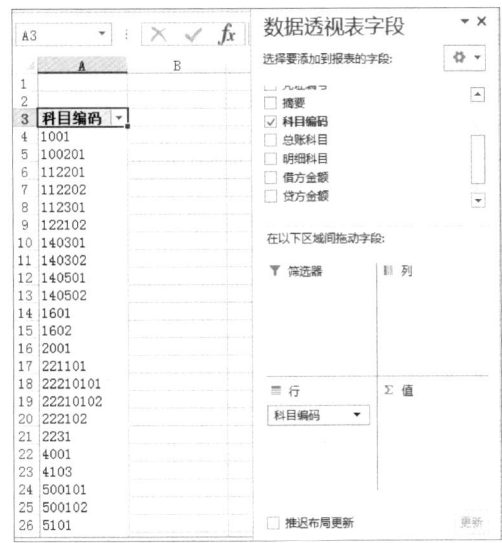

图 2.65　添加"科目编码"到"行"区域

图 2.66　添加"总账科目"到"行"区域

在"数据透视表字段列表"中,选择"明细科目",或将"明细科目"字段拖到"行"字段区域中,如图 2.67 所示。

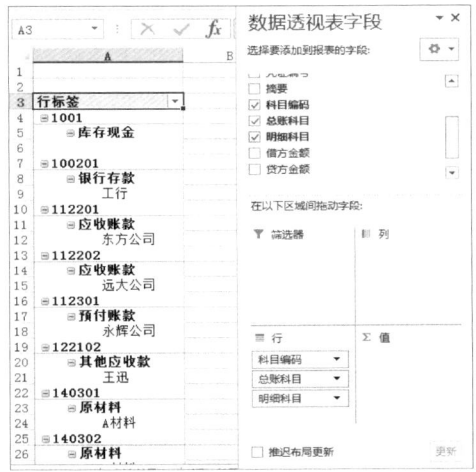

图 2.67　添加"明细科目"到"行"区域

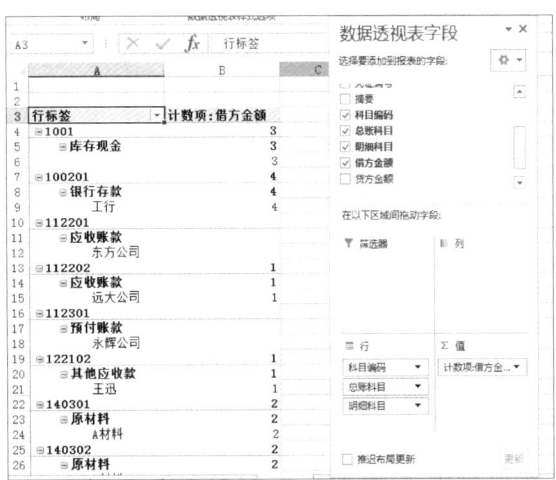

图 2.68　添加"借方金额"到"值"区域

⑤ 在"数据透视表字段列表"中,将"借方金额"字段拖到"值"区域中,如图 2.68 所示。在"数据透视表字段列表"中,将"贷方金额"字段拖到"值"区域中,如图 2.69 所示。

图 2.69　添加"贷方金额"到"值"区域

⑥ 在"值"区域,单击"计数项:借方金额",在弹出的快捷菜单中选择"值字段设置 (N)",如图 2.70 所示。

图 2.70　快捷菜单中选择"值字段设置(N)"

在弹出的"值字段设置"对话框中,选择计算类型为"求和",如图 2.71 所示。

单击"值字段设置"对话框左下角的"数字格式"按钮,打开"设置单元格格式"对话框,在"分类"下选择"会计专用",右侧小数点位数为"2",货币符号为"无",如图 2.72 所示。最后单击"确定"按钮,在"值字段设置"对话框继续单击"确定"按钮,得到的数据透视表,如图 2.73 所示。

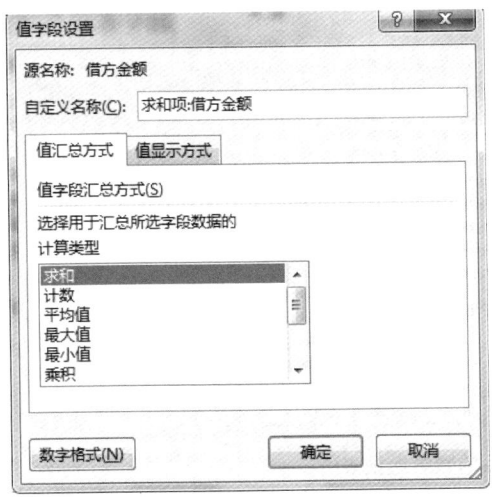

图 2.71　"值字段设置"对话框

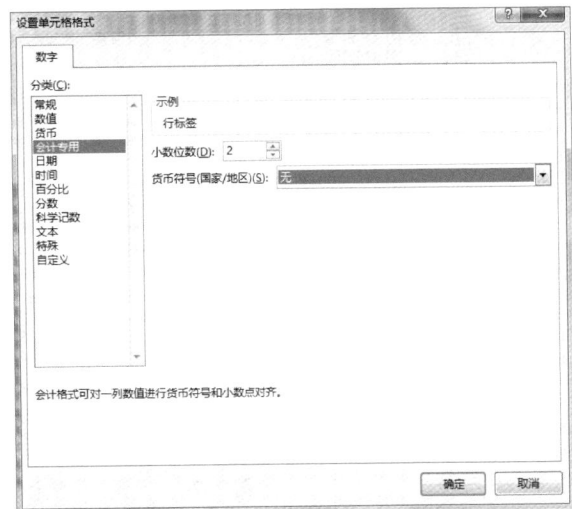

图 2.72　设置"借方金额"数字格式

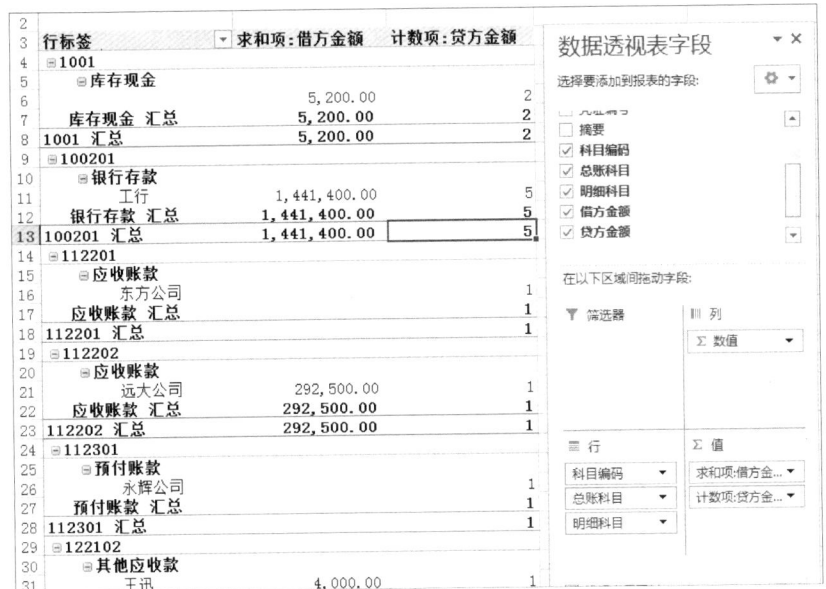

图 2.73　设置"借方金额"后的数据透视表

⑦ 同理,在"数据透视表字段"列表中,"值"区域下的"计数项:贷方金额"进行对应的格式设置,得到的数据透视表,如图 2.74 所示。

通过观察,图 2.74 的格式与会计科目表的格式差异较大,无法实现后期取数要求,因此需要通过调整数据透视表的格式,达到可使用的效果。

⑧ 选中数据透视表中任一单元格,单击功能区中"数据透视表工具"选项卡中的"设计",选中"报表布局"下拉菜单中的"以表格形式显示",如图 2.75 所示,得到的数据透视表,如图 2.76 所示。

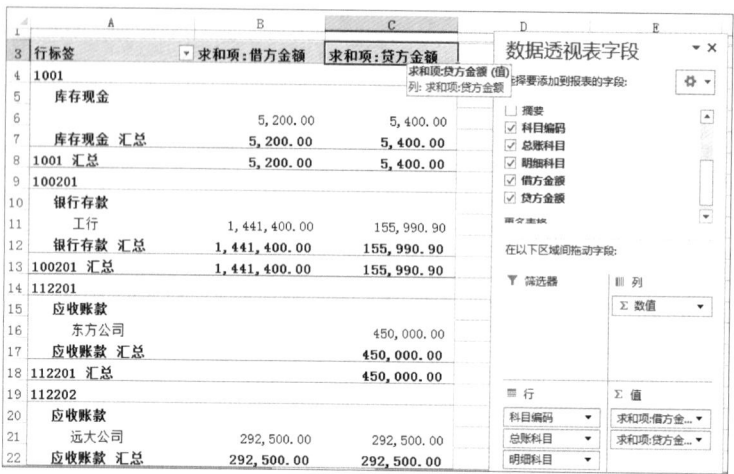

图 2.74　设置"贷方金额后的数据透视表"

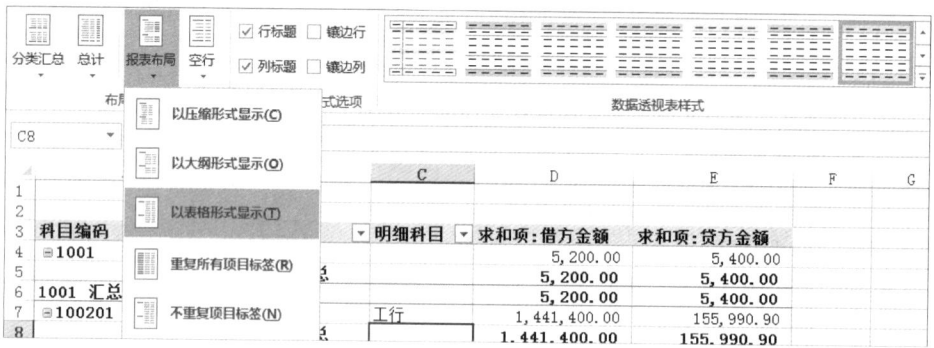

图 2.75　设置"以表格形式显示"

科目编码	总账科目	明细科目	求和项:借方金额	求和项:贷方金额
⊟1001	⊟库存现金		5,200.00	5,400.00
	库存现金 汇总		5,200.00	5,400.00
1001 汇总			5,200.00	5,400.00
⊟100201	⊟银行存款	工行	1,441,400.00	155,990.90
	银行存款 汇总		1,441,400.00	155,990.90
100201 汇总			1,441,400.00	155,990.90
⊟112201	⊟应收账款	东方公司		450,000.00
	应收账款 汇总			450,000.00
112201 汇总				450,000.00
⊟112202	⊟应收账款	远大公司	292,500.00	292,500.00
	应收账款 汇总		292,500.00	292,500.00
112202 汇总			292,500.00	292,500.00
⊟112301	⊟预付账款	永辉公司		10,000.00
	预付账款 汇总			10,000.00
112301 汇总				10,000.00
⊟122102	⊟其他应收款	王讯	4,000.00	4,000.00
	其他应收款 汇总		4,000.00	4,000.00
122102 汇总			4,000.00	4,000.00

图 2.76　设置"以表格形式显示"后的数据透视表

　　单击功能区中"数据透视表工具"选项卡中的"设计"按钮,选中"分类汇总"下拉菜单中的"不显示分类汇总",如图 2.77 所示,得到的数据透视表如图 2.78 所示。

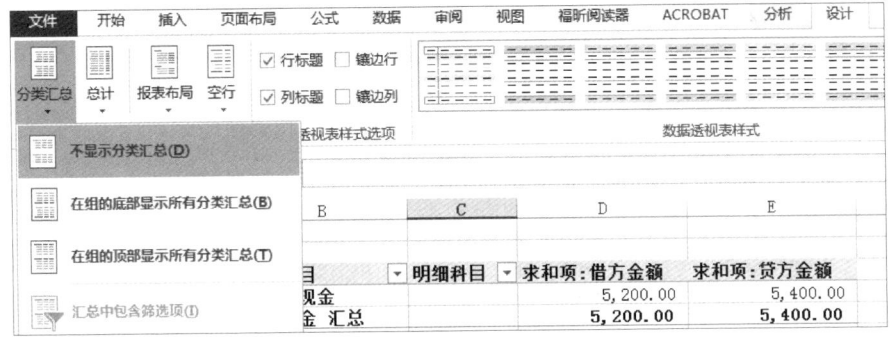

图 2.77　设置"不显示分类汇总"

	A	B	C	D	E
3	科目编码	总账科目	明细科目	求和项:借方金额	求和项:贷方金额
4	⊟1001	⊟库存现金		5,200.00	5,400.00
5	⊟100201	⊟银行存款	工行	1,441,400.00	155,990.90
6	⊟112201	⊟应收账款	东方公司		450,000.00
7	⊟112202	⊟应收账款	远大公司	292,500.00	292,500.00
8	⊟112301	⊟预付账款	永辉公司		10,000.00
9	⊟122102	⊟其他应收款	王迅	4,000.00	4,000.00
10	⊟140301	⊟原材料	A材料	76,000.00	74,000.00
11	⊟140302	⊟原材料	B材料	42,008.85	36,000.00
12	⊟140501	⊟库存商品	甲产品		220,000.00
13	⊟140502	⊟库存商品	乙产品		40,000.00
14	⊟1601	⊟固定资产		80,000.00	
15	⊟1602	⊟累计折旧			26,000.00
16	⊟2001	⊟短期借款			500,000.00
17	⊟221101	⊟应付职工薪酬	工资		50,000.00
18	⊟22210101	⊟应交税费	进项税	16,541.15	
19	⊟22210102	⊟应交税费	销项税		56,532.74
20	⊟222102	⊟应交税费	未交增值税	18,440.90	
21	⊟2231	⊟应付利息			2,500.00
22	⊟4001	⊟实收资本			80,000.00
23	⊟4103	⊟本年利润		301,900.00	436,867.26

图 2.78　设置"不显示分类汇总"后的数据透视表

　　⑨ 单击功能区中"数据透视表工具"选项卡中的"分析"按钮,选中"＋/－按钮"命令,删除数据透视表中的分级显示,如图 2.79 所示,得到的数据透视表如图 2.80 所示。

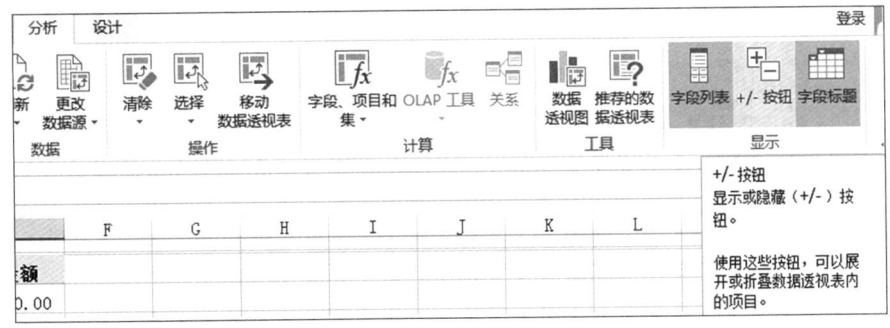

图 2.79　取消"＋/－按钮"分级显示

科目编码	总账科目	明细科目	求和项:借方金额	求和项:贷方金额
1001	库存现金		5,200.00	5,400.00
100201	银行存款	工行	1,441,400.00	155,990.90
112201	应收账款	东方公司		450,000.00
112202	应收账款	远大公司	292,500.00	292,500.00
112301	预付账款	永辉公司		10,000.00
122102	其他应收款	王迅	4,000.00	4,000.00
140301	原材料	A材料	76,000.00	74,000.00
140302	原材料	B材料	42,008.85	36,000.00
140501	库存商品	甲产品		220,000.00
140502	库存商品	乙产品		40,000.00
1601	固定资产		80,000.00	
1602	累计折旧			26,000.00
2001	短期借款			500,000.00
221101	应付职工薪酬	工资		50,000.00
22210101	应交税费	进项税	16,541.15	
22210102	应交税费	销项税		56,532.74
222102	应交税费	未交增值税	18,440.90	
2231	应付利息			2,500.00
4001	实收资本			80,000.00
4103	本年利润		301,900.00	436,867.26

图 2.80 取消"十/一按钮"分级显示后的数据透视表

⑩ 将此表重命名为"末级科目汇总表",并将其移到
"会计凭证表"后面。

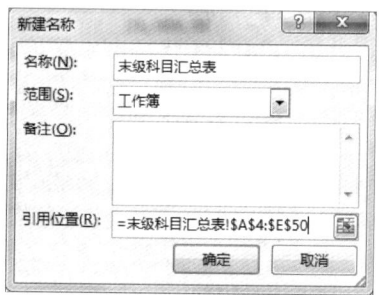

定义"末级科目汇总表！＄Ａ＄4：＄E＄50"区域名称
为"末级科目汇总表",如图 2.81 所示。由于数据透视表
可以根据数据源的更新自动更新,故在定义名称时将范
围扩大,以便公司后期的使用。

图 2.81 定义"末级科目汇总表"

2.4.2 生成总账科目汇总表

总账科目汇总表的生成和末级科目汇总表类似,将"总账科目"字段设置为"行"字段,将
"借方金额"和"贷方金额"设置为"值"字段,调整值字段设置后,可生成"总账科目汇总表",
如图 2.82 所示。

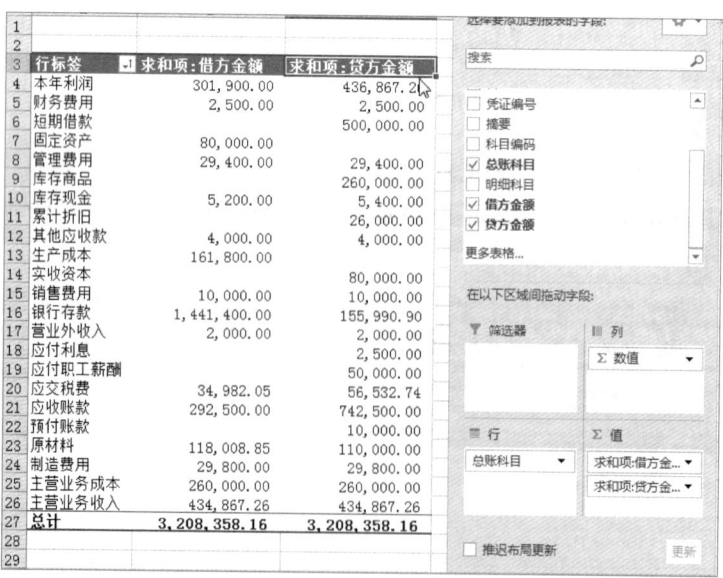

图 2.82 直接生成的总账科目汇总表

观察图 2.82，虽然格式与末级科目汇总表基本相同，数据也可正确使用，但"总账科目"字段的科目顺序为 Excel 默认的按拼音排序，没有按照总账科目编码的顺序排列，为了避免这一问题出现，需要将总账科目按照科目编码顺序排列后，添加为自定义序列，然后再利用数据透视表生成总账科目汇总表。

图 2.83　设置筛选功能

具体操作步骤如下。

① 单击"会计科目表"工作表中的 A2 单元格，单击功能区中"数据"选项卡下的"筛选"按钮，如图 2.83 所示；单击"科目编码"右侧的下拉三角按钮，选择"文本筛选"下的"等于"命令，如图 2.84 所示；在"自定义自动筛选方式"对话框中，科目编码"等于"右侧的框内输入文本"????"，如图 2.85 所示。

可筛选出科目编码长度是 4 的总账科目，如图 2.86 所示。

② 选中 A2:B93 单元格区域，单击鼠标右键"复制"，单击 A2 单元格右下角的筛选按钮，选择"从'科目编码'中清除筛选"命令，如图 2.87 所示。清除筛选后选择 K2 单元格，单击鼠标右键"粘贴"，如图 2.88 所示。

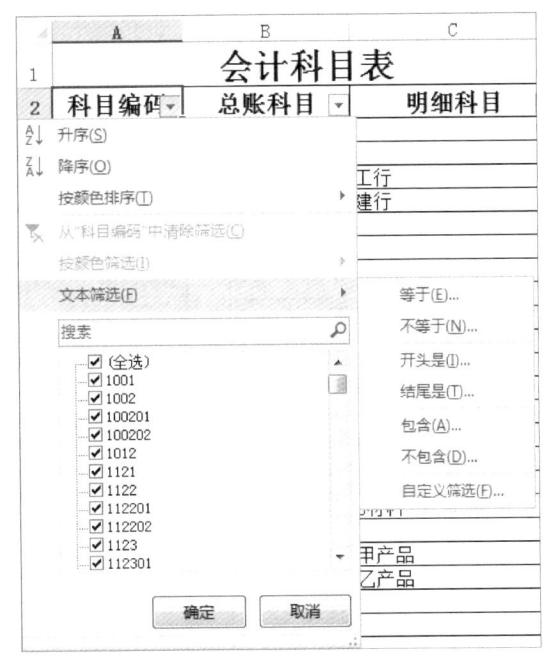

图 2.84　选择"文本筛选—等于"命令

图 2.85　设置"自定义自动筛选方式"

	A	B	C
1	会计科目表		
2	科目编码	总账科目	明细科目
3	1001	库存现金	
4	1002	银行存款	
7	1012	其他货币资金	
8	1121	应收票据	
9	1122	应收账款	
12	1123	预付账款	
14	1221	其他应收款	
17	1403	原材料	
20	1405	库存商品	
23	1601	固定资产	
24	1602	累计折旧	
25	1701	固定资产减值准备	
26	1604	在建工程	
27	1701	无形资产	
30	1702	累计摊销	
31	1901	待处理财产损益	
34	2001	短期借款	
35	2202	应付账款	
38	2203	预收账款	
40	2211	应付职工薪酬	
43	2221	应交税费	
49	2231	应付利息	
50	2241	其他应付款	
52	2501	长期借款	
53	4001	实收资本	
54	4101	盈余公积	
56	4103	本年利润	
57	4104	利润分配	

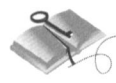

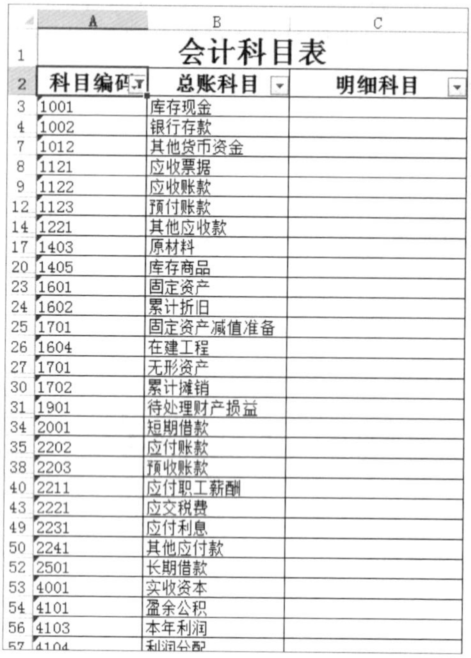

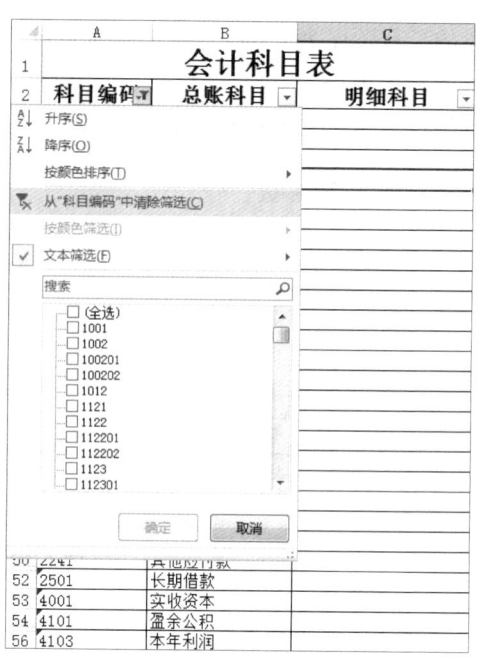

图 2.86　筛选后的总账科目

图 2.87　清除"科目编码"筛选命令

	K	L
2	科目编码	总账科目
3	1001	库存现金
4	1002	银行存款
5	1012	其他货币资金
6	1121	应收票据
7	1122	应收账款
8	1123	预付账款
9	1221	其他应收款
10	1403	原材料
11	1405	库存商品
12	1601	固定资产
13	1602	累计折旧
14	1603	固定资产减值准备
15	1604	在建工程
16	1701	无形资产
17	1702	累计摊销
18	1901	待处理财产损益
19	2001	短期借款
20	2202	应付账款
21	2203	预收账款
22	2211	应付职工薪酬
23	2221	应交税费
24	2231	应付利息
25	2241	其他应付款
26	2501	长期借款
27	4001	实收资本
28	4101	盈余公积
29	4103	本年利润
30	4104	利润分配
31	5001	生产成本
32	5101	制造费用
33	6001	主营业务收入
34	6301	营业外收入
35	6401	主营业务成本
36	6403	税金及附加
37	6601	销售费用
38	6602	管理费用
39	6603	财务费用
40	6701	资产减值损失
41	6711	营业外支出
42	6801	所得税费用

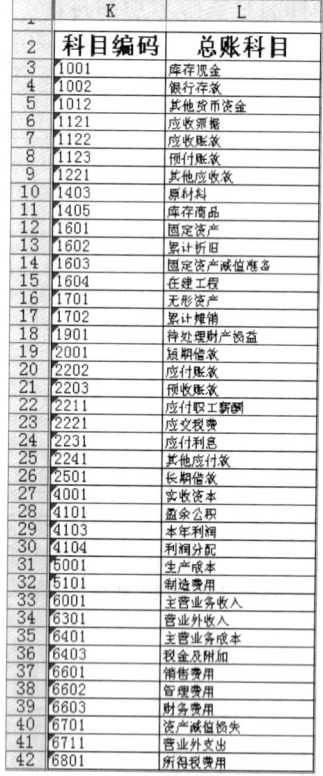

图 2.88　筛选后的"总账科目表"

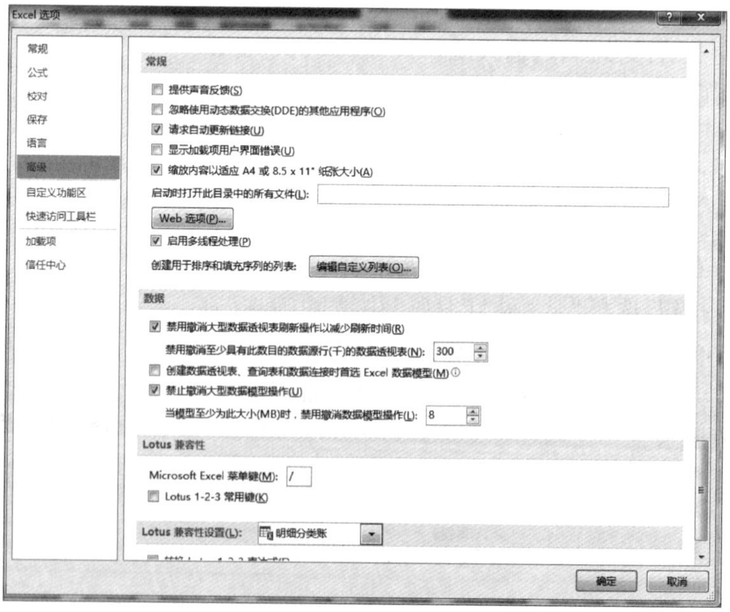

图 2.89　选择"编辑自定义序列"命令

③ 单击"文件"→"选项"→"高级"，在"常规"功能中选择"编辑自定义列表"命令，如图 2.89 所示，打开"自定义序列"对话框，如图 2.90 所示。

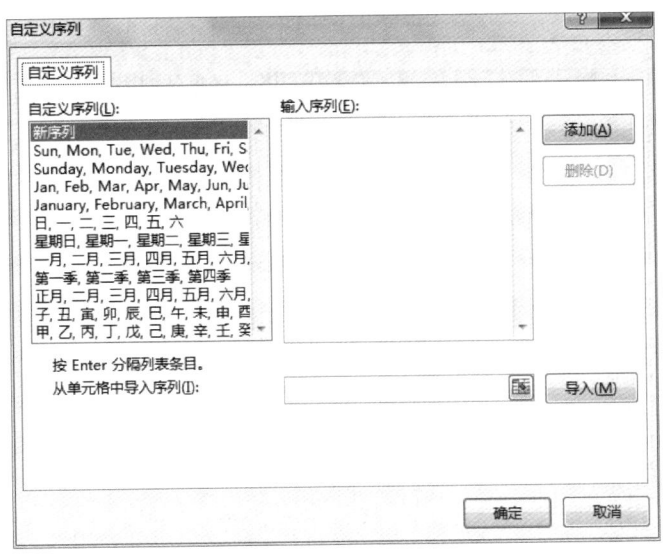

图 2.90　"自定义序列"对话框

单击"导入"按钮左侧的文本框，选择输入"$L$3：$L$42"，单击"导入"按钮，左侧"自定义序列"下方出现总账科目序列，如图 2.91 所示，单击"确定"按钮，要"选项"窗口继续单击"确定"按钮，完成设置。

④ 生成数据透视表：选择"会计凭证表"工作表数据清单内任一单元格，单击"插入"选项卡中"数据透视表"按钮，弹出"创建数据透视表"对话框。"选择一个表或区域"输入框中，默认的区域为"会计凭证表！$A$1：$K$78"，选择放置透视表的位置为"新工作表"，单击"确定"。

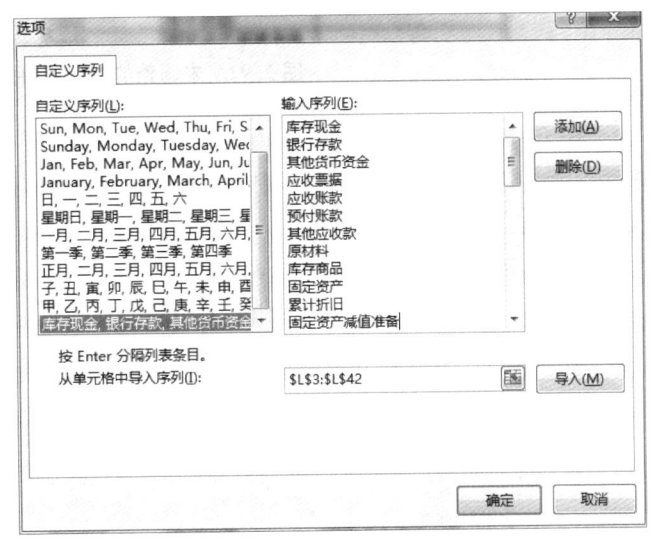

图 2.91　导入"总账科目"生成的序列

Excel 2013 会自动在"会计凭证表"前面新建一张空的数据透视表。

在"数据透视表字段列表"中，选择"总账科目"，或将"科目编码"字段拖到"行"字段区域中；在"数据透视表字段列表"中，将"借方金额"字段拖到"值"区域中；在"数据透视表字段列表"中，将"贷方金额"字段拖到"值"区域中，如图 2.92 所示。

⑤ 在"值"区域，单击"计数项：借方金额"，在弹出的快捷菜单中选择"值字段设置（N）"，在弹出的"值字段设置"对话框中，选择计算类型为"求和"；单击"值字段设置"对话框左下角的"数字格式"按钮，打开"设置单元格格式"对话框，在"分类"下选择"会计专用"，右侧小数点位数为"2"，货币符号为"无"，单击"确定"按钮，继续在"值字段设置"对话框单击"确定"按钮。

同理在"数据透视表字段"列表中，"值"区域下的"计数项：贷方金额"进行对应的格式设置。

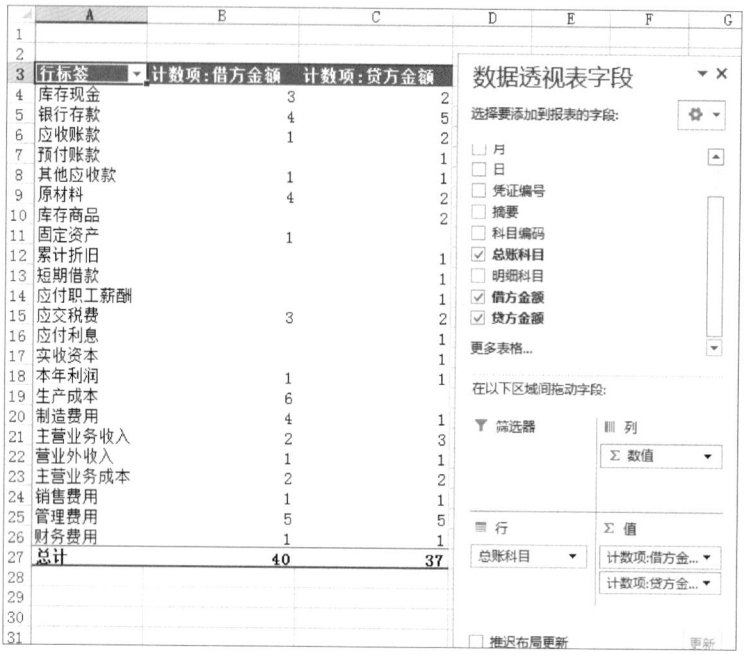

图 2.92　未调整的"总账科目余额表"

⑥ 选中数据透视表中任一单元格，单击功能区中"数据透视表工具"选项卡中的"设计"按钮，选中"报表布局"下拉菜单中的"以表格形式显示"；选中"分类汇总"下拉菜单中的"不显示分类汇总"。

⑦ 单击功能区中"数据透视表工具"选项卡中的"分析"按钮，单击"＋/－按钮"命令，删除数据透视表中的分级显示，得到正确的总账科目汇总表，如图 2.93 所示。

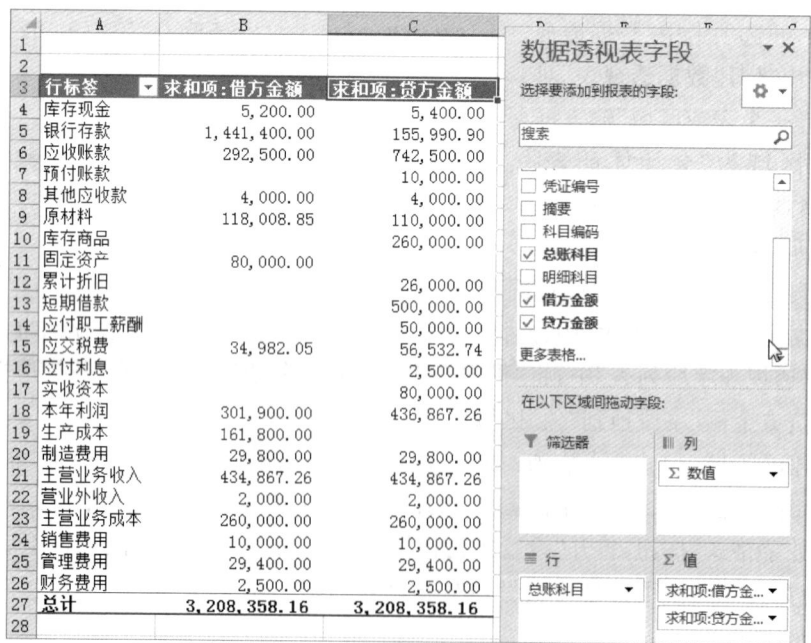

行标签	求和项:借方金额	求和项:贷方金额
库存现金	5,200.00	5,400.00
银行存款	1,441,400.00	155,990.90
应收账款	292,500.00	742,500.00
预付账款		10,000.00
其他应收款	4,000.00	4,000.00
原材料	118,008.85	110,000.00
库存商品		260,000.00
固定资产	80,000.00	
累计折旧		26,000.00
短期借款		500,000.00
应付职工薪酬		50,000.00
应交税费	34,982.05	56,532.74
应付利息		2,500.00
实收资本		80,000.00
本年利润	301,900.00	436,867.26
生产成本	161,800.00	
制造费用	29,800.00	29,800.00
主营业务收入	434,867.26	434,867.26
营业外收入	2,000.00	2,000.00
主营业务成本	260,000.00	260,000.00
销售费用	10,000.00	10,000.00
管理费用	29,400.00	29,400.00
财务费用	2,500.00	2,500.00
总计	3,208,358.16	3,208,358.16

图 2.93　总账科目汇总表

⑧ 将当前工作表重命名为"总账科目汇总表",并将其移动到"末级科目汇总表"之后。

⑨ 定义"总账科目汇总表!＄A＄3:＄C＄40"区域名称为"总账科目汇总表"。

2.5　编制科目余额表

在会计实务中,资产负债表的取数不但需要总账科目余额,还涉及相关明细科目余额。因此,为了保证资产负债表的正确性,本部分需要编制"总账科目余额表"和"末级科目余额表"。

本部分主要用到 VLOOKUP 函数、IF 函数、ISNA 函数和 ABS 函数。

2.5.1　编制末级科目余额表

1. 定义格式

操作步骤如下。

① 单击"总账科目汇总表"后面的"新工作表"按钮,增加一张新的工作表,将工作表重命名为"末级科目余额表"。

② 选择"末级科目余额表"工作表,在 A1 单元格内输入"末级科目余额表",选中"A1: L1"单元格,单击"对齐方式"功能组中"合并后居中"快捷键,字体为"宋体",字形为"加粗",字号为"18"。

③ 选择"会计科目表! E2:G71",即末级会计科目,单击鼠标右键"复制",把光标定位到"末级科目余额表! A2"单元格,单击鼠标右键"粘贴"。

④ 分别在 D2:I2 单元格区域中输入"期初借方余额""期初贷方余额""本期借方发生额""本期贷方发生额""期末借方余额""期末贷方余额"。选中 A2:I2 单元格区域设置字体为"宋体",字形为"加粗",字号为"12"。

⑤ 选中 D:I 列,设置单元格格式为"数字"选项卡下的"会计专用",小数点位数为"2",货币符号为"无"。

⑥ 选中 A2:I71,设置边框为所有框线。调整行高、列宽,得到"末级科目余额表"的基本格式,如图 2.94 所示。

科目编码	总账科目	明细科目	期初借方余额	期初贷方余额	本期借方发生额	本期贷方发生额	期末借方余额	期末贷方余额

图 2.94　末级科目余额表

2. 定义期初余额的公式

（1）定义"期初借方余额"的公式

具体操作步骤如下。

① 选中 D3 单元格，单击"公式"选项卡中的"插入函数"按钮，打开"插入函数"对话框，选择"查找与引用"类别下的"VLOOKUP"函数，单击"确定"。

② 打开 VLOOKUP 函数的"函数参数"对话框，如图 2.95 所示。

在参数"Lookup_value"输入框输入"A3"；

在参数"Table_array"输入框内单击"公式"选项卡中"用于公式"，选择"期初科目余额表"；

在参数"Col_index_num"输入框输入"4"；

在参数"Range_lookup"输入框中输入"0"。

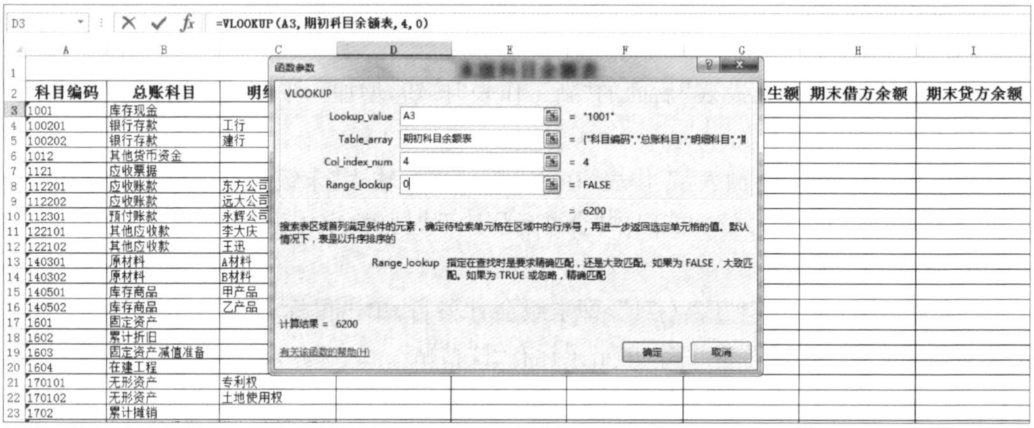

图 2.95　设置 VLOOKUP 函数参数

③ 单击"确定"按钮，在 D3 单元格中完成下列公式的输入：

$$=VLOOKUP(A3,期初科目余额表,4,0)$$

此公式的含义为：在范围名称"期初科目余额表"的首列查找 A3 单元格内的科目编码，找到后返回该行与范围名称"期初科目余额表"第 4 列交叉点的值，即查找到末级科目编码对应的"期初借方余额"。

（2）定义"期初贷方余额"的公式

选中 E3 单元格，同理设置公式：

$$=VLOOKUP(A3,期初科目余额表,5,0)$$

此公式的含义为：在范围名称"期初科目余额表"的首列查找 A3 单元格内的科目编码，找到后返回该行与范围名称"期初科目余额表"第 5 列交叉点的值，即查找到末级科目编码对应的"期初贷方余额"。

最后，用填充柄把 D3：E3 单元格区域的公式向下填充至 D71：E71 单元格区域。

3. 定义本期发生额公式

（1）定义"本期借方发生额"公式

操作步骤如下。

① 选中 F3 单元格,单击"公式"选项卡中的"插入函数"按钮,打开"插入函数"对话框,选择"常用函数"中的"IF"函数。

② 在打开的"函数参数"对话框中将光标定位在"Logical_test"输入框中,单击名称框的下拉三角按钮,选择"ISNA"函数,如图 2.96 所示,单击"确定"按钮。

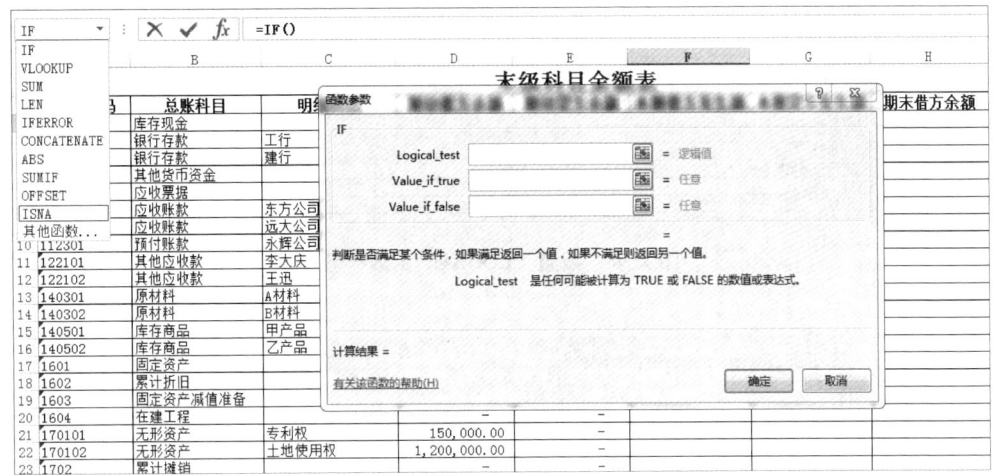

图 2.96　插入 ISNA 函数

③ 打开 ISNA 函数的"函数参数"对话框,把光标定位在参数"Value"输入框内,单击名称框的下拉三角按钮,选择"VLOOKUP"函数,如图 2.97 所示。

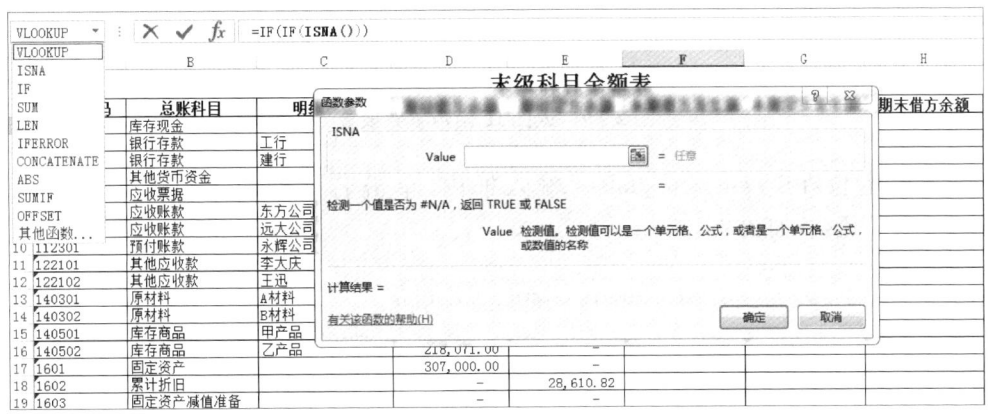

图 2.97　在 ISNA 函数中插入 VLOOKUP 函数

④ 打开 VLOOKUP 函数的"函数参数"对话框,如图 2.98 所示。

在参数"Lookup_value"输入框输入"A3";

在参数"Table_array"输入框内单击"公式"选项卡中"用于公式",选择"末级科目汇总表";

在参数"Col_index_num"输入框输入"4";

在参数"Range_lookup"输入框输入"0"。

⑤ 单击编辑栏后面的空白区域,返回到 IF 函数的"函数参数"对话框,在参数"Value_if_true"输入框内输入"0",如图 2.99 所示。

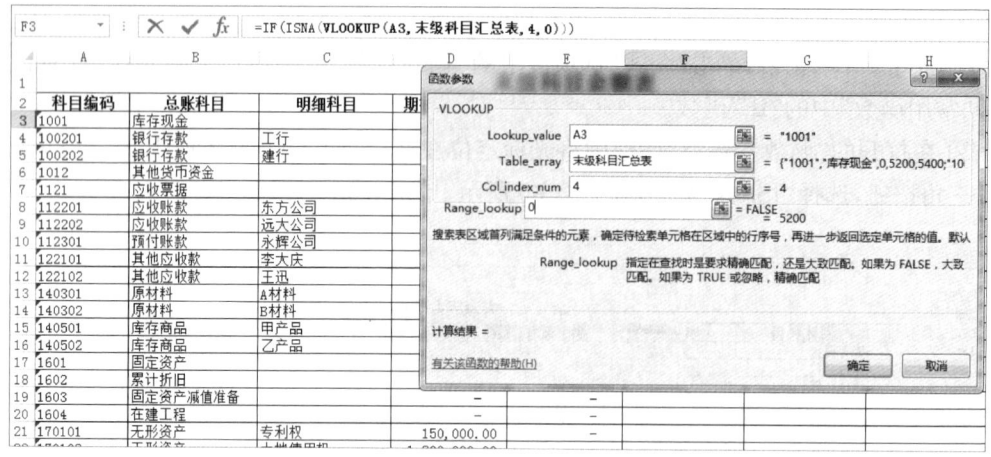

图 2.98　设置 VLOOKUP 函数参数

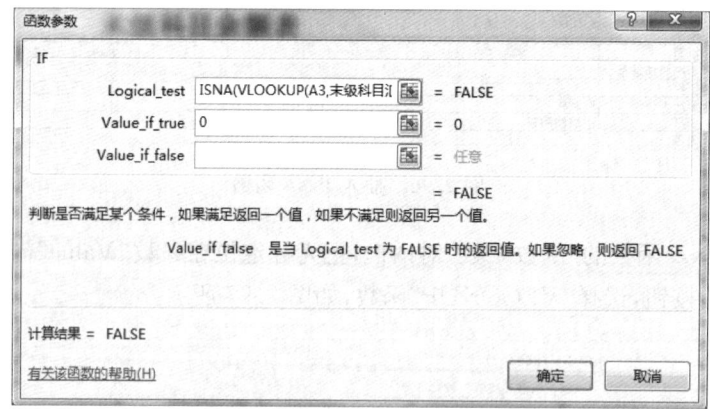

图 2.99　返回 IF 函数参数设置

把光标定位在"Value_if_false"输入框内,单击名称框的下拉三角按钮,选择"VLOOKUP"函数,如图 2.100 所示。

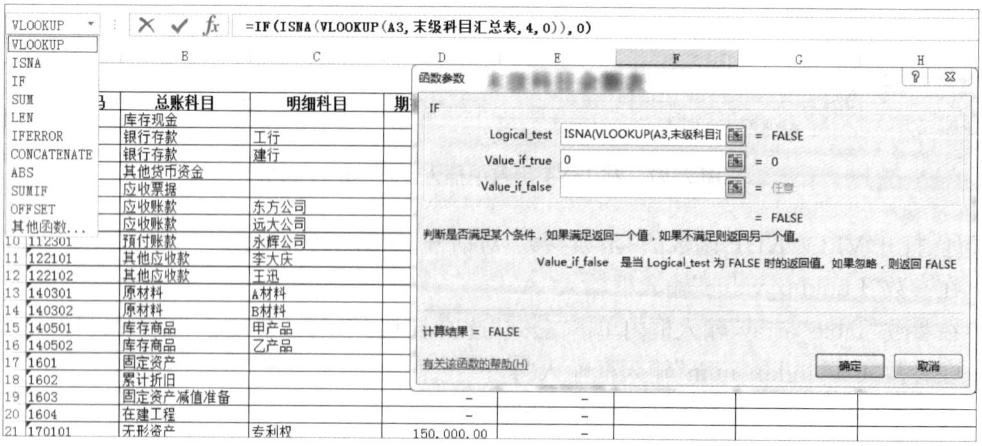

图 2.100　在 IF 函数中插入 VLOOKUP 函数

打开 VLOOKUP 函数的"函数参数"对话框,如图 2.101 所示。

在参数"Lookup_value"输入框输入"A3";

在参数"Table_array"输入框内单击"公式"选项卡中"用于公式",选择"末级科目汇总表";

在参数"Col_index_num"输入框输入"4";

在参数"Range_lookup"输入框输入"0"。

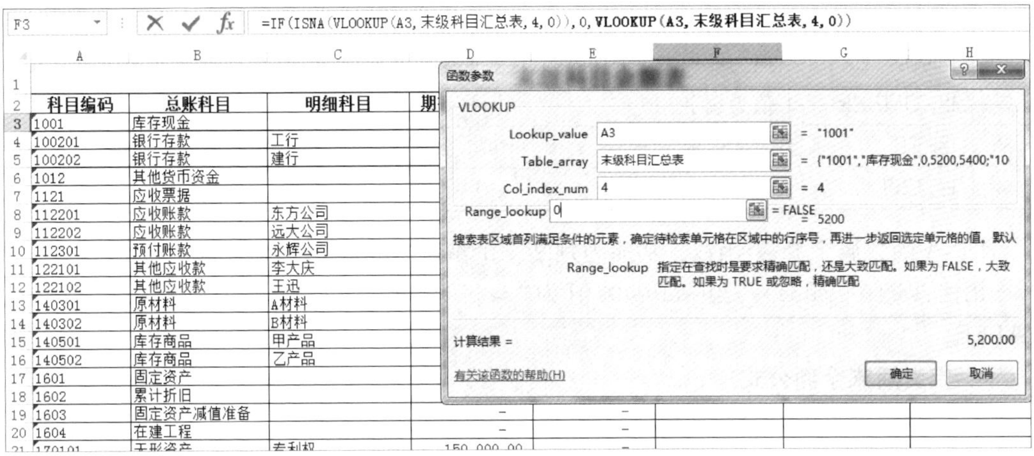

图 2.101 设置 VLOOKUP 函数参数

⑥ 单击"确定",在 F3 单元格中完成下列公式的录入:

=IF(ISNA(VLOOKUP(A3,末级科目汇总表,4,0)),0,VLOOKUP(A3,末级科目汇总表,4,0))

此公式含义为:首先判断"VLOOKUP(A3,末级科目汇总表,4,0)"是否出现"♯N/A"的错误,如果是,则说明该科目本期没有借方发生额,即定义其本期借方发生额为"0",否则就取"VLOOKUP(A3,末级科目汇总表,4,0)"的值。

(2) 定义"本期贷方发生额"公式

与定义"本期借方发生额"的方法类似,定义 G3 单元格"本期贷方发生额"的公式为:

=IF(ISNA(VLOOKUP(A3,末级科目汇总表,5,0)),0,VLOOKUP(A3,末级科目汇总表,5,0))

此公式含义为:首先判断"VLOOKUP(A3,末级科目汇总表,5,0)"是否出现"♯N/A"的错误,如果是,则说明该科目本期没有贷方发生额,即定义其本期贷方发生额为"0",否则就取"VLOOKUP(A3,末级科目汇总表,5,0)"的值。

最后,用填充柄把 F3:G3 单元格区域的公式向下填充至 F71:G71 单元格区域。

函数说明:IS 类函数。

用来检验数值或引用类型的九个工作表函数,概括为 IS 函数。此类函数可以检验数值的类型,并根据参数取值返回 TRUE 或 FALSE。例如,如果数值为对空白单元格的引用,函数 ISBLANK 返回逻辑值 TRUE,否则返回 FALSE。

IS 类函数具体介绍见表 2.2。

表 2.2　IS 类函数

序号	函数	功能
1	ISBLANK	值为空白单元格
2	ISERR	值为任意错误值(除去"♯N/A"以外)
3	ISERROR	值为任意错误值(♯N/A、♯VALUE!、♯REF!、♯DIV/0!、♯NUM!、♯NAME? 或♯NULL!)
4	ISLOGICAL	值为逻辑值
5	ISNA	值为错误值"♯N/A"(值不存在)
6	ISNONTEXT	值为不是文本的任意项(注意此函数在值为空白单元格时返回 TRUE)
7	ISNUMBER	值为数字
8	ISREF	值为引用
9	ISTEXT	值为文本

ISNA 函数属于 IS 类函数。功能为判断一个参数(value)的值是否为错误值"♯N/A"。语法:ISNA(value)。当 value 的值为"♯N/A"时,返回结果为 TURE,否则返回 FALSE。

4. 定义期末余额公式

(1) 定义"期末借方余额"公式

选中 H3 单元格,单击"公式"选项卡中的"插入函数"按钮,打开"插入函数"对话框,选择"常用函数"中的"IF"函数,打开 IF 函数的"函数参数"对话框,如图 2.102 所示。

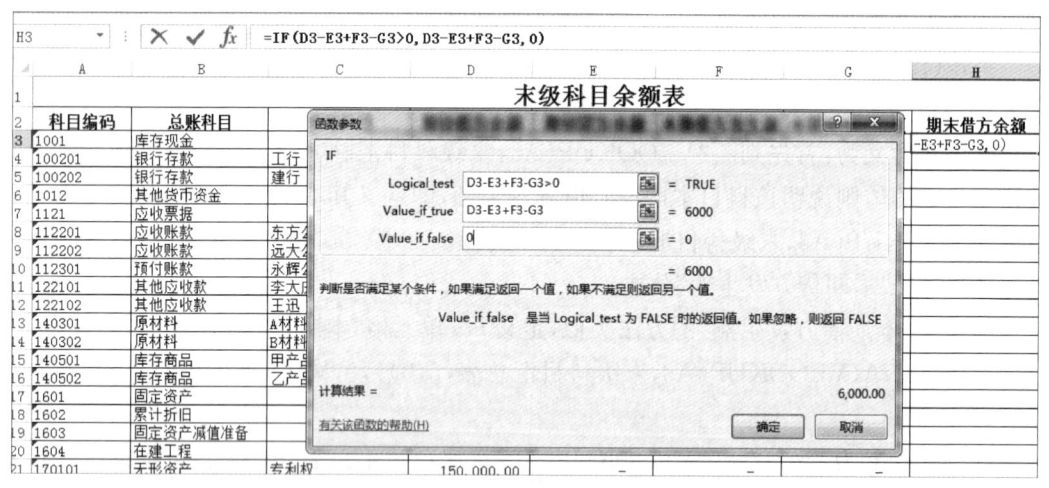

图 2.102　设置 IF 函数参数

在参数"Logical_test"输入框内输入"D3－E3＋F3－G3＞0";

在参数"Value_if_true"输入框内输入"D3－E3＋F3－G3";

在参数"Value_if_false"输入框内输入"0"。

单击"确定"按钮,在 H3 单元格中完成下列公式的输入:

$$=IF(D3－E3＋F3－G3＞0,D3－E3＋F3－G3,0)$$

此公式的含义为:首先判断"D3－E3＋F3－G3"的值是否大于 0,如果是,说明是借方余额,

则取"D3－E3＋F3－G3"的值为期末余额;否则,该科目应为贷方余额;借方余额取值为"0"。

（2）定义"期末贷方余额"公式

选中 I3 单元格,定义"期末贷方余额"公式的操作和定义"期末借方余额"公式的方式基本相同,此处不再赘述。

I3 单元格最终完成公式为:

$$=IF(D3－E3＋F3－G3<0,ABS(D3－E3＋F3－G3),0)$$

此公式的含义为:首先判断"D3－E3＋F3－G3"的值是否小于 0,如果是,说明是贷方余额,则取"D3－E3＋F3－G3"的绝对值为期末余额;否则,该科目应为借方余额,贷方余额取值为"0"。

最后,用填充柄把 H3:I3 单元格区域的公式向下填充至 H71:I71 单元格区域。

完成的"末级科目余额表"如图 2.103 所示。

科目编码	总账科目	明细科目	期初借方余额	期初贷方余额	本期借方发生额	本期贷方发生额	期末借方余额	期末贷方余额
1001	库存现金		6,200.00	—		5,400.00	6,000.00	—
100201	银行存款	工行	205,811.00	—	1,441,400.00	155,990.90	1,491,220.10	—
100202	银行存款	建行	541,649.00	—	—	—	541,649.00	—
1012	其他货币资金		—	—	—	—	—	—
1121	应收票据		—	—	—	—	—	—
112201	应收账款	东方公司	550,000.00	—		450,000.00	100,000.00	—
112202	应收账款	远大公司	—	—	292,500.00	292,500.00	—	—
112301	预付账款	永辉公司	20,000.00	—		10,000.00	10,000.00	—
122101	其他应收款	李大庆	3,000.00	—	—	—	3,000.00	—
122102	其他应收款	王迅	—	—	4,000.00	4,000.00	—	—
140301	原材料	A材料	22,479.00	—	76,000.00	74,000.00	24,479.00	—
140302	原材料	B材料	15,850.55	—	42,008.85	36,000.00	21,859.40	—
140501	库存商品	甲产品	431,160.28	—	—	220,000.00	211,160.28	—
140502	库存商品	乙产品	218,071.00	—	—	40,000.00	178,071.00	—
1601	固定资产		307,000.00	—	80,000.00	—	387,000.00	—
1602	累计折旧		—	28,610.82	—	26,000.00	—	54,610.82
1603	固定资产减值准备		—	—	—	—	—	—
1604	在建工程		—	—	—	—	—	—
170101	无形资产	专利权	150,000.00	—	—	—	150,000.00	—
170102	无形资产	土地使用权	1,200,000.00	—	—	—	1,200,000.00	—

图 2.103　末级科目余额表

函数说明:ABS 函数。ABS 函数属于数学与三角函数,其功能为返回数字的绝对值。

语法:ABS(number)。number 参数可以是任意有效的数值表达式。

2.5.2　编制总账科目余额表

1. 定义格式

操作步骤如下。

① 单击"末级科目余额表"后面的"新工作表"按钮,增加一张新的工作表,将工作表重命名为"总账科目余额表"。

② 选择"总账科目余额表"工作表,在 A1 单元格内输入"总账科目余额表",选中 A1:L1 单元格区域,单击"对齐方式"功能组中"合并后居中"快捷键,字体为"宋体",字形为"加粗",字号为"18"。

③ 选择"会计科目表! K2:L42",即总账会计科目,单击鼠标右键"复制",把光标定位到"总账科目余额表! A2"单元格,单击鼠标右键"粘贴"。

④ 分别在 C2:H2 单元格区域中输入"期初借方余额""期初贷方余额""本期借方发生额""本期贷方发生额""期末借方余额""期末贷方余额"。选择 A2:I2 单元格区域,设置字

体为"宋体",字形为"加粗",字号为"12"。

⑤ 选中 C:H 列,设置单元格格式为"数字"选项卡下的"会计专用",小数点位数为"2",货币符号为"无"。

⑥ 选中 A2:H42 单元格区域,设置边框为所有框线。调整行高、列宽,得到"末级科目余额表"的基本格式,如图 2.104 所示。

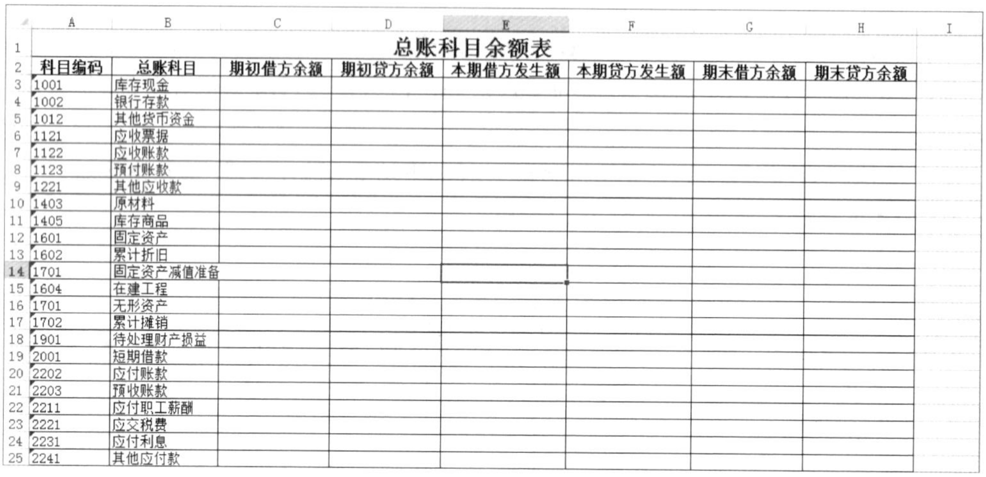

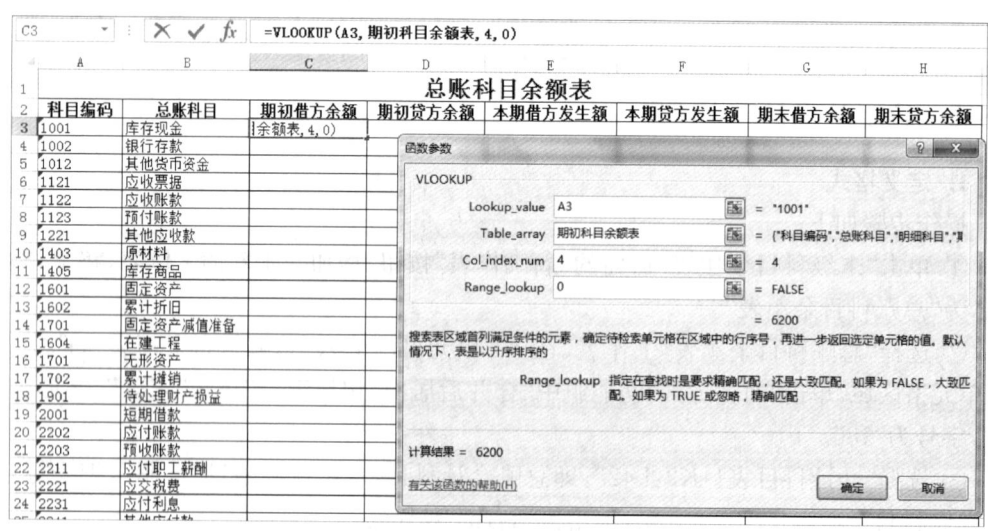

图 2.104　总账科目余额表

2. 定义期初余额的公式

具体操作步骤如下。

① 选中 C3 单元格,单击"公式"选项卡中的"插入函数"按钮,打开"插入函数"对话框,选择"查找与引用"类别下的"VLOOKUP"函数,单击"确定"。

② 打开 VLOOKUP 函数的"函数参数"对话框,如图 2.105 所示。

图 2.105　设置 VLOOKUP 函数参数

在参数"Lookup_value"输入框输入"A3";

在参数"Table_array"输入框内单击"公式"选项卡中"用于公式",选择"期初科目余额表";

在参数"Col_index_num"输入框输入"4";

在参数"Range_lookup"输入框中输入"0"。

③ 单击"确定"按钮,在 C3 单元格中完成下列公式的输入:

$$=VLOOKUP(A3,期初科目余额表,4,0)$$

此公式的含义为:在范围名称"期初科目余额表"的首列查找 A3 单元格内的科目编码,找到后返回该行与范围名称"期初科目余额表"第 4 列交叉点的值,即查找到总账科目编码对应的"期初借方余额"。

④ 定义"库存现金期初贷方余额"的公式

选中 D3 单元格,完成下列公式的输入:

$$=VLOOKUP(A3,期初科目余额表,5,0)$$

最后,用填充柄把 C3:D3 单元格区域的公式向下填充至 C42:D42 单元格区域。

3. 定义本期发生额公式

(1) 定义"本期借方发生额"公式

与定义"末级科目余额表"的"本期借方发生额"公式的操作基本类似,定义"总账科目余额表"中 E3 单元格"库存现金本期借方发生额"公式为:

$$=IF(ISNA(VLOOKUP(B3,总账科目汇总表,2,0)),0,VLOOKUP(B3,总账科目汇总表,2,0))$$

此公式含义为:首先判断"VLOOKUP(B3,总账科目汇总表,2,0)"是否出现"♯N/A"的错误,如果是,则说明该科目本期没有借方发生额,即定义其本期借方发生额为"0",否则就取"VLOOKUP(B3,总账科目汇总表,2,0)"的值。

其中"VLOOKUP(B3,总账科目汇总表,2,0)"表示在范围名称"总账科目汇总表"的首列查找 B3 单元格内的科目编码,找到后返回该行与范围名称"总账科目汇总表"第 2 列交叉点的值,即查找到"总账科目"对应的"本期借方发生额"。

(2) 定义"本期贷方发生额"公式

与定义"本期借方发生额"的方法类似,定义 F3 单元格"库存现金本期贷方发生额"的公式为:

$$=IF(ISNA(VLOOKUP(B3,总账科目汇总表,3,0)),0,VLOOKUP(B3,总账科目汇总表,3,0))$$

此公式含义为:首先判断"VLOOKUP(B3,总账科目汇总表,3,0)"是否出现"♯N/A"的错误,如果是,则说明该科目本期没有贷方发生额,即定义其本期贷方发生额为"0",否则就取"VLOOKUP(B3,总账科目汇总表,3,0)"的值。

最后,用填充柄把 E3:F3 单元格区域的公式向下填充至 E42:F42 单元格区域。

4. 定义期末余额公式

(1) 定义"期末借方余额"公式

与定义"末级科目余额表"的"期末借方余额"公式的操作基本类似,定义"总账科目余额表"中 G3 单元格"库存现金期末借方余额"公式为:

$$=IF(C3-D3+E3-F3>0,C3-D3+E3-F3,0)$$

此公式的含义为：首先判断"C3－D3＋E3－F3"的值是否大于 0，如果是，说明是借方余额，则取"C3－D3＋E3－F3"的值为期末余额；否则，该科目应为贷方余额，借方余额取值为"0"。

（2）定义 H3 单元格"库存现金期末贷方余额"公式

公式为：

$$=IF(C3-D3+E3-F3<0,ABS(C3-D3+E3-F3),0)$$

此公式的含义为：首先判断"C3－D3＋E3－F3"的值是否小于 0，如果是，说明是贷方余额，则取"C3－D3＋E3－F3"的绝对值为期末余额；否则，该科目应为借方余额，贷方余额取值为"0"。

最后，用填充柄把 G3：H3 单元格区域的公式向下填充至 G42：H42 单元格区域。

5. 试算平衡检查

要达到总账科目余额表的试算平衡，需要满足以下要求：

全部总账科目期初借方余额合计等于全部总账科目期初贷方余额合计，即 C43＝D43；

全部总账科目本期借方发生额合计等于全部总账科目本期贷方发生额合计，即 E43＝F43；

全部总账科目期末借方余额合计等于全部总账科目期末贷方余额合计，即 G43＝H43。

故需要将 A43：H42 单元格区域设置为"合计"栏，操作步骤如下。

① 选中 A43：B43 单元格区域，设置其格式为"跨列居中"，在单元格内输入"合计"。

② 选中 C43 单元格，单击"开始"选项卡下的"编辑"功能组中的"自动求和"按钮，自动生成公式为"C43＝SUM(C3：C42)"。向右复制到 H43 单元格。设置 A43：H42 单元格区域框线为"全部框线"。

最后生成的"总账科目余额表"如图 2.106 所示。

	A	B	C	D	E	F	G	H
1					总账科目余额表			
2	科目编码	总账科目	期初借方余额	期初贷方余额	本期借方发生额	本期贷方发生额	期末借方余额	期末贷方余额
3	1001	库存现金	6,200.00	—	5,200.00	5,400.00	6,000.00	—
4	1002	银行存款	747,460.00	—	1,441,400.00	155,990.90	2,032,869.10	—
5	1012	其他货币资金	—	—	—	—	—	—
6	1121	应收票据	—	—	—	—	—	—
7	1122	应收账款	550,000.00	—	292,500.00	742,500.00	100,000.00	—
8	1123	预付账款	20,000.00	—	—	10,000.00	10,000.00	—
9	1221	其他应收款	3,000.00	—	4,000.00	4,000.00	3,000.00	—
10	1403	原材料	38,329.55	—	118,008.85	110,000.00	46,338.40	—
11	1405	库存商品	649,231.28	—	—	260,000.00	389,231.28	—
12	1601	固定资产	307,000.00	—	80,000.00	—	387,000.00	—
13	1602	累计折旧	—	28,610.82	—	26,000.00	—	54,610.82
14	1603	固定资产减值准备	—	—	—	—	—	—
15	1604	在建工程	—	—	—	—	—	—
16	1701	无形资产	1,350,000.00	—	—	—	1,350,000.00	—
17	1702	累计摊销	—	—	—	—	—	—
18	1901	待处理财产损益	—	—	—	—	—	—
19	2001	短期借款	—	—	—	500,000.00	—	500,000.00
20	2202	应付账款	—	287,000.00	—	—	—	287,000.00
21	2203	预收账款	—	—	—	—	—	—
22	2211	应付职工薪酬	—	208,962.00	—	50,000.00	—	258,962.00
23	2221	应交税费	—	18,440.90	34,982.05	56,532.74	—	39,991.59
24	2231	应付利息	—	—	—	2,500.00	—	2,500.00
25	2241	其他应付款	—	14,089.12	—	—	—	14,089.12
26	2501	长期借款	—	200,000.00	—	—	—	200,000.00

图 2.106 总账科目余额表

实战演练

升达有限责任公司 2021 年 2 月份发生如下业务：

（1）2 日，购买甲商品 25 000 元，购买乙商品 28 000 元，增值税税率为 17%，商品已入库，以工行存款支付货款。

（2）5 日，工行收到东方公司归还的货款 100 000 元，存入工行账户。

（3）8 日，用工行存款支付欠神州公司的货款 287 000 元。

（4）15 日，向远大公司销售甲产品，售价 590 000 元，乙产品 36 000 元，增值税率 17%，款项存入工行账户。

（5）18 日，使用现金支付招待费 3 000 元。

（6）20 日，计提当月短期借款利息 2 500 元。

（7）24 日，从神州公司购进 A 材料 17 000 元，购进 B 材料 11 000 元，增值税税率为 17%，材料已入库，款项尚未支付。

（8）25 日，收到远大公司预收账款 5 000 元，存入工行账户。

（9）26 日，用工行存款支付运费 3 000 元，水电费 800 元。

（10）28 日，分配工资：生产工人工资 20 000 元，车间管理人员工资 5 000 元，行政管理人员工资 9 000 元。

要求：

（1）根据升达有限责任公司 2021 年 2 月份的资料，编制会计科目表。

（2）根据会计科目表编制期初余额表。

（3）根据升达有限责任公司 2021 年 2 月份的会计业务，编制会计凭证表。

（4）以会计凭证表为数据源，建立科目汇总表及科目余额表。

任务 3　Excel 在会计账簿中的应用

（1）了解会计账簿概念、分类及填写要求。

（2）了解 Excel 环境下的现金日记账的设置，理解账簿数据来源及数据关系，学会利用 Excel 常用功能完成现金日记账的格式设计，并通过设置公式完成现金日记账的填写。

（3）学会利用数据透视表编制明细分类账及总分类账。

（1）培养学生爱岗敬业、诚实守信、客观公正的会计工作职业道德，增强其职业认同感和法律意识。

（2）利用经济数据发现问题、解决问题，反映企业真实经营状况。

会计账簿简称账簿，是由具有一定格式、相互联系的账页组成，用来序时、分类的全面记录一个单位经济业务事项的簿籍。在利用 Excel 进行会计核算的过程中，将以已有会计凭证表的数据为基础，利用数据透视表、函数等功能，建立各种账簿和相关账表。

本任务的内容包括现金日记账的编制、明细分类账的编制和总分类账的编制。

3.1　现金日记账的编制

现金日记账是由出纳人员根据审核后的现金收、付款记账凭证和银行付款凭证，逐日逐笔按顺序登记，反映现金增减变动情况的一种特种日记账。升达有限责任公司凭证类别为记账凭证，应根据包含"库存现金"科目的凭证，登记现金日记账。每笔业务发生后，需要计算余额；在每日收付款项逐笔登记完毕后，应分别计算现金收入和现金支出的合计数及账面余额，并与库存现金实存数相核对，以此检查每日现金收支和结存的情况，最终形成现金日记账簿。

具体操作步骤：

① 打开"会计核算"工作簿，单击"总账科目余额表"后的加号，增加一页新工作表，将其重命名为"现金日记账"。选择"会计凭证表"工作表，单击会计凭证表数据中任意单元格，单击"数据"选项卡下"筛选"按钮，在第一行各字段右下角出现筛选箭头，如图 3.1 所示。

② 单击"科目编码"右下角的筛选按钮，在搜索框下方选择"1001"，即"库存现金"会计科目，如图 3.2 所示。单击"确定"，出现总账科目为"库存现金"的筛选结果，如图 3.3 所示。

③ 在筛选结果页面，选中整个筛选结果 A1:K55 单元格区域，单击鼠标右键选择"复制"，选中"现金日记账"工作表 A3 单元格，单击鼠标右键选择"粘贴"，调整行高、列宽，删除

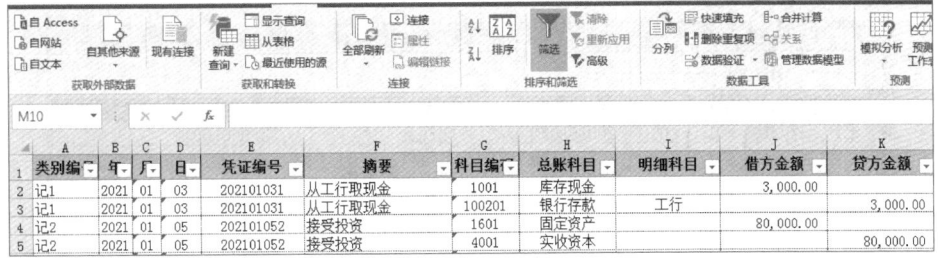

图 3.1　设置数据筛选功能

图 3.2　选择筛选科目编码

	A	B	C	D	E	F	G	H	I	J	K
1	类别编	年	厂	日	凭证编号	摘要	科目编	总账科目	明细科目	借方金额	贷方金额
2	记1	2021	01	03	201101031	从工行取现金	1001	库存现金		3,000.00	
26	记9	2021	01	17	2021011179	收到职工罚款	1001	库存现金		2,000.00	
33	记11	2021	01	19	2021011911	职工出差预借差旅费	1001	库存现金			4,000.00
51	记17	2021	01	27	2021012717	报销差旅费	1001	库存现金		200.00	
55	记18	2021	01	27	2021012718	支付水电费	1001	库存现金			1,400.00

图 3.3　"库存现金"科目筛选结果

G:I 列,如图 3.4 所示;在 I3 单元格输入"余额",用格式刷将 I3 单元格格式刷成和左侧相同的格式。选择 A3:I12 单元格区域,单击"所有框线",如图 3.5 所示;选择 A1:I1 单元格区域,单击功能区"合并及居中"按钮,输入"升达有限责任公司",字体为"黑体",字号为"14"号;选择 A2:I2 单元格区域,单击功能区"合并及居中"按钮,输入"现金日记账",字体为"宋体",字号为"20"号,字形为"加粗",如图 3.6 所示。

	A	B	C	D	E	F	G	H
1								
2								
3	类别编号	年	月	日	凭证编号	摘要	借方金额	贷方金额
4	记1	2021	01	03	202101031	从工行取现金	3,000.00	
5	记9	2021	01	17	202101179	收到职工罚款	2,000.00	
6	记11	2021	01	19	2021011911	职工出差预借差旅费		4,000.00
7	记17	2021	01	27	2021012717	报销差旅费	200.00	
8	记18	2021	01	27	2021012718	支付水电费		1,400.00
9								
10								

图 3.4　调整"现金日记账"格式

	A	B	C	D	E	F	G	H	I
1									
2									
3	类别编号	年	月	日	凭证编号	摘要	借方金额	贷方金额	余额
4	记1	2021	1	03	202101031	从工行取现金	3,000.00		
5	记9	2021	1	17	202101179	收到职工罚款	2,000.00		
6	记11	2021	1	19	2021011911	职工出差预借差旅费		4,000.00	
7	记17	2021	1	27	2021012717	报销差旅费	200.00		
8	记18	2021	1	27	2021012718	支付水电费		1,400.00	
9									
10									
11									
12									

图 3.5　设置"现金日记账"格式

	A	B	C	D	E	F	G	H	I
1					升达有限责任公司				
2					现金日记账				
3	类别编号	年	月	日	凭证编号	摘要	借方金额	贷方金额	余额
4	记1	2021	1	03	202101031	从工行取现金	3,000.00		
5	记9	2021	1	17	202101179	收到职工罚款	2,000.00		
6	记11	2021	1	19	2021011911	职工出差预借差旅费		4,000.00	
7	记17	2021	1	27	2021012717	报销差旅费	200.00		
8	记18	2021	1	27	2021012718	支付水电费		1,400.00	
9									
10									

图 3.6　设置"现金日记账"格式

④ 选中第 4 行行标,插入一行,单击"填充颜色"按钮,设置填充色为"无填充色",在 F4 单元格输入"期初余额",字形为"加粗"。选择第 6 行行标,插入一行,在 F6 单元格输入"本日合计",字形为"加粗",对齐方式为"居中",如图 3.7 所示。同理在每日结束后增加一行,在"摘要"栏输入"本日合计"并加粗、居中,在 F14 单元格输入"本月累计"并加粗、居中,如图 3.8 所示。

⑤ 选中 I4 单元格,输入公式:

$$=VLOOKUP("1001",期初科目余额表,4,0)$$

此公式的含义为:在范围名称"期初科目余额表"的首列查找科目编码"1001",找到后返回该行与范围名称"期初科目余额表"第 4 列交叉点的值,即查找到科目编码对应的"期初借方余额",如图 3.9 所示。

	A	B	C	D	E	F	G	H	I
1						升达有限责任公司			
2						现金日记账			
3	类别编号	年	月	日	凭证编号	摘要	借方金额	贷方金额	余额
4						期初余额			
5	记1	2021	1	03	201101031	从工行取现金	3,000.00		
6						本日合计			
7	记9	2021	1	17	201101179	收到职工罚款	2,000.00		
8	记11	2021	1	19	2021011911	职工出差预借差旅费		4,000.00	
9	记17	2021	1	27	201012717	报销差旅费	200.00		
10	记18	2021	1	27	201012718	支付水电费		1,400.00	
11									
12									

图 3.7 设置"现金日记账"格式

	A	B	C	D	E	F	G	H	I
1						升达有限责任公司			
2						现金日记账			
3	类别编号	年	月	日	凭证编号	摘要	借方金额	贷方金额	余额
4						期初余额			
5	记1	2021	1	03	201101031	从工行取现金	3,000.00		
6						本日合计			
7	记9	2021	1	17	201101179	收到职工罚款	2,000.00		
8						本日合计			
9	记11	2021	1	19	2021011911	职工出差预借差旅费		4,000.00	
10						本日合计			
11	记17	2021	1	27	201012717	报销差旅费	200.00		
12	记18	2021	1	27	201012718	支付水电费		1,400.00	
13						本日合计			
14						本月累计			

图 3.8 设置现金日记账合计栏

I4		:	×	✓	fx	=VLOOKUP("1001",期初科目余额表,4,0)			
	A	B	C	D	E	F	G	H	I
1						升达有限责任公司			
2						现金日记账			
3	类别编号	年	月	日	凭证编号	摘要	借方金额	贷方金额	余额
4						期初余额			6200
5	记1	2021	1	03	201101031	从工行取现金	3,000.00		
6						本日合计			
7	记9	2021	1	17	201101179	收到职工罚款	2,000.00		
8						本日合计			
9	记11	2021	1	19	2021011911	职工出差预借差旅费		4,000.00	
10						本日合计			
11	记17	2021	1	27	201012717	报销差旅费	200.00		
12	记18	2021	1	27	201012718	支付水电费		1,400.00	
13						本日合计			
14						本月累计			

图 3.9 设置期初余额取数公式

⑥ 单击 G6 单元格输入公式"＝G5"，将 G5 单元格填充到 G6 单元格。

同理，在 G8、G10 和 G13 单元格中分别输入"本日合计"公式："＝G7""＝G9""＝G11＋G12"。并填充至 H 列，如图 3.10 所示。

⑦ 选中 I5 单元格，输入余额公式：＝I4＋G5－H5，选中 I5 单元格，向下填充至 I14 单

	A	B	C	D	E	F	G	H	I
1						升达有限责任公司			
2						**现金日记账**			
3	类别编号	年	月	日	凭证编号	摘要	借方金额	贷方金额	余额
4						期初余额			6200
5	记1	2021	1	03	201101031	从工行取现金	3,000.00		
6						本日合计	3,000.00	－	
7	记9	2021	1	17	201101179	收到职工罚款	2,000.00		
8						本日合计	2,000.00	－	
9	记11	2021	1	19	2021011911	职工出差预借差旅费		4,000.00	
10						本日合计	－	4,000.00	
11	记17	2021	1	27	2021012717	报销差旅费	200.00		
12	记18	2021	1	27	2021012718	支付水电费		1,400.00	
13						本日合计	200.00	1,400.00	
14						本月累计			

图 3.10　设置"本日合计"公式

元格,如图 3.11 所示。

	A	B	C	D	E	F	G	H	I
1						升达有限责任公司			
2						**现金日记账**			
3	类别编号	年	月	日	凭证编号	摘要	借方金额	贷方金额	余额
4						期初余额			6200
5	记1	2021	1	03	201101031	从工行取现金	3,000.00		9,200.00
6						本日合计	3,000.00	－	12,200.00
7	记9	2021	1	17	201101179	收到职工罚款	2,000.00		14,200.00
8						本日合计	2,000.00	－	16,200.00
9	记11	2021	1	19	2021011911	职工出差预借差旅费		4,000.00	12,200.00
10						本日合计	－	4,000.00	8,200.00
11	记17	2021	1	27	2021012717	报销差旅费	200.00		8,400.00
12	记18	2021	1	27	2021012718	支付水电费		1,400.00	7,000.00
13						本日合计	200.00	1,400.00	5,800.00
14						本月累计			5,800.00
15									

图 3.11　输入余额公式

从图 3.11 中可以发现,I5 单元格以上的余额计算都是正确的,其余行的余额显然是错误的。是由于"本日合计"和"本月累计"栏的余额,本来不该继续计算的,但公式也进行了一次计算。所以我们应该对公式进行一定的修改。

微课 3-1

选中 I5 单元格,输入余额公式:

$$=IF(OR(F5="本日合计",F5="本月累计"),I4,I4+G5-H5)$$

此公式的含义为:先判断 F5 单元格,也就是摘要栏是否为"本日合计"或"本年累计",如果是,则 I5 单元格的值等于 I4 单元格,否则,I5 单元格的值等于"I4+G5-H5",即"期初余额+本期借方发生额-本期贷方发生额"。

选中 I5 单元格,向下填充至 I14 单元格,如图 3.12 所示。

⑧ 选中 G14 单元格,输入借方"本月累计"公式:

$$=SUMIF(\$F\$5:\$H\$13,\$F\$6,G5:G13)$$

I5			fx	=IF(OR(F5="本日合计",F5="本月累计"),I4,I4+G5-H5)				
	A	B	C	D	E	F	G	H	I

升达有限责任公司

现金日记账

类别编号	年	月	日	凭证编号	摘要	借方金额	贷方金额	余额
					期初余额			6200
记1	2021	1	03	202101031	从工行取现金	3,000.00		9,200.00
					本日合计	3,000.00	-	9,200.00
记9	2021	1	17	202101179	收到职工罚款	2,000.00		11,200.00
					本日合计	2,000.00	-	11,200.00
记11	2021	1	19	2021011911	职工出差预借差旅费		4,000.00	7,200.00
					本日合计	-	4,000.00	7,200.00
记17	2021	1	27	2021012717	报销差旅费	200.00		7,400.00
记18	2021	1	27	2021012718	支付水电费		1,400.00	6,000.00
					本日合计	200.00	1,400.00	6,000.00
					本月累计			6,000.00

图 3.12　输入正确余额公式

此公式的含义为：在"＄F＄5：＄H＄13"区域单元格中，查找"F6"即"本日合计"，找到后将所有查找到的"本日合计"对应的行与"G5：G13"区域单元格的交叉值相加。

⑨ 将 G14 单元格填充至 H14 单元格，如图 3.13 所示，即完成现金日记账的所有设置。

G14			fx	=SUMIF(＄F＄5:＄H＄13,＄F＄6,G5:G13)				
	A	B	C	D	E	F	G	H	I

升达有限责任公司

现金日记账

类别编号	年	月	日	凭证编号	摘要	借方金额	贷方金额	余额
					期初余额			6200
记1	2021	1	03	202101031	从工行取现金	3,000.00		9,200.00
					本日合计	3,000.00	-	9,200.00
记9	2021	1	17	202101179	收到职工罚款	2,000.00		11,200.00
					本日合计	2,000.00	-	11,200.00
记11	2021	1	19	2021011911	职工出差预借差旅费		4,000.00	7,200.00
					本日合计	-	4,000.00	7,200.00
记17	2021	1	27	2021012717	报销差旅费	200.00		7,400.00
记18	2021	1	27	2021012718	支付水电费		1,400.00	6,000.00
					本日合计	200.00	1,400.00	6,000.00
					本月累计	5,200.00	5,400.00	6,000.00

图 3.13　输入本年累计借方金额及贷方金额公式

相关函数：OR 函数。OR 函数是一个逻辑函数，用于确定测试中的所有条件是否均为 TRUE。如果任意一个参数值为 TRUE，则返回 TRUE；只有当所有参数的值均为 FALSE 时，才返回 FALSE。

语法：OR(logical1，[logical2]，…)。

logical1 指第一个想要测试且计算结果可为 TRUE 或 FALSE 的条件。

logical2 指其他想要测试且计算结果可为 TRUE 或 FALSE 的条件(最多 255 个条件)。

OR 函数的一个常见用途是扩展执行逻辑测试的其他函数的有效性。例如,IF 函数会执行逻辑测试,并在测试计算为 TRUE 时返回一个值,在测试计算为 FALSE 时返回另一个值。通过将 OR 函数用作 IF 函数的 logical_test 参数,可测试多个不同条件(而非一个)。

3.2 明细分类账的编制

明细分类账是分类账簿的一种,主要反映各个明细科目的具体发生额。明细分类账利用数据透视表的分类汇总功能将日记账的数据进行统计汇总,通过选择明细科目的方法,查看明细科目表的所有业务数据。明细分类账的制作模块中将讲述"单元格格式""数据透视表"等功能的使用。

利用数据透视表建立明细分类账,操作步骤如下。

① 选中"会计凭证表"数据清单中任意一个单元格,单击"插入"→"数据透视表",弹出"数据透视表"对话框。"选定区域"默认为"会计凭证表!",区域正确的不需要修改,设置"放置数据透视表的位置"为"新工作表",单击"确定"按钮。

②在"会计凭证表"前面自动生成一张空白数据透视表,在"数据透视表字段"窗口中,将"总账科目""明细科目"字段添加到"筛选器"区域;将"年""月""日""摘要"拖到"行"区域;将"借方金额""贷方金额"拖到"值"区域,如图 3.14 所示。

图 3.14　设置数据透视表各字段

③ 单击数据透视表中"计数项:借方金额",打开"值字段设置"对话框,如图 3.15 所示。在弹出的"值字段设置"对话框中,选择计算类型为"求和";单击"值字段设置"对话框左下角的"数字格式"按钮,打开"设置单元格格式"对话框,在"分类"下选择"会计专用",右侧小数点位数为"2",货币符号为"无",如图 3.16 所示。最后单击"确定"按钮,在"值字段设置"对话框继续单击"确定"按钮。

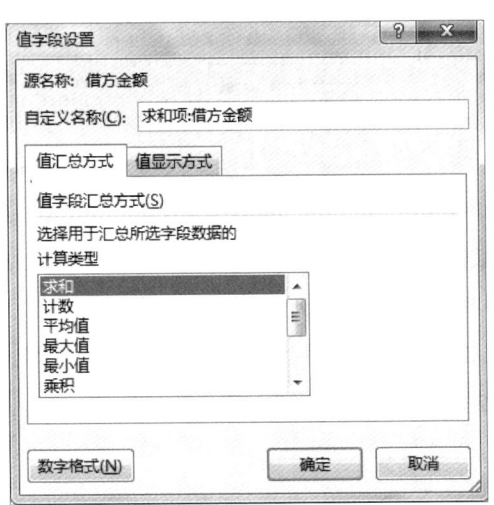

图 3.15　值字段设置

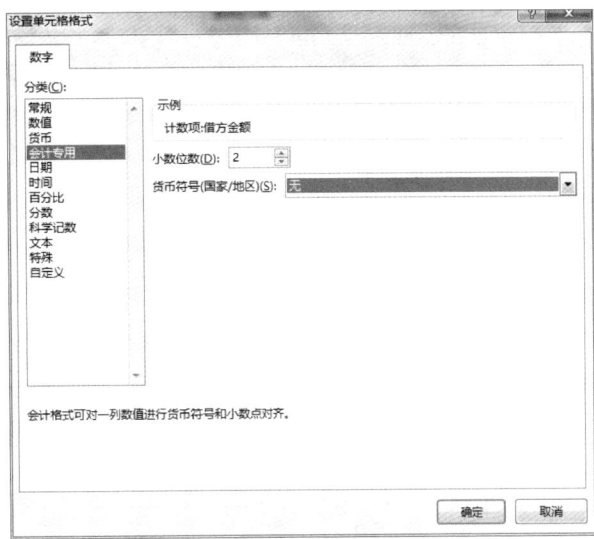

图 3.16　设置单元格格式

同理在"数据透视表字段"列表中，"值"区域下的"计数项:贷方金额"进行对应的格式设置。如图 3.17 所示。

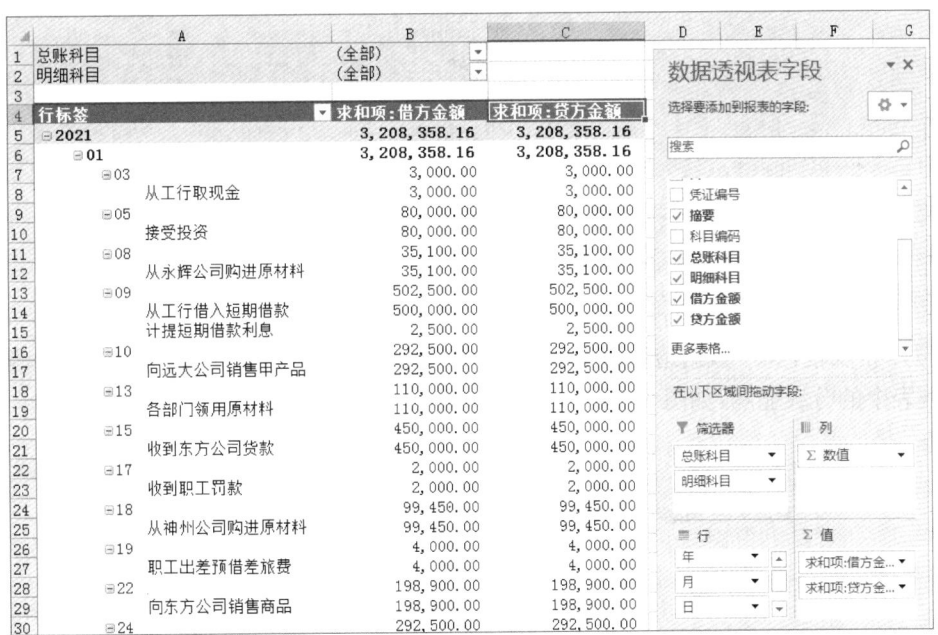

图 3.17　设置值字段后的数据透视表

④ 选中数据透视表中任一单元格，单击功能区中"数据透视表工具"选项卡中的"设计"，选中"报表布局"下拉菜单中的"以表格形式显示"，手动调整列宽，如图 3.18 所示；选中 C6 单元格，即对"日"的分类汇总单元，单击鼠标右键，选择"分类汇总'日'"，将日期汇总删除，如图 3.19 所示。根据企业实际情况，如需要对"日"进行汇总，则可不删除该汇总项。删除该汇总项后得到的数据透视表，如图 3.20 所示。

图 3.18　设置报表布局

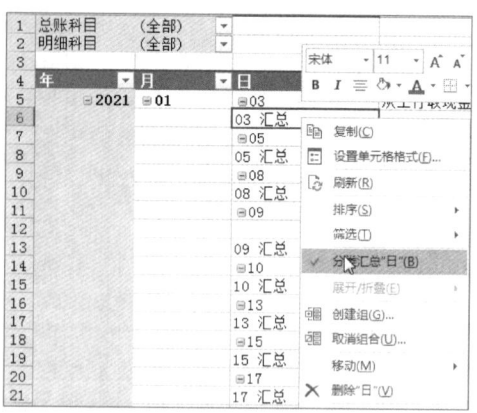

图 3.19　删除"分类汇总'日'"汇总显示

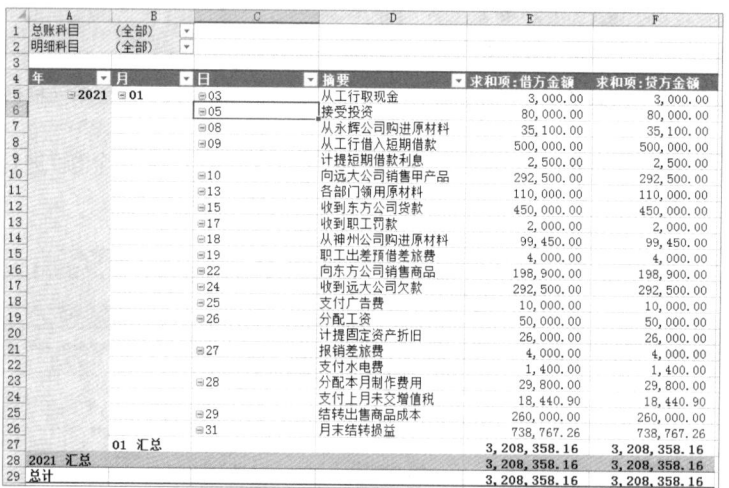

图 3.20　删除"分类汇总'日'"后的数据透视表

⑤ 单击功能区中"数据透视表工具"选项卡中的"分析",单击"＋/－按钮"命令,删除数据透视表中的分级显示,如图 3.21 所示。

图 3.21　删除分级显示后的数据透视表

⑥ 增加借方余额字段：单击数据透视表任一单元格，选择功能区"数据透视表工具"下"分析"选项卡中"字段、项目和集"按钮，在下拉菜单中选择"计算字段"，如图 3.22 所示。

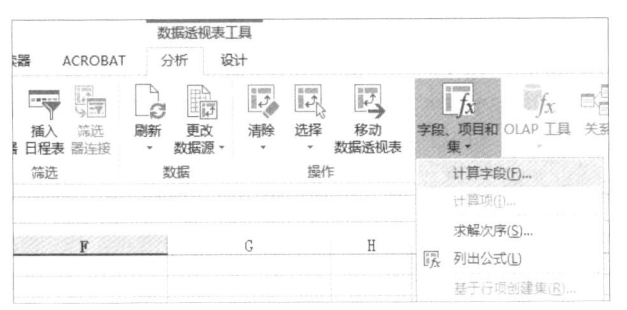

微课 3-2

图 3.22 插入"计算字段"

在弹出的"插入计算字段"对话框中，选择"名称栏"输入"借方余额"，如图 3.23 所示，在公式栏中输入公式：

$$＝IF((借方金额－贷方金额)＞0,(借方金额－贷方金额),0)$$

此公式含义为：判断"借方金额－贷方金额"是否大于 0，若大于 0，则为借方余额，金额为"借方金额－贷方金额"，否则为贷方余额，借方余额为 0。

单击"确定"，完成计算字段的设置。需要注意的是，公式中各符号均要在英文状态下输入，公式中出现的字段名称，需要单击字段列表进行插入。

设置借方余额字段后的数据透视表，如图 3.24 所示。单击左上角筛选区域 B2 单元格，选择明细科目"A 材料"，如图 3.25 所示，即可查看此科目的明细发生额及借方余额情况，如图 3.26 所示。

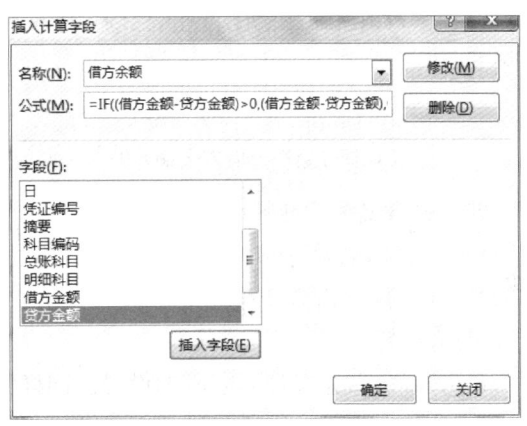

图 3.23 设置借方余额"计算字段"

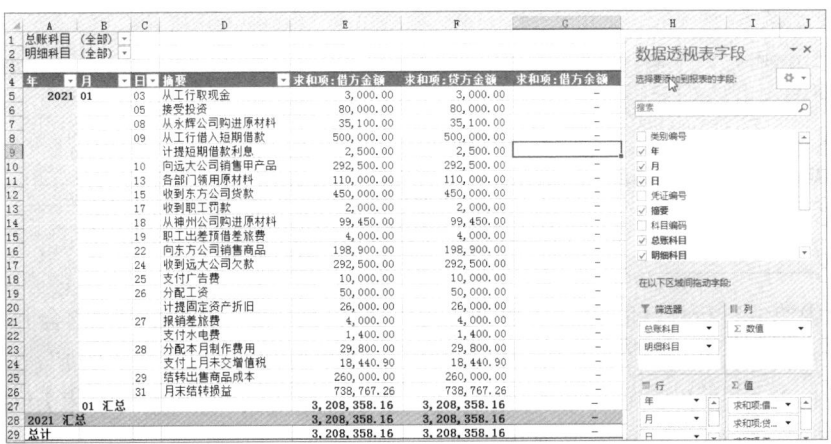

图 3.24 设置"借方余额"字段后的数据透视表

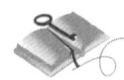

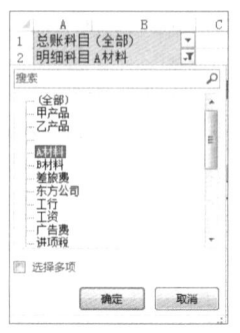

图 3.25　在筛选区域，选择明细科目

	A	B	C	D	E	F	G
1	总账科目	(全					
2	明细科目	A材					
3							
4	年	月	日	摘要	求和项：借方金额	求和项：贷方金额	求和项：借方余额
5	2021	01	08	从永辉公司购进原材料	18,000.00		18,000.00
6			13	各部门领用原材料		74,000.00	-
7			18	从神州公司购进原材料	58,000.00		58,000.00
8		01 汇总			76,000.00	74,000.00	2,000.00
9	2021 汇总				76,000.00	74,000.00	2,000.00
10	总计				76,000.00	74,000.00	2,000.00

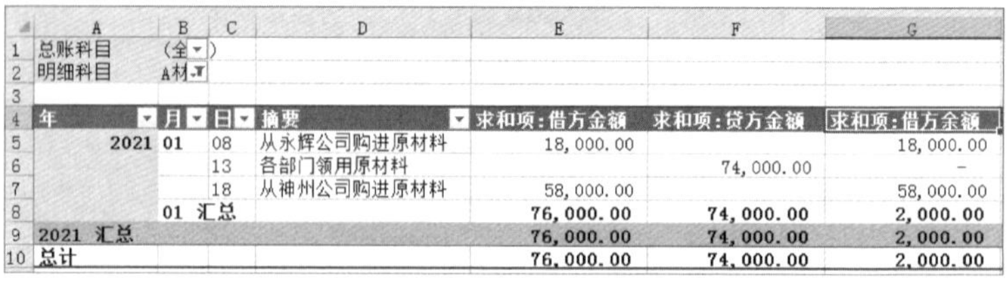

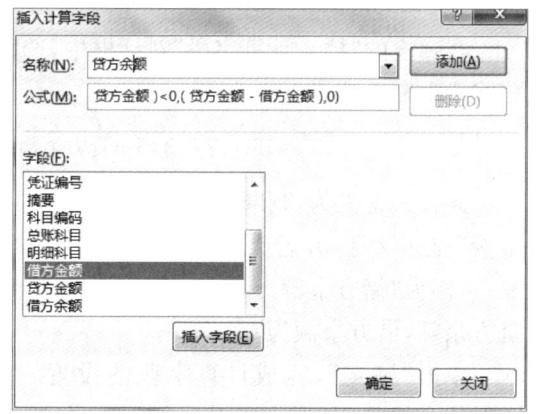

图 3.26　选择“A 材料”后的数据透视表

⑦ 增加贷方余额字段：单击数据透视表任一单元格，选择功能区“数据透视表工具”下“分析”选项卡中“字段、项目和集”按钮，在下拉菜单中选择“计算字段”。在弹出的“插入计算字段”对话框中，选择“名称栏”输入“贷方余额”，如图 3.27 所示，在公式栏中输入公式：

=IF((借方金额−贷方金额)<0,(贷方金额−借方金额),0)

此公式含义为：判断“借方金额−贷方金额”是否小于 0，若小于 0，则为贷方余额，金额为“贷方金额−借方金额”，否则余额应在借方，贷方余额为 0。

图 3.27　设置“贷方余额”计算字段

单击“确定”，完成计算字段的设置。同样需要注意的是，公式中各符号均要在英文状态下输入，公式中出现的字段名称，需要单击字段列表进行插入。

设置“贷方余额”后的数据透视表，如图 3.28 所示。

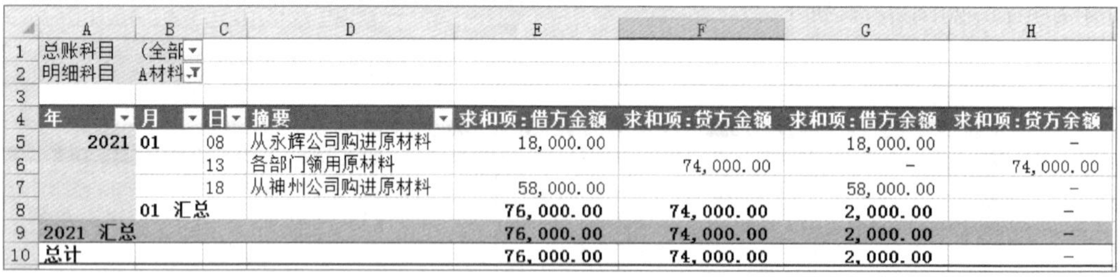

	A	B	C	D	E	F	G	H
1	总账科目	(全部						
2	明细科目	A材料						
3								
4	年	月	日	摘要	求和项：借方金额	求和项：贷方金额	求和项：借方余额	求和项：贷方余额
5	2021	01	08	从永辉公司购进原材料	18,000.00		18,000.00	-
6			13	各部门领用原材料		74,000.00	-	74,000.00
7			18	从神州公司购进原材料	58,000.00		58,000.00	-
8		01 汇总			76,000.00	74,000.00	2,000.00	-
9	2021 汇总				76,000.00	74,000.00	2,000.00	-
10	总计				76,000.00	74,000.00	2,000.00	-

图 3.28　设置“贷方余额”后的数据透视表

⑧ 选中第一行行标，插入两行空白行，选中 A1：H1 单元格区域，单击“合并后居中”按钮，在合并后的单元格输入“升达有限责任公司”，字体为“黑体”，字号为“14”；选择 A2：H2 单元格区域，单击“合并后居中”按钮，在合并后的单元格输入“明细账”，字体为“宋体”，字号为“20”，字形为“加粗”，如图 3.29 所示。

	A	B	C	D	E	F	G	H
1				升达有限责任公司				
2				明　细　账				
3	总账科目	(全部)						
4	明细科目	A材料						
5								
6	年	月	日	摘要	求和项:借方金额	求和项:贷方金额	求和项:借方余额	求和项:贷方余额
7	2021	01	08	从永辉公司购进原材料	18,000.00		18,000.00	—
8			13	各部门领用原材料		74,000.00		74,000.00
9			18	从神州公司购进原材料	58,000.00		58,000.00	—
10		01 汇总			76,000.00	74,000.00	2,000.00	—
11	2021 汇总				76,000.00	74,000.00	2,000.00	—
12	总计				76,000.00	74,000.00	2,000.00	—

图 3.29　设置明细账名称

⑨ 将此工作表重命名为"明细分类账",将其位置移在"现金日记账"后面。

在查询明细账时,选择筛选框中"明细科目"字段即可,但由于不同的总账科目也可能有相同的明细科目,如:明细科目名称"甲产品",是"库存商品"总账科目下的明细科目,同时也是"生产成本""主营业务收入""主营业务成本"总账科目下的明细科目。如希望查看"主营业务收入——甲产品"的明细账,此时若只在筛选器中"明细科目"筛选箭头下选择"甲产品",则明细账的显示结果如图 3.30 所示。

	A	B	C	D	E	F	G	H
1				升达有限责任公司				
2				明　细　账				
3	总账科目	(全部)						
4	明细科目	甲产品						
5								
6	年	月	日	摘要	求和项:借方金额	求和项:贷方金额	求和项:借方余额	求和项:贷方余额
7	2021	01	10	向远大公司销售甲产品		258,849.56		258,849.56
8			13	各部门领用原材料	60,000.00		60,000.00	—
9			22	向东方公司销售商品		98,000.00		98,000.00
10			26	分配工资	18,000.00		18,000.00	—
11			28	分配本月制作费用	17,880.00		17,880.00	—
12			29	结转出售商品成本		220,000.00		
13			31	月末结转损益			136,849.56	—
14		01 汇总				56	—	124,120.00
15	2021 汇总					56	—	124,120.00
16	总计				672,729.56	796,849.56	—	124,120.00

求和项:借方金额
值:220,000.00
行:2021 - 01 - 29 - 结转出售商品成本
列:求和项:借方金额

图 3.30　"甲产品"明细账

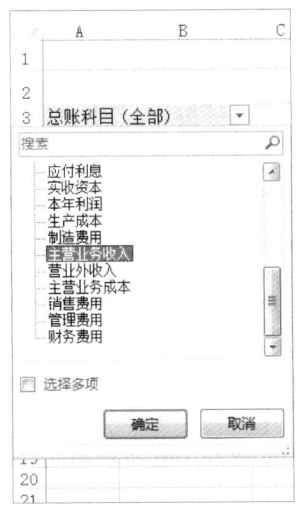

图 3.31　筛选"总账科目"

从图 3.30 可以看出,明细账的显示结果为所有明细科目名称为"甲产品"的科目的明细账。故要查看"主营业务收入——甲产品",需要在筛选器"总账科目"筛选箭头下选择"主营业务收入"科目,如图 3.31 所示,才能正确查看此明细科目的明细账,如图 3.32 所示。

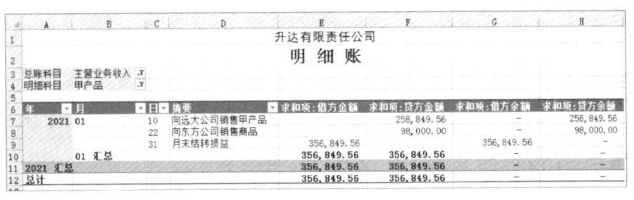

图 3.32　正确查询"主营业务收入——甲产品"明细账

3.3　总分类账的编制

同样,企业可以利用数据透视表,建立总分类账,具体操作步骤如下。

① 选中"会计凭证表"数据清单中任意一个单元格,单击"插入"→"数据透视表",弹出"数据透视表"对话框。"选定区域"默认为"会计凭证表!",区域正确的不需要修改,设置"放置数据透视表的位置"为"新工作表",单击"确定"按钮。

② 在"会计凭证表"前面自动生成一张空白数据透视表,在"数据透视表字段"窗口中,将"年""月"字段添加到"筛选器"区域;将"总账科目""日""摘要"拖到"行"区域;将"借方金额""贷方金额"拖到"值"区域,如图 3.33 所示。

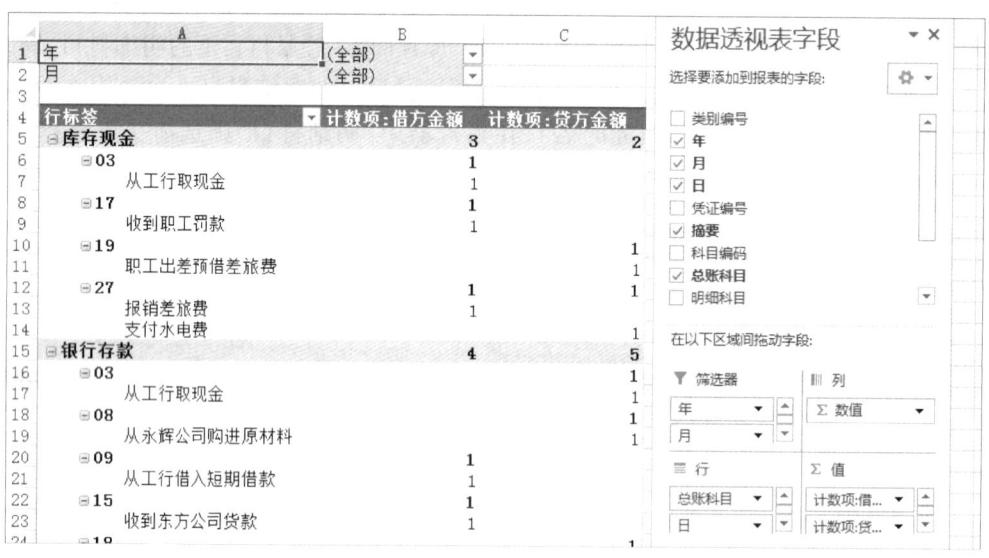

图 3.33　设置数据透视表各字段

③ 单击数据透视表中"计数项:借方金额",打开"值字段设置"对话框。在弹出的"值字段设置"对话框中,选择计算类型为"求和";单击"值字段设置"对话框左下角的"数字格式"按钮,打开"设置单元格格式"对话框,在"分类"下选择"会计专用",右侧小数点位数为"2",货币符号为"无",单击"确定"按钮,在"值字段设置"窗口继续单击"确定"按钮。同理设置"计数项:贷方金额",生成的数据透视表,如图 3.34 所示。

④ 选中数据透视表中任意一个单元格,单击功能区中"数据透视表工具"选项卡中的"设计",选中"报表布局"下拉菜单中的"以表格形式显示",手动调整列宽;选中 B6 单元格,即对"日"的分类汇总单元,单击鼠标右键,选择"分类汇总'日'",将日期汇总删除。得到的数据透视表,如图 3.35 所示。

⑤ 单击功能区中"数据透视表工具"选项卡中的"分析",单击"+/-按钮"命令,删除数据透视表中的分级显示,如图 3.36 所示。

⑥ 增加借方余额字段:单击数据透视表任意一个单元格,选择功能区"数据透视表工具"下"分析"选项卡中"字段、项目和集"按钮,在下拉菜单中选择"计算字段",如图 3.37 所示。

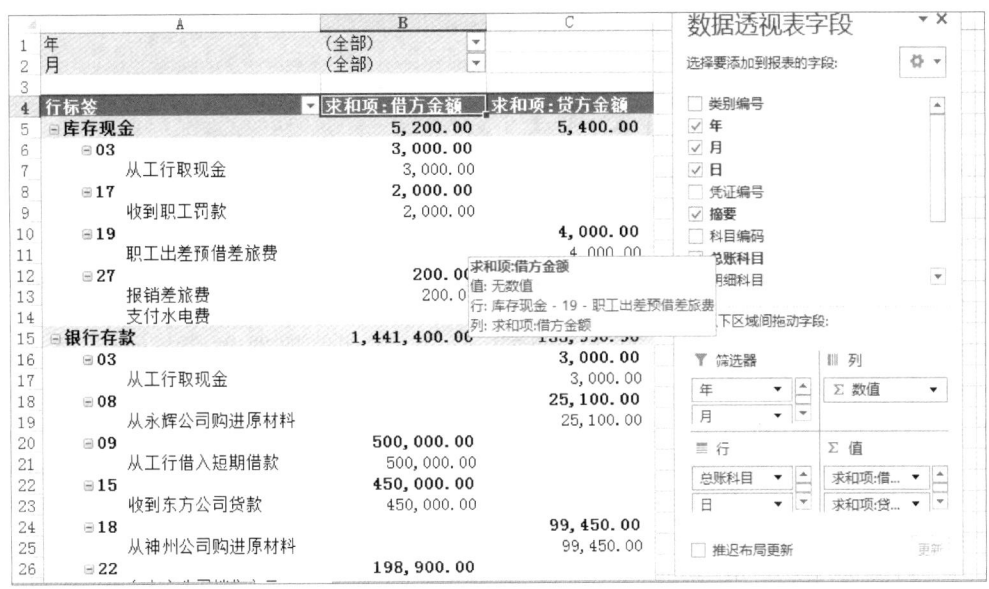

图 3.34　设置值字段后的数据透视表

总账科目	日	摘要	求和项:借方金额	求和项:贷方金额
库存现金	03	从工行取现金	3,000.00	
	17	收到职工罚款	2,000.00	
	19	职工出差预借差旅费		4,000.00
	27	报销差旅费	200.00	
		支付水电费		1,400.00
库存现金　汇总			5,200.00	5,400.00
银行存款	03	从工行取现金		3,000.00
	08	从永辉公司购进原材料		25,100.00
	09	从工行借入短期借款	500,000.00	
	15	收到东方公司货款	450,000.00	
	18	从神州公司购进原材料		99,450.00
	22	向东方公司销售商品	198,900.00	
	24	收到远大公司欠款	292,500.00	
	25	支付广告费		10,000.00
	28	支付上月未交增值税		18,440.90
银行存款　汇总			1,441,400.00	155,990.90
应收账款	10	向远大公司销售甲产品	292,500.00	
	15	收到东方公司货款		450,000.00
	24	收到远大公司欠款		292,500.00
应收账款　汇总			292,500.00	742,500.00
预付账款	08	从永辉公司购进原材料	10,000.00	
预付账款　汇总				10,000.00

年　(全部)　月　(全部)

图 3.35　删除"分类汇总'日'"后的数据透视表

在弹出的"插入计算字段"对话框中,选择"名称栏"输入"借方余额",如图 3.38 所示,在公式栏中输入公式:

$$=IF((借方金额-贷方金额)>0,(借方金额-贷方金额),0)$$

此公式含义为:判断"借方金额-贷方金额"是否大于 0,若大于 0,则为借方余额,金额

	A	B	C	D	E
1	年	(全部) ▼			
2	月	(全部) ▼			
3					
4	总账科目 ▼	日 ▼	摘要 ▼	求和项:借方金额	求和项:贷方金额
5	库存现金	03	从工行取现金	3,000.00	
6		17	收到职工罚款	2,000.00	
7		19	职工出差预借差旅费		4,000.00
8		27	报销差旅费	200.00	
9			支付水电费		1,400.00
10	库存现金 汇总			5,200.00	5,400.00
11	银行存款	03	从工行取现金		3,000.00
12		08	从永辉公司购进原材料		25,100.00
13		09	从工行借入短期借款	500,000.00	
14		15	收到东方公司货款	450,000.00	
15		18	从神州公司购进原材料		99,450.00
16		22	向东方公司销售商品	198,900.00	
17		24	收到远大公司欠款	292,500.00	
18		25	支付广告费		10,000.00
19		28	支付上月未交增值税		18,440.90
20	银行存款 汇总			1,441,400.00	155,990.90
21	应收账款	10	向远大公司销售甲产品	292,500.00	
22		15	收到东方公司货款		450,000.00
23		24	收到远大公司欠款		292,500.00
24	应收账款 汇总			292,500.00	742,500.00
25	预付账款	08	从永辉公司购进原材料		10,000.00

图 3.36 删除分级显示后的数据透视表

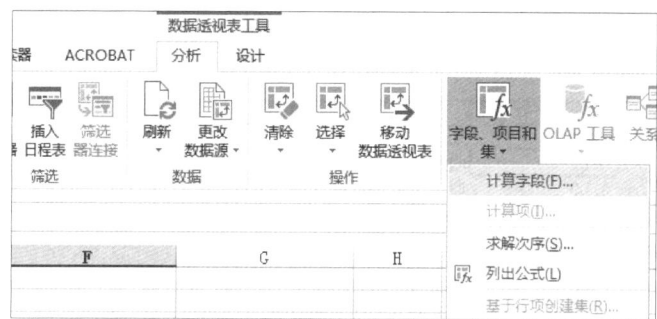

图 3.37 插入"计算字段"

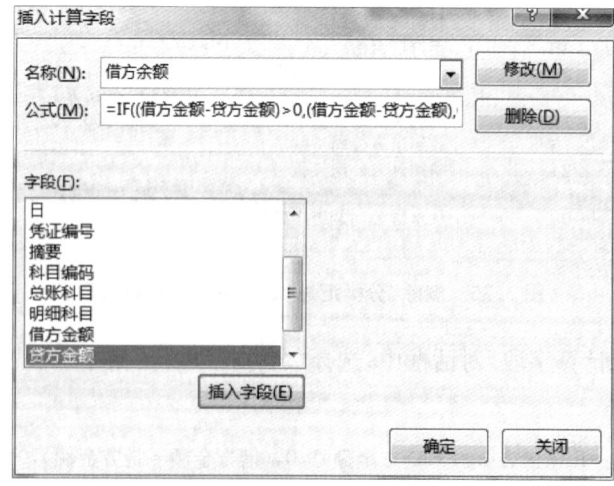

图 3.38 设置"借方余额"计算字段

为"借方金额－贷方金额",否则为贷方余额,借方余额为 0。

　　单击"确定",完成计算字段的设置。需要注意的是,公式中各符号均要在英文状态下输入,公式中出现的字段名称,需要单击字段列表进行插入。

　　同理插入"贷方余额"计算字段,其计算公式为:

$$=IF((借方金额－贷方金额)<0,(贷方金额－借方金额),0)$$

　　插入计算字段后的数据透视表,如图 3.39 所示。

总账科目	日	摘要	求和项:借方金额	求和项:贷方金额	求和项:借方余额	求和项:贷方余额
年	(全部)					
月	(全部)					
库存现金	03	从工行取现金	3,000.00		3,000.00	－
	17	收到职工罚款	2,000.00		2,000.00	－
	19	职工出差预借差旅费		4,000.00	－	4,000.00
	27	报销差旅费	200.00		200.00	－
		支付水电费		1,400.00	－	1,400.00
库存现金 汇总			5,200.00	5,400.00	－	200.00
银行存款	03	从工行取现金		3,000.00	－	3,000.00
	08	从永辉公司购进原材料		25,100.00	－	25,100.00
	09	从工行借入短期借款	500,000.00		500,000.00	－
	15	收到东方公司货款	450,000.00		450,000.00	－
	18	从神州公司购进原材料		99,450.00	－	99,450.00
	22	向东方公司销售商品	198,900.00		198,900.00	－
	24	收到远大公司欠款	292,500.00		292,500.00	－
	25	支付广告费		10,000.00	－	10,000.00
	28	支付上月未交增值税		18,440.90	－	18,440.90
银行存款 汇总			1,441,400.00	155,990.90	1,285,409.10	－

图 3.39　插入计算字段后的数据透视表

　　⑦ 选中第一行行标,插入两行空白行,选择 A1:G1 单元格区域,单击"合并后居中"按钮,在合并后的单元格输入"升达有限责任公司",字体为"黑体",字号为"14";选择 A2:G2 单元格区域,单击"合并后居中"按钮,在合并后的单元格输入"总分类账",字体为"宋体",字号为"20",字形为"加粗",如图 3.40 所示。

总账科目	日	摘要	求和项:借方金额	求和项:贷方金额	求和项:借方余额	求和项:贷方余额
		升达有限责任公司				
		总分类账				
年	(全部)					
月	(全部)					
库存现金	03	从工行取现金	3,000.00		3,000.00	－
	17	收到职工罚款	2,000.00		2,000.00	－
	19	职工出差预借差旅费		4,000.00	－	4,000.00
	27	报销差旅费	200.00		200.00	－
		支付水电费		1,400.00	－	1,400.00
库存现金 汇总			5,200.00	5,400.00	－	200.00
银行存款	03	从工行取现金		3,000.00	－	3,000.00
	08	从永辉公司购进原材料		25,100.00	－	25,100.00
	09	从工行借入短期借款	500,000.00		500,000.00	－
	15	收到东方公司货款	450,000.00		450,000.00	－
	18	从神州公司购进原材料		99,450.00	－	99,450.00
	22	向东方公司销售商品	198,900.00		198,900.00	－
	24	收到远大公司欠款	292,500.00		292,500.00	－
	25	支付广告费		10,000.00	－	10,000.00
	28	支付上月未交增值税		18,440.90	－	18,440.90
银行存款 汇总			1,441,400.00	155,990.90	1,285,409.10	－
应收账款	10	向远大公司销售甲产品	292,500.00		292,500.00	－
	15	收到东方公司货款		450,000.00	－	450,000.00
	24	收到远大公司欠款		292,500.00	－	292,500.00

图 3.40　设置总分类账名称

⑧ 将本页工作表重命名为"总分类账",并将其位置移到"明细分类账"之后。

如仅想查看某一总账科目的信息,可选择总账科目字段,即 A6 单元格右侧的筛选按钮,选择想查看的总账科目,如"应收账款"科目,如图 3.41 所示,单击确定。此时得到的总分类账,如图 3.42 所示。

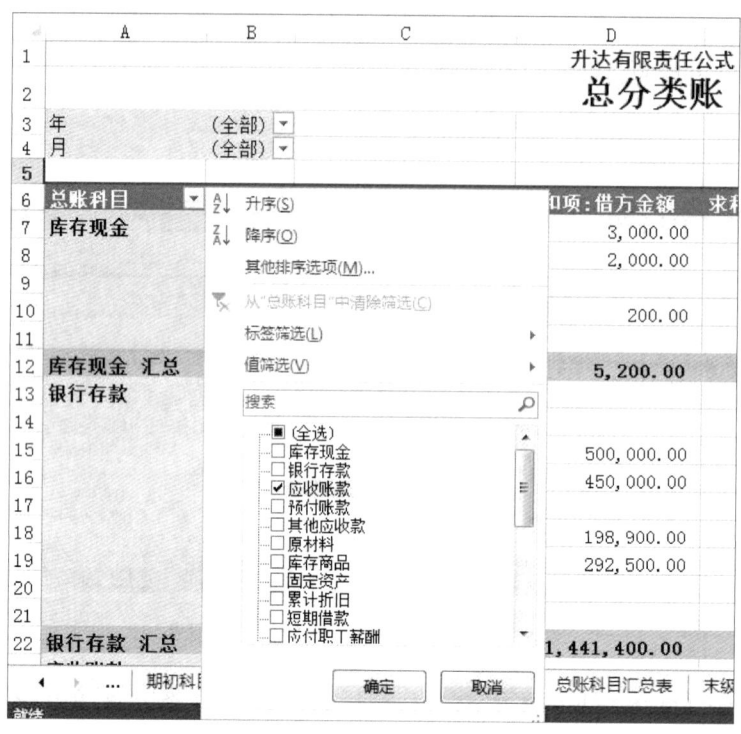

图 3.41 选择总账科目

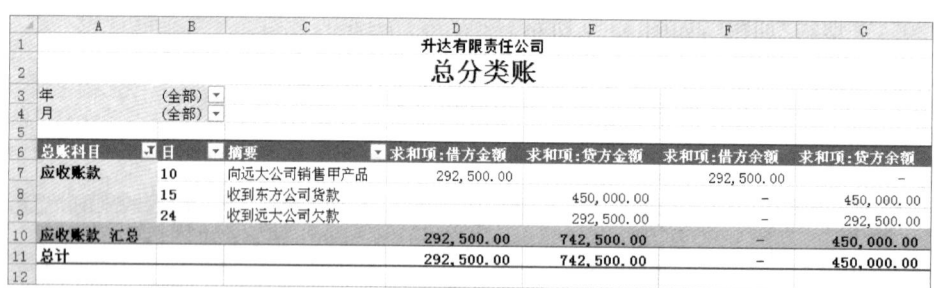

图 3.42 单独显示"应收账款"科目总分类账

实战演练

(1) 以任务 2 实战演练完成的会计凭证表为数据源,编制现金日记账。

(2) 以任务 2 实战演练完成的会计凭证表为数据源,利用数据透视表功能,编制明细分类账。

(3) 以任务 2 实战演练完成的会计凭证表为数据源,利用数据透视表功能,编制总分类账。

任务 4　Excel 在财务报表中的应用

学习目标 ▶

（1）了解财务报表的定义、分类等相关理论。

（2）掌握 Excel 环境下资产负债表的编制方法，学会应用跨页数据的录入和 SUMIF 函数完成资产负债表的编制。

（3）掌握利润表的编制方法以及利润表与资产负债表的钩稽关系。

（4）理解现金流量表的数据来源，学会利用数据验证、定义名称和 SUMIF 函数完成现金流量表的编制。

（5）学会利用 Excel 工具完成所有者权益变动表的编制。

思政目标 ▶

（1）利用 Excel 编制财务报表时，应树立正确的人生观和价值观，坚守会计诚信、不做假账。

（2）培养学生严谨的专业精神和科学的研究态度，以及遵纪守法、开拓创新的职业素养。

财务报表是以会计准则为规范编制，根据会计记录，经过汇总整理后，反映会计主体财务状况和经营成果的会计报表。财务报表包括资产负债表、利润表、现金流量表、所有者权益变动表和报表附注。

4.1　编制资产负债表

资产负债表是反映企业某一特定日期资产、负债和所有者权益的会计报表，属于静态报表，是企业会计报表中的主要报表。

4.1.1　设置资产负债表格式

资产负债表一般采用账户式结构，分为左右两方，左方为资产，右方为负债和所有者权益。资产负债表左右双方平衡，资产总计等于负债和所有者权益总计，即"资产＝负债＋所有者权益"。

具体操作步骤如下。

① 打开"会计核算"工作簿，单击"总账科目余额表"后面的"新工作表"按钮 ⊕ ，增加一张新的工作表，将其重命名为"资产负债表"。

② 选中 A1:F1 单元格区域，单击"合并后居中"按钮。在 A1 单元格输入"资产负债表"，并单击加粗按钮。

③ 使用相同的方法，并参照资产负债表基本格式，如图 4.1 所示，在每个单元格输入指定的内容。

资产负债表					
编制单位：升达有限责任公司		20X2/1/31			单位：元
资产	期末余额	年初余额	负债和所有者权益	期末余额	年初余额
流动资产：			流动负债：		
货币资金			短期借款		
交易性金融资产			交易性金融负债		
衍生金融资产			衍生金融负债		
应收票据			应付票据		
应收账款			应付账款		
应收项融资			预收款项		
预付款项			合同负债		
其他应收款			应付职工薪酬		
存货			应交税费		
合同资产			其他应付款		
持有待售资产			持有待售负债		
一年内到期的非流动资产			一年内到期的非流动负债		
其他流动资产			其他流动负债		
流动资产合计			流动负债合计		
非流动资产：			非流动负债：		
债权投资			长期借款		
其他债权投资			应付债券		
长期应收款			其中：优先股		
长期股权投资			永续股		
其他权益工具投资			租赁负债		
其他非流动金融资产			长期应付款		
投资性房地产			预计负债		
固定资产			递延收益		
在建工程			递延所得税负债		
生产性生物资产			其他非流动负债		
油气资产			非流动负债合计		
使用权资产			负债合计		
无形资产			所有者权益（或股东权益）：		
开发支出			实收资本（或股本）		
商誉			其他权益工具		
长期待摊费用			其中：优先股		
递延所得税资产			永续股		
其他非流动资产			资本公积		
非流动资产合计			减：库存股		
			其他综合收益		
			专项储备		
			盈余公积		
			未分配利润		
			所有者权益（或股东权益）合计		
资产总计			负债和所有者权益（或股东权益）总计		

图 4.1　资产负债表

④ 选中 A3:F36 单元格区域并右击，在弹出的快捷菜单中选择"设置单元格格式"命令。

⑤ 将打开的对话框切换到"边框"选项卡，选择如图 4.2 所示的边框样式，然后单击"确定"按钮。

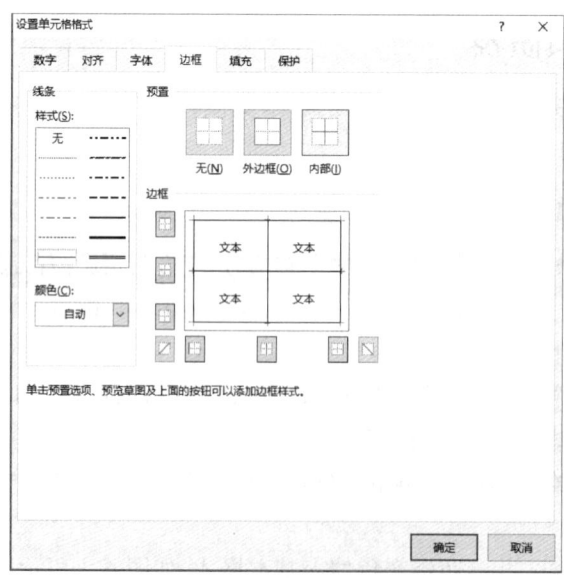

图 4.2　设置单元格的边框格式

⑥ 设置边框格式后的资产负债表,如图 4.3 所示。

资产负债表					
编制单位:升达有限责任公司			20X2/1/31		单位:元
资产	期末余额	年初余额	负债和所有者权益	期末余额	年初余额
流动资产:			流动负债:		
货币资金			短期借款		
交易性金融资产			交易性金融负债		
衍生金融资产			衍生金融负债		
应收票据			应付票据		
应收账款			应付账款		
应收款项融资			预收款项		
预付款项			合同负债		
其他应收款			应付职工薪酬		
存货			应交税费		
合同资产			其他应付款		
持有待售资产			持有待售负债		
一年内到期的非流动资产			一年内到期的非流动负债		
其他流动资产			其他流动负债		
流动资产合计			流动负债合计		
非流动资产:			非流动负债:		
债权投资			长期借款		
其他债权投资			应付债券		
长期应收款			其中:优先股		
长期股权投资			永续股		
其他权益工具投资			租赁负债		
其他非流动金融资产			长期应付款		
投资性房地产			预计负债		
固定资产			递延收益		
在建工程			递延所得税负债		
生产性生物资产			其他非流动负债		
油气资产			非流动负债合计		
使用权资产			负债合计		
无形资产			所有者权益(或股东权益):		
开发支出			实收资本(或股本)		
商誉			其他权益工具		
长期待摊费用			其中:优先股		
递延所得税资产			永续股		
其他非流动资产			资本公积		
非流动资产合计			减:库存股		
			其他综合收益		
			专项储备		
			盈余公积		
			未分配利润		
			所有者权益(或股东权益)合计		
资产总计			负债和所有者权益(或股东权益)总计		

图 4.3　设置边框格式后的资产负债表

4.1.2　填制资产负债表

在生成科目余额表的基础上,可以通过公式自动计算填制资产负债表。在编制资产负债表时,表中"年初余额"栏内各项数字,应根据上年末资产负债表"期末余额"栏内所列数字填列。如果本年度资产负债表规定的各项目的名称和内容与上年度不一致,应对上年末资产负债表各项目的名称和金额按照本年度的规定进行调整,填入表中"年初余额"栏内。资产负债表各项目的"期末余额"栏内各项数字,根据总分类账户及其有关的明细分类账户的余额直接或分析计算后填列。

资产负债表各项目的数据来源方式有以下五种:

方式一:根据总账科目余额直接填列。如交易性金融资产、应收票据、短期借款等。

方式二:根据总账科目余额计算填列。如货币资金＝库存现金＋银行存款＋其他货币资金。

方式三:根据明细科目余额计算填列。如应收账款、预收账款、应付账款、预付款项等。

方式四:根据总账科目和明细账科目的期末余额计算填列,如长期借款、应付债券等。

方式五:根据科目余额减去其备抵项目后的净额填列,如应收账款、持有至到期投资、固定资产和无形资产等。

依照项目的数据来源方式,可以采用数据链接直接引用的方式,引用科目余额表等工作表的相关数据进行资产负债表的编制,也可以采用 SUMIF 函数和 VLOOKUP 函数等函数间接调用科目余额表等工作表的相关数据来填制资产负债表。

1. 计算"货币资金"项目的"年初余额"与"期末余额"

具体操作步骤如下。

① 打开"资产负债表",选中 C5 单元格,输入"＝"。打开"总账科目余额表",选择 C3、C4、C5 单元格相加,如图 4.4 所示。按"Enter"键,即可求出"货币资金"项目的"年初余额",如图 4.5 所示,即:货币资金＝库存现金＋银行存款＋其他货币资金。

C5		× ✓ fx	=总账科目余额表!C3+总账科目余额表!C4+总账科目余额表!C5				
	A	B	C	D	E	F	G	H
1				总账科目余额表				
2	科目编码	总账科目	期初借方余额	期初贷方余额	本期借方发生额	本期贷方发生额	期末借方余额	期末贷方余额
3	1001	库存现金	6,200.00	–	5,200.00	5,400.00	6,000.00	–
4	1002	银行存款	747,460.00	–	1,441,400.00	155,990.90	2,032,869.10	–
5	1012	其他货币资金	–	–	–	–	–	–
6	1121	应收票据	–	–	–	–	–	–
7	1122	应收账款	550,000.00	–	292,500.00	742,500.00	100,000.00	–
8	1123	预付账款	20,000.00	–	–	10,000.00	10,000.00	–
9	1221	其他应收款	3,000.00	–	4,000.00	4,000.00	3,000.00	–
10	1403	原材料	38,329.55	–	115,000.00	110,000.00	43,329.55	–

图 4.4　总账科目余额表

C5		× ✓ fx	=总账科目余额表!C3+总账科目余额表!C4+总账科目余额表!C5		
	A	B	C	D	E	F
1			资产负债表			
2	编制单位:升达有限责任公司			20X2/1/31		单位:元
3	资产	期末余额	年初余额	负债和所有者权益	期末余额	年初余额
4	流动资产:			流动负债:		
5	货币资金		753,660.00	短期借款		
6	交易性金融资产			交易性金融负债		
7	衍生金融资产			衍生金融负债		
8	应收票据			应付票据		

图 4.5　计算"货币资金"项目的"年初余额"

注:本案例是 20×2 年年初建账,各资产负债表项目的年初数即 20×2 年 1 月的期初数。

② 选中 B5 单元格,输入公式"＝总账科目余额表! G3＋总账科目余额表! G4＋总账科目余额表! G5",按"Enter"键,即可求出"货币资金"项目的"期末余额",如图 4.6 所示。

B5		× ✓ fx	=总账科目余额表!G3+总账科目余额表!G4+总账科目余额表!G5		
	A	B	C	D	E	F
1			资产负债表			
2	编制单位:升达有限责任公司			20X2/1/31		单位:元
3	资产	期末余额	年初余额	负债和所有者权益	期末余额	年初余额
4	流动资产:			流动负债:		
5	货币资金	2,038,869.10	753,660.00	短期借款		
6	交易性金融资产			交易性金融负债		
7	衍生金融资产			衍生金融负债		
8	应收票据			应付票据		
9	应收账款			应付账款		

图 4.6　计算"货币资金"项目的"期末余额"

2. 计算"应收票据"项目的"年初余额"与"期末余额"

具体操作步骤如下。

① 打开"资产负债表",选中 C8 单元格,输入"＝",打开"总账科目余额表",选择 C6 单元格,按"Enter"键,即可求出"应收票据"项目的"年初余额",如图 4.7 所示。

② 选中 B8 单元格,输入公式"＝总账科目余额表! G6",按"Enter"键,即可求出"应收票据"项目的"期末余额",如图 4.8 所示。

	C8	fx	=总账科目余额表!C6	
	A		B	C
1				资产负
2	编制单位:升达有限责任公司			
3	资产		期末余额	年初余额
4	流动资产:			
5	货币资金		2,038,869.10	753,660.00
6	交易性金融资产			
7	衍生金融资产			
8	应收票据			—
9	应收账款			

	B8	fx	=总账科目余额表!G6	
	A		B	C
1				资产f
2	编制单位:升达有限责任公司			
3	资产		期末余额	年初余额
4	流动资产:			
5	货币资金		2,038,869.10	753,660.00
6	交易性金融资产			
7	衍生金融资产			
8	应收票据		—	—
9	应收账款			

图 4.7　计算"应收票据"项目的"年初余额"　　图 4.8　计算"应收票据"项目的"期末余额"

3. 计算"应收账款"项目的"年初余额"与"期末余额"

具体操作步骤如下。

"应收账款"项目的"年初余额"与"期末余额"应根据末级科目余额表计算填列。即:"应收账款"项目"年初余额"＝应收账款各明细科目年初借方余额合计＋预收账款各明细科目年初借方余额合计－坏账准备年初贷方余额。

微课 4-1

"应收账款"项目"期末余额"＝应收账款各明细科目期末借方余额合计＋预收账款各明细科目期末借方余额合计－坏账准备期末贷方余额。

注:本案例假定企业不计提"坏账准备"。

① 打开"资产负债表",选中 C9 单元格,输入公式"＝SUMIF(末级科目余额表! B:B,"应收账款",末级科目余额表! D:D)＋SUMIF(末级科目余额表! B:B,"预收账款",末级科目余额表! D:D)",按"Enter"键,即可求出"应收账款"项目的"年初余额",如图 4.9 所示。

	C9	fx	=SUMIF(末级科目余额表!B:B,"应收账款",末级科目余额表!D:D)+SUMIF(末级科目余额表!B:B,"预收账款",末级科目余额表!D:D)			
	A	B	C	D	E	F
1			资产负债表			
2	编制单位:升达有限责任公司		20X2/1/31			单位:元
3	资产	期末余额	年初余额	负债和所有者权益	期末余额	年初余额
4	流动资产:			流动负债:		
5	货币资金	2,038,869.10	753,660.00	短期借款		
6	交易性金融资产			交易性金融负债		
7	衍生金融资产			衍生金融负债		
8	应收票据	—	—	应付票据		
9	应收账款		550,000.00	应付账款		
10	应收款项融资			预收款项		
11	预付款项			合同负债		

图 4.9　计算"应收账款"项目的"年初余额"

② 选中 B9 单元格,输入公式"＝SUMIF(末级科目余额表! B:B,"应收账款",末级科目余额表! H:H)＋SUMIF(末级科目余额表! B:B,"预收账款",末级科目余额表! H:H)",按"Enter"键,即可求出"应收账款"项目的"期末余额",如图 4.10 所示。

B9   =SUMIF(末级科目余额表!B:B,"应收账款",末级科目余额表!H:H)+SUMIF(末级科目余额表!B:B,"预收账款",末级科目余额表!H:H)

	A	B	C	D	E	F
1				资产负债表		
2	编制单位：升达有限责任公司			20X2/1/31		单位：元
3	资产	期末余额	年初余额	负债和所有者权益	期末余额	年初余额
4	流动资产：			流动负债：		
5	货币资金	2,038,869.10	753,660.00	短期借款		
6	交易性金融资产			交易性金融负债		
7	衍生金融资产			衍生金融负债		
8	应收票据	−	−	应付票据		
9	应收账款	100,000.00	550,000.00	应付账款		
10	应收款项融资			预收款项		
11	预付款项			合同负债		

图 4.10　计算"应收账款"项目的"期末余额"

注："应收账款"利用 SUMIF 函数间接调用"末级科目余额表"的相关数据进行公式的定义,下面"预付款项""应付账款""预收账款"等项目的公式设置类同。

4. 计算"预付款项"项目的"年初余额"与"期末余额"

具体操作步骤如下。

① 打开"资产负债表",选中 C11 单元格,输入公式"＝SUMIF(末级科目余额表! B:B,"应付账款",末级科目余额表! D:D)＋SUMIF(末级科目余额表! B:B,"预付款项",末级科目余额表! D:D)",按"Enter"键,即可求出"预付款项"项目的"年初余额",如图 4.11 所示。

C11   =SUMIF(末级科目余额表!B:B,"应付账款",末级科目余额表!D:D)+SUMIF(末级科目余额表!B:B,"预付账款",末级科目余额表!D:D)

	A	B	C	D	E	F
1				资产负债表		
2	编制单位：升达有限责任公司			20X2/1/31		单位：元
3	资产	期末余额	年初余额	负债和所有者权益	期末余额	年初余额
4	流动资产：			流动负债：		
5	货币资金	2,038,869.10	753,660.00	短期借款		
6	交易性金融资产			交易性金融负债		
7	衍生金融资产			衍生金融负债		
8	应收票据	−	−	应付票据		
9	应收账款	100,000.00	550,000.00	应付账款		
10	应收款项融资			预收款项		
11	预付款项		20,000.00	合同负债		
12	其他应收款			应付职工薪酬		

图 4.11　计算"预付款项"项目的"年初余额"

② 选中 B11 单元格,输入公式"＝SUMIF(末级科目余额表! B:B,"应付账款",末级科目余额表! H:H)＋SUMIF(末级科目余额表! B:B,"预付款项",末级科目余额表! H:H)",按"Enter"键,即可求出"预付款项"项目的"期末余额",如图 4.12 所示。

B11   =SUMIF(末级科目余额表!B:B,"应付账款",末级科目余额表!H:H)+SUMIF(末级科目余额表!B:B,"预收账款",末级科目余额表!H:H)

	A	B	C	D	E	F
1				资产负债表		
2	编制单位：升达有限责任公司			20X2/1/31		单位：元
3	资产	期末余额	年初余额	负债和所有者权益	期末余额	年初余额
4	流动资产：			流动负债：		
5	货币资金	2,038,869.10	753,660.00	短期借款		
6	交易性金融资产			交易性金融负债		
7	衍生金融资产			衍生金融负债		
8	应收票据	−	−	应付票据		
9	应收账款	100,000.00	550,000.00	应付账款		
10	应收款项融资			预收款项		
11	预付款项	10,000.00	20,000.00	合同负债		
12	其他应收款			应付职工薪酬		

图 4.12　计算"预付款项"项目的"期末余额"

5. 计算"其他应收款"项目的"年初余额"与"期末余额"

"其他应收款"项目应根据"应收利息""应收股利"和"其他应收款"科目的期末余额合计数减去"坏账准备"科目中相关坏账准备期末余额后的余额填列。具体操作步骤如下。

① 打开"资产负债表",选中 C12 单元格,输入公式"=总账科目余额表！C9",按"Enter"键,即可求出"其他应收款"项目的"年初余额",如图 4.13 所示。

② 选中 B12 单元格,输入公式"=总账科目余额表！G9",按"Enter"键,即可求出"其他应收款"项目的"期末余额",如图 4.14 所示。

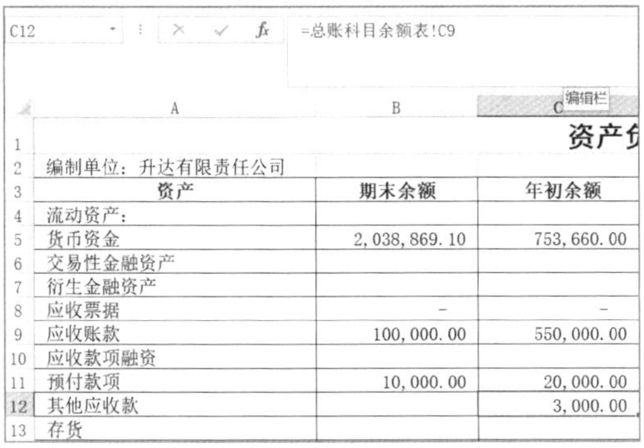

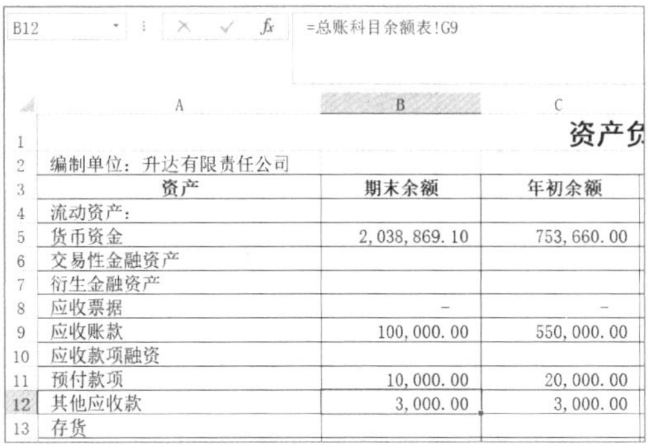

图 4.13　计算"其他应收款"项目的"年初余额"　　**图 4.14　计算"其他应收款"项目的"期末余额"**

6. 计算"存货"项目的"年初余额"与"期末余额"

具体操作步骤如下。

① 打开"资产负债表",选中 C13 单元格,输入公式"=总账科目余额表！C10＋总账科目余额表！C11＋总账科目余额表！C31＋总账科目余额表！C32",按"Enter"键,即可求出"存货"项目的"年初余额",如图 4.15 所示。

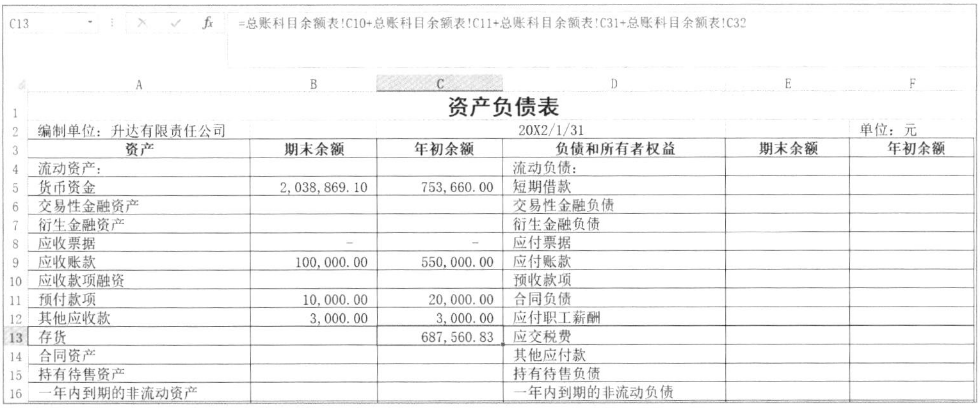

图 4.15　计算"存货"项目的"年初余额"

② 选中 B13 单元格,输入公式"=总账科目余额表！G10＋总账科目余额表！G11＋总账科目余额表！G31＋总账科目余额表！G32",按"Enter"键,即可求出"存货"项目的"期末余额",如图 4.16 所示。

B13 · × ✓ fx =总账科目余额表!G10+总账科目余额表!G11+总账科目余额表!G31+总账科目余额表!G32

	A	B	C	D	E	F
1				资产负债表		
2	编制单位：升达有限责任公司			20X2/1/31		单位：元
3	资产	期末余额	年初余额	负债和所有者权益	期末余额	年初余额
4	流动资产：			流动负债：		
5	货币资金	2,038,869.10	753,660.00	短期借款		
6	交易性金融资产			交易性金融负债		
7	衍生金融资产			衍生金融负债		
8	应收票据		—	应付票据		
9	应收账款	100,000.00	550,000.00	应付账款		
10	应收款项融资			预收款项		
11	预付款项	10,000.00	20,000.00	合同负债		
12	其他应收款	3,000.00	3,000.00	应付职工薪酬		
13	存货	594,360.83	687,560.83	应交税费		
14	合同资产			其他应付款		
15	持有待售资产			持有待售负债		
16	一年内到期的非流动资产			一年内到期的非流动负债		

图 4.16 计算"存货"项目的"期末余额"

7. 计算"流动资产合计"项目的"年初余额"与"期末余额"

具体操作步骤如下。

① 打开"资产负债表"，选中 C18 单元格，输入公式"＝SUM(C5：C17)"，按"Enter"键，即可求出"流动资产合计"项目的"年初余额"，如图 4.17 所示。

② 选中 B18 单元格，输入公式"＝SUM(B5：B17)"，按"Enter"键，即可求出"流动资产合计"项目的"期末余额"，如图 4.18 所示。

C18 · × ✓ fx =SUM(C5:C17)

	A	B	C
1			资产负
2	编制单位：升达有限责任公司		
3	资产	期末余额	年初余额
4	流动资产：		
5	货币资金	2,038,869.10	753,660.00
6	交易性金融资产		
7	衍生金融资产		
8	应收票据		
9	应收账款	100,000.00	550,000.00
10	应收款项融资		
11	预付款项	10,000.00	20,000.00
12	其他应收款	3,000.00	3,000.00
13	存货	594,360.83	687,560.83
14	合同资产		
15	持有待售资产		
16	一年内到期的非流动资产		
18	流动资产合计		2,014,220.83

B18 · × ✓ fx =SUM(B5:B17)

	A	B	C
1			资产负
2	编制单位：升达有限责任公司		
3	资产	期末余额	年初余额
4	流动资产：		
5	货币资金	2,038,869.10	753,660.00
6	交易性金融资产		
7	衍生金融资产		
8	应收票据		
9	应收账款	100,000.00	550,000.00
10	应收款项融资		
11	预付款项	10,000.00	20,000.00
12	其他应收款	3,000.00	3,000.00
13	存货	594,360.83	687,560.83
14	合同资产		
15	持有待售资产		
16	一年内到期的非流动资产		
17	其他流动资产		
18	流动资产合计	2,746,229.93	2,014,220.83

图4.17 计算"流动资产合计"项目的"年初余额" **图4.18 计算"流动资产合计"项目的"期末余额"**

8. 计算"固定资产"项目的"年初余额"与"期末余额"

具体操作步骤如下。

① 打开"资产负债表"，选中 C27 单元格，输入公式"＝总账科目余额表！C12－总账科目余额表！D13"，按"Enter"键，即可求出"固定资产"项目的"年初余额"，如图 4.19 所示。

C27 · × ✓ fx =总账科目余额表!C12-总账科目余额表!D13

	A	B	C	D	E	F
2	编制单位：升达有限责任公司			20X2/1/31		单位：元
3	资产	期末余额	年初余额	负债和所有者权益	期末余额	年初余额
4	流动资产：			流动负债：		
5	货币资金	2,038,869.10	753,660.00	短期借款		
6	交易性金融资产			交易性金融负债		
7	衍生金融资产			衍生金融负债		
8	应收票据		—	应付票据		
9	应收账款	100,000.00	550,000.00	应付账款		
10	应收款项融资			预收款项		
11	预付款项	10,000.00	20,000.00	合同负债		
12	其他应收款	3,000.00	3,000.00	应付职工薪酬		
13	存货	594,360.83	687,560.83	应交税费		
14	合同资产			其他应付款		
15	持有待售资产			持有待售负债		
16	一年内到期的非流动资产			一年内到期的非流动负债		
17	其他流动资产			其他流动负债		
18	流动资产合计	2,746,229.93	2,014,220.83	流动负债合计		
27	固定资产		278,389.18	递延收益		

图 4.19 计算"固定资产"项目的"年初余额"

② 选中 B27 单元格,输入公式"＝总账科目余额表！G12－总账科目余额表！H13",按"Enter"键,即可求出"固定资产"项目的"期末余额",如图 4.20 所示。

图 4.20　计算"固定资产"项目的"期末余额"

9. 计算"无形资产"项目的"年初余额"与"期末余额"

具体操作步骤如下。

① 打开"资产负债表",选中 C32 单元格,输入公式"＝总账科目余额表！C16－总账科目余额表！D17",按"Enter"键,即可求出"无形资产"项目的"年初余额",如图 4.21 所示。

图 4.21　计算"无形资产"项目的"年初余额"

② 选中 B32 单元格,输入公式"＝总账科目余额表！G16－总账科目余额表！H17",按"Enter"键,即可求出"无形资产"项目的"期末余额",如图 4.22 所示。

图 4.22　计算"无形资产"项目的"期末余额"

10. 计算"非流动资产合计"项目的"年初余额"与"期末余额"

具体操作步骤如下。

① 打开"资产负债表",选中 C38 单元格,输入公式"=SUM(C20:C37)",按"Enter"键,即可求出"非流动资产合计"项目的"年初余额",如图 4.23 所示。

② 选中 B38 单元格,输入公式"=SUM(B20:B37)",按"Enter"键,即可求出"非流动资产合计"项目的"期末余额",如图 4.24 所示。

C38 =SUM(C20:C37)

	A	B	C
1			资产负
2	编制单位：升达有限责任公司		
3	资产	期末余额	年初余额
4	流动资产：		
5	货币资金	2,038,869.10	753,660.00
6	交易性金融资产		
7	衍生金融资产		
8	应收票据	-	-
9	应收账款	100,000.00	550,000.00
10	应收款项融资		
14	合同资产		
15	持有待售资产		
16	一年内到期的非流动资产		
17	其他流动资产		
18	流动资产合计	2,746,229.93	2,014,220.83
32	无形资产	1,350,000.00	1,350,000.00
37	其他非流动资产		
38	非流动资产合计		1,628,389.18

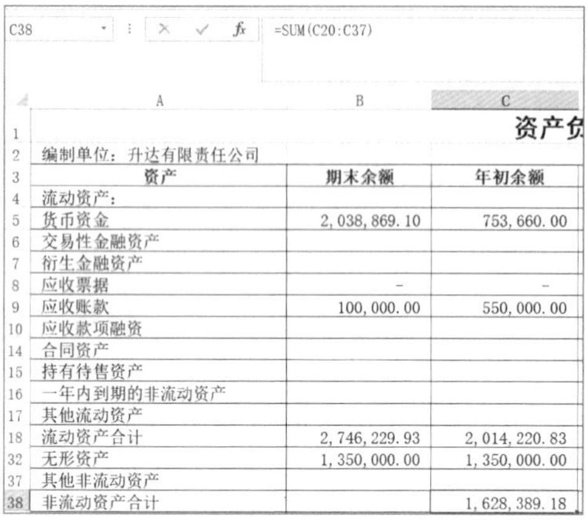

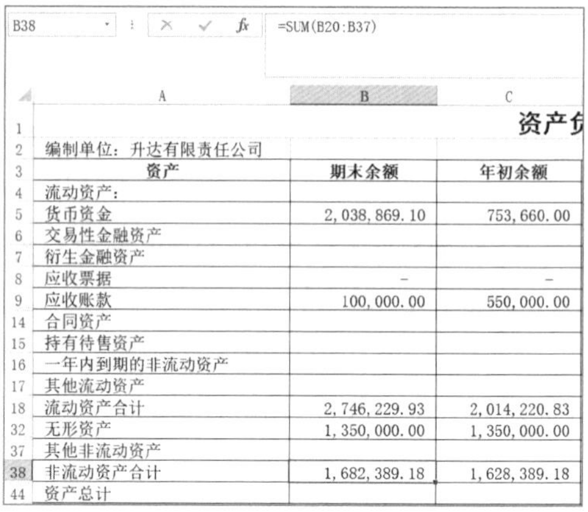

图 4.23 计算"非流动资产合计"项目的"年初余额"

B38 =SUM(B20:B37)

	A	B	C
1			资产负
2	编制单位：升达有限责任公司		
3	资产	期末余额	年初余额
4	流动资产：		
5	货币资金	2,038,869.10	753,660.00
6	交易性金融资产		
7	衍生金融资产		
8	应收票据	-	-
9	应收账款	100,000.00	550,000.00
14	合同资产		
15	持有待售资产		
16	一年内到期的非流动资产		
17	其他流动资产		
18	流动资产合计	2,746,229.93	2,014,220.83
32	无形资产	1,350,000.00	1,350,000.00
37	其他非流动资产		
38	非流动资产合计	1,682,389.18	1,628,389.18
44	资产总计		

图 4.24 计算"非流动资产合计"项目的"期末余额"

11. 计算"资产总计"项目的"年初余额"与"期末余额"

具体操作步骤如下。

① 打开"资产负债表",选中 C44 单元格,输入公式"=C18+C38",按"Enter"键,即可求出"资产总计"项目的"年初余额",如图 4.25 所示。

② 选中 B44 单元格,输入公式"=B18+B38",按"Enter"键,即可求出"资产总计"项目的"期末余额",如图 4.26 所示。

C44 =C18+C38

	A	B	C
1			资产负
2	编制单位：升达有限责任公司		
3	资产	期末余额	年初余额
4	流动资产：		
5	货币资金	2,038,869.10	753,660.00
6	交易性金融资产		
7	衍生金融资产		
8	应收票据	-	-
9	应收账款	100,000.00	550,000.00
14	合同资产		
15	持有待售资产		
16	一年内到期的非流动资产		
17	其他流动资产		
18	流动资产合计	2,746,229.93	2,014,220.83
32	无形资产	1,350,000.00	1,350,000.00
37	其他非流动资产		
38	非流动资产合计	1,682,389.18	1,628,389.18
44	资产总计		3,642,610.01

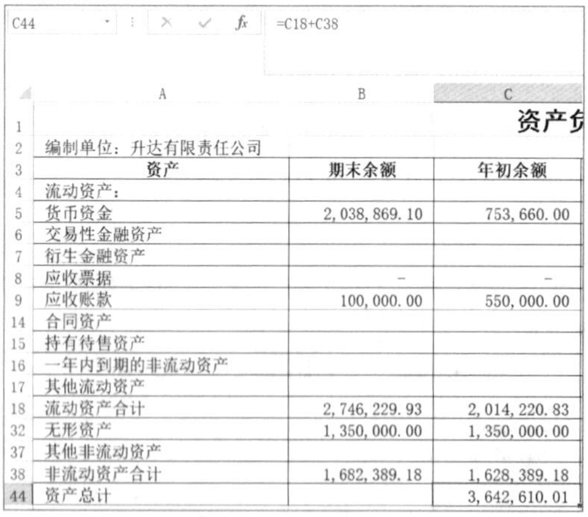

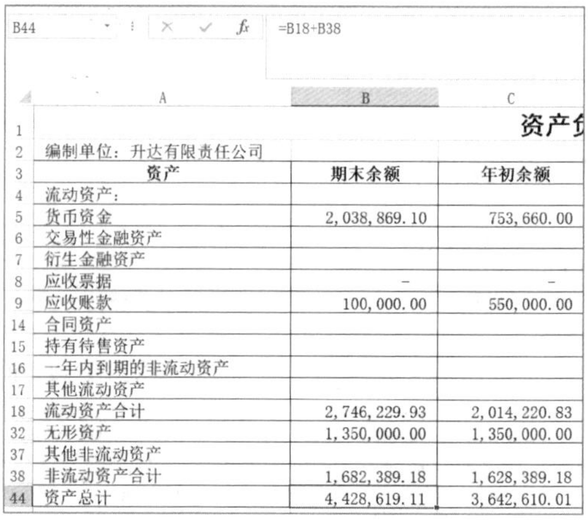

图 4.25 计算"资产总计"项目的"年初余额"

B44 =B18+B38

	A	B	C
1			资产负
2	编制单位：升达有限责任公司		
3	资产	期末余额	年初余额
4	流动资产：		
5	货币资金	2,038,869.10	753,660.00
6	交易性金融资产		
7	衍生金融资产		
8	应收票据	-	-
9	应收账款	100,000.00	550,000.00
14	合同资产		
15	持有待售资产		
16	一年内到期的非流动资产		
17	其他流动资产		
18	流动资产合计	2,746,229.93	2,014,220.83
32	无形资产	1,350,000.00	1,350,000.00
37	其他非流动资产		
38	非流动资产合计	1,682,389.18	1,628,389.18
44	资产总计	4,428,619.11	3,642,610.01

图 4.26 计算"资产总计"项目的"期末余额"

12. 计算"短期借款"项目的"年初余额"与"期末余额"

具体操作步骤如下。

①打开"资产负债表",选中 F5 单元格,输入公式"＝总账科目余额表！D19",按"Enter"键,即可求出"短期借款"项目的"年初余额",如图 4.27 所示。

②选中 E5 单元格,输入公式"＝总账科目余额表！H19",按"Enter"键,即可求出"短期借款"项目的"期末余额",如图 4.28 所示。

图 4.27　计算"短期借款"项目的"年初余额"	图 4.28　计算"短期借款"项目的"期末余额"

13. 计算"应付账款"项目的"年初余额"与"期末余额"

具体操作步骤如下。

①打开"资产负债表",选中 F9 单元格,输入公式"＝SUMIF(末级科目余额表！B:B,"应付账款",末级科目余额表！E:E)＋SUMIF(末级科目余额表！B:B,"预付账款",末级科目余额表！E:E)",按"Enter"键,即可求出"应付账款"项目的"年初余额",如图 4.29 所示。

图 4.29　计算"应付账款"项目的"年初余额"

②选中 E9 单元格,输入公式"＝SUMIF(末级科目余额表！B:B,"应付账款",末级科目余额表！I:I)＋SUMIF(末级科目余额表！B:B,"预付账款",末级科目余额表！I:I)",按"Enter"键,即可求出"应付账款"项目的"期末余额",如图 4.30 所示。

图 4.30　计算"应付账款"项目的"期末余额"

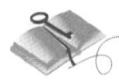

14. 计算“预收款项”项目的“年初余额”与“期末余额”

具体操作步骤如下。

① 打开“资产负债表”，选中 F10 单元格，输入公式“=SUMIF(末级科目余额表！B:B,"应收账款",末级科目余额表！E:E)+SUMIF(末级科目余额表！B:B,"预收账款",末级科目余额表！E:E)”，按“Enter”键，即可求出“预收款项”项目的“年初余额”，如图 4.31 所示。

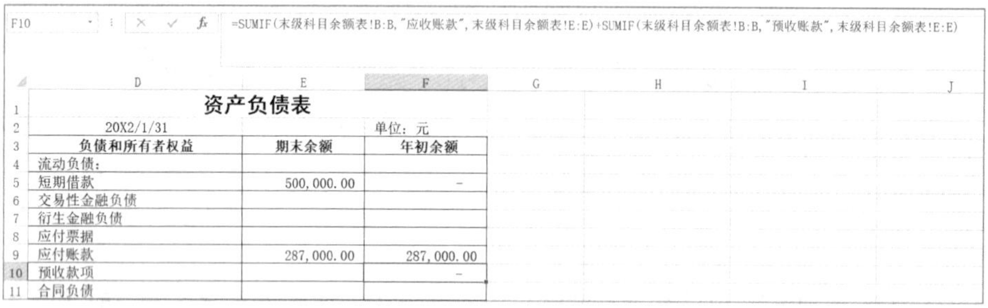
F10 =SUMIF(末级科目余额表!B:B,"应收账款",末级科目余额表!E:E)+SUMIF(末级科目余额表!B:B,"预收账款",末级科目余额表!E:E)

	D	E	F
1	资产负债表		
2	20X2/1/31		单位：元
3	负债和所有者权益	期末余额	年初余额
4	流动负债：		
5	短期借款	500,000.00	-
6	交易性金融负债		
7	衍生金融负债		
8	应付票据		
9	应付账款	287,000.00	287,000.00
10	预收款项		-
11	合同负债		

图 4.31 计算“预收款项”项目的“年初余额”

② 选中 E10 单元格，输入公式“=SUMIF(末级科目余额表！B:B,"应收账款",末级科目余额表！I:I)+SUMIF(末级科目余额表！B:B,"预收账款",末级科目余额表！I:I)”，按“Enter”键，即可求出“预收款项”项目的“期末余额”，如图 4.32 所示。

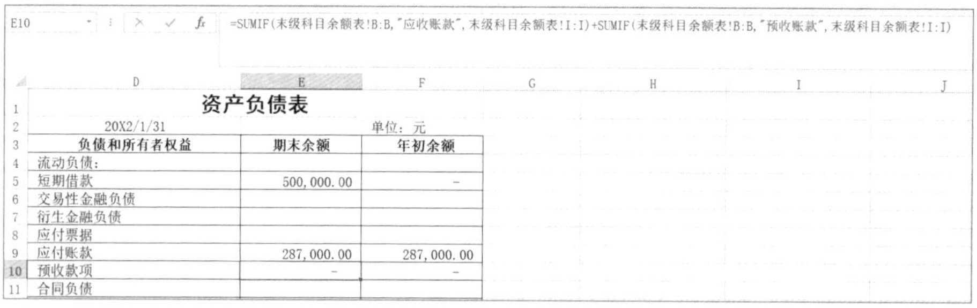
E10 =SUMIF(末级科目余额表!B:B,"应收账款",末级科目余额表!I:I)+SUMIF(末级科目余额表!B:B,"预收账款",末级科目余额表!I:I)

	D	E	F
1	资产负债表		
2	20X2/1/31		单位：元
3	负债和所有者权益	期末余额	年初余额
4	流动负债：		
5	短期借款	500,000.00	-
6	交易性金融负债		
7	衍生金融负债		
8	应付票据		
9	应付账款	287,000.00	287,000.00
10	预收款项	-	-
11	合同负债		

图 4.32 计算“预收款项”项目的“期末余额”

15. 计算“应付职工薪酬”项目的“年初余额”与“期末余额”

具体操作步骤如下。

① 打开“资产负债表”，选中 F12 单元格，输入公式“=总账科目余额表！D22”，按“Enter”键，即可求出“应付职工薪酬”项目的“年初余额”，如图 4.33 所示。

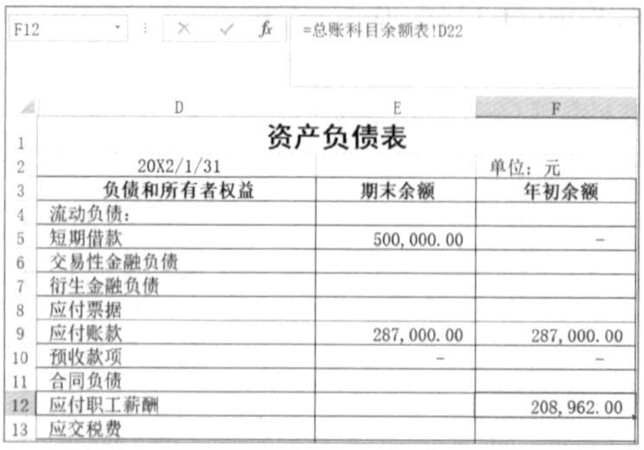
F12 =总账科目余额表!D22

	D	E	F
1	资产负债表		
2	20X2/1/31		单位：元
3	负债和所有者权益	期末余额	年初余额
4	流动负债：		
5	短期借款	500,000.00	-
6	交易性金融负债		
7	衍生金融负债		
8	应付票据		
9	应付账款	287,000.00	287,000.00
10	预收款项	-	-
11	合同负债		
12	应付职工薪酬		208,962.00
13	应交税费		

图 4.33 计算“应付职工薪酬”项目的“年初余额”

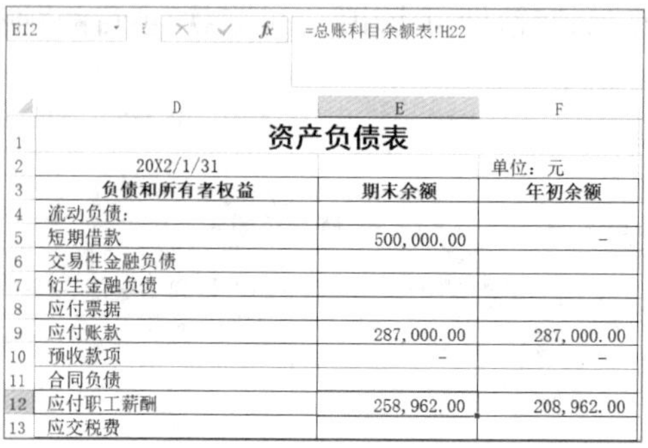
E12 =总账科目余额表!H22

	D	E	F
1	资产负债表		
2	20X2/1/31		单位：元
3	负债和所有者权益	期末余额	年初余额
4	流动负债：		
5	短期借款	500,000.00	-
6	交易性金融负债		
7	衍生金融负债		
8	应付票据		
9	应付账款	287,000.00	287,000.00
10	预收款项	-	-
11	合同负债		
12	应付职工薪酬	258,962.00	208,962.00
13	应交税费		

图 4.34 计算“应付职工薪酬”项目的“期末余额”

② 选中 E12 单元格,输入公式"＝总账科目余额表! H22",按"Enter"键,即可求出"应付职工薪酬"项目的"期末余额",如图 4.34 所示。

16. 计算"应交税费"项目的"年初余额"与"期末余额"

具体操作步骤如下。

① 打开"资产负债表",选中 F13 单元格,输入公式"＝总账科目余额表! D23",按"Enter"键,即可求出"应交税费"项目的"年初余额",如图 4.35 所示。

② 选中 E13 单元格,输入公式"＝总账科目余额表! H23",按"Enter"键,即可求出"应交税费"项目的"期末余额",如图 4.36 所示。

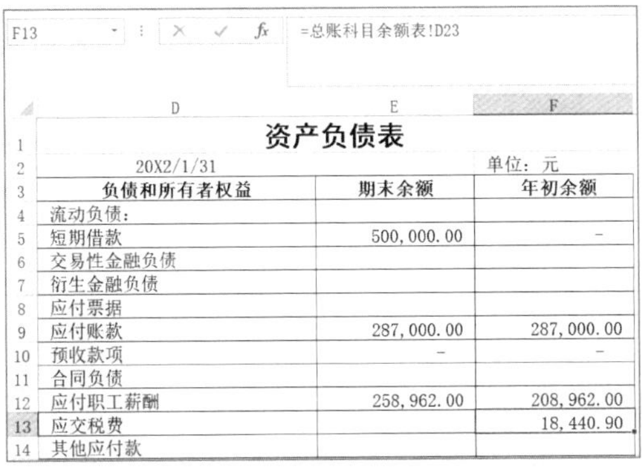

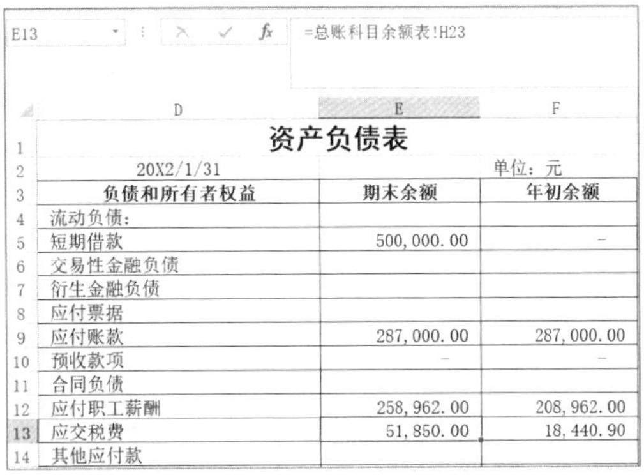

图 4.35　计算"应交税费"项目的"年初余额"　　图 4.36　计算"应交税费"项目的"期末余额"

17. 计算"其他应付款"项目的"年初余额"与"期末余额"

"其他应付款"项目应根据"应付利息""应付股利"和"其他应付款"科目的期末余额合计数填列。具体操作步骤如下。

① 打开"资产负债表",选中 F14 单元格,输入公式"＝总账科目余额表! D24＋总账科目余额表! D25",按"Enter"键,即可求出"其他应付款"项目的"年初余额",如图 4.37 所示。

② 选中 E14 单元格,输入公式"＝总账科目余额! H24＋总账科目余额表! H25",按"Enter"键,即可求出"其他应付款"项目的"期末余额",如图 4.38 所示。

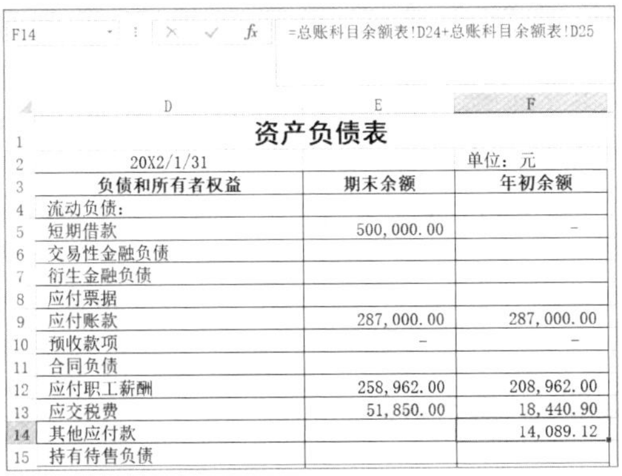

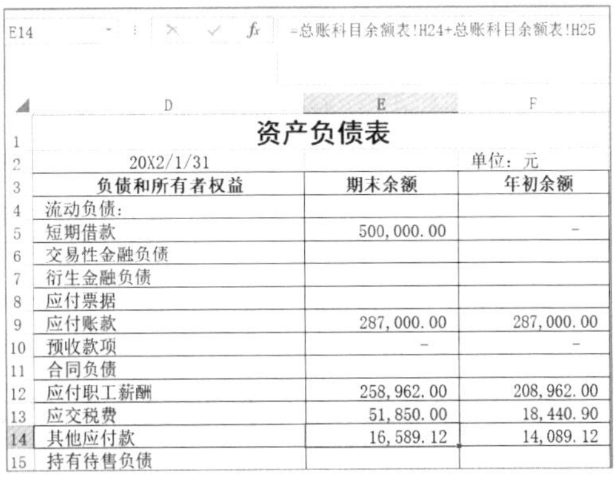

图 4.37　计算"其他应付款"项目的"年初余额"　　图 4.38　计算"其他应付款"项目的"期末余额"

18. 计算"流动负债合计"项目的"年初余额"与"期末余额"

具体操作步骤如下。

① 打开"资产负债表",选中 F18 单元格,输入公式"=SUM(F5:F17)",按"Enter"键,即可求出"流动负债合计"项目的"年初余额",如图 4.39 所示。

② 选中 E18 单元格,输入公式"=SUM(E5:E17)",按"Enter"键,即可求出"流动负债合计"项目的"期末余额",如图 4.40 所示。

F18	=SUM(F5:F17)

	D	E	F
1		资产负债表	
2	20X2/1/31		单位:元
3	负债和所有者权益	期末余额	年初余额
4	流动负债:		
5	短期借款	500,000.00	
6	交易性金融负债		
7	衍生金融负债		
8	应付票据		
9	应付账款	287,000.00	287,000.00
10	预收款项		–
11	合同负债		
12	应付职工薪酬	258,962.00	208,962.00
13	应交税费	51,850.00	18,440.90
14	其他应付款	16,589.12	14,089.12
15	持有待售负债		
16	一年内到期的非流动负债		
17	其他流动负债		
18	流动负债合计		528,492.02

图4.39 计算"流动负债合计"项目的"年初余额"

E18	=SUM(E5:E17)

	D	E	F
1		资产负债表	
2	20X2/1/31		单位:元
3	负债和所有者权益	期末余额	年初余额
4	流动负债:		
5	短期借款	500,000.00	–
6	交易性金融负债		
7	衍生金融负债		
8	应付票据		
9	应付账款	287,000.00	287,000.00
10	预收款项	–	
11	合同负债		
12	应付职工薪酬	258,962.00	208,962.00
13	应交税费	51,850.00	18,440.90
14	其他应付款	16,589.12	14,089.12
15	持有待售负债		
16	一年内到期的非流动负债		
17	其他流动负债		
18	流动负债合计	1,114,401.12	528,492.02

图4.40 计算"流动负债合计"项目的"期末余额"

19. 计算"长期借款"项目的"年初余额"与"期末余额"

具体操作步骤如下。

① 打开"资产负债表",选中 F20 单元格,输入公式"=总账科目余额表! D26",按"Enter"键,即可求出"长期借款"项目的"年初余额",如图 4.41 所示。

F20	=总账科目余额表!D26

	D	E	F
2	20X2/1/31		单位:元
3	负债和所有者权益	期末余额	年初余额
4	流动负债:		
5	短期借款	500,000.00	–
6	交易性金融负债		
7	衍生金融负债		
8	应付票据		
9	应付账款	287,000.00	287,000.00
10	预收款项	–	
11	合同负债		
12	应付职工薪酬	258,962.00	208,962.00
13	应交税费	51,850.00	18,440.90
14	其他应付款	16,589.12	14,089.12
18	流动负债合计	1,114,401.12	528,492.02
19	非流动负债:		
20	长期借款		200,000.00

图 4.41 计算"长期借款"项目的"年初余额"

E20	=总账科目余额表!H26

	D	E	F
2	20X2/1/31		单位:元
3	负债和所有者权益	期末余额	年初余额
4	流动负债:		
5	短期借款	500,000.00	–
6	交易性金融负债		
7	衍生金融负债		
8	应付票据		
9	应付账款	287,000.00	287,000.00
10	预收款项	–	
11	合同负债		
12	应付职工薪酬	258,962.00	208,962.00
13	应交税费	51,850.00	18,440.90
14	其他应付款	16,589.12	14,089.12
18	流动负债合计	1,114,401.12	528,492.02
19	非流动负债:		
20	长期借款	200,000.00	200,000.00

图 4.42 计算"长期借款"项目的"期末余额"

② 选中 E20 单元格,输入公式"=总账科目余额表! H26",按"Enter"键,即可求出"长期借款"项目的"期末余额",如图 4.42 所示。

20. 计算"非流动负债合计"项目的"年初余额"与"期末余额"

具体操作步骤如下。

① 打开"资产负债表",选中 F30 单元格,输入公式"=SUM(F20:F29)",按"Enter"键,即可求出"非流动负债合计"项目的"年初余额",如图 4.43 所示。

② 选中 E30 单元格,输入公式"=SUM(E20:E29)",按"Enter"键,即可求出"非流动负债合计"项目的"期末余额",如图 4.44 所示。

图 4.43　计算"非流动负债合计"项目的"年初余额"　　图 4.44　计算"非流动负债合计"项目的"期末余额"

21. 计算"负债合计"项目的"年初余额"与"期末余额"

具体操作步骤如下。

① 打开"资产负债表",选中 F31 单元格,输入公式"=F18+F30",按"Enter"键,即可求出"负债合计"项目的"年初余额",如图 4.45 所示。

② 选中 E31 单元格,输入公式"=E18+E30",按"Enter"键,即可求出"负债合计"项目的"期末余额",如图 4.46 所示。

图 4.45　计算"负债合计"项目的"年初余额"　　图 4.46　计算"负债合计"项目的"期末余额"

22. 计算"实收资本(或股本)"项目的"年初余额"与"期末余额"

具体操作步骤如下。

① 打开"资产负债表",选中 F33 单元格,输入公式"=总账科目余额表! D27",按"Enter"键,即可求出"实收资本(或股本)"项目的"年初余额",如图 4.47 所示。

② 选中 E33 单元格,输入公式"=总账科目余额表! H27",按"Enter"键,即可求出"实

收资本(或股本)"项目的"期末余额",如图 4.48 所示。

	D	E	F
	资产负债表		
2	20X2/1/31		单位：元
3	负债和所有者权益	期末余额	年初余额
4	流动负债：		
5	短期借款	500,000.00	—
12	应付职工薪酬	258,962.00	208,962.00
13	应交税费	51,850.00	18,440.90
14	其他应付款	16,589.12	14,089.12
18	流动负债合计	1,114,401.12	528,492.02
19	非流动负债：		
20	长期借款	200,000.00	200,000.00
30	非流动负债合计	200,000.00	200,000.00
31	负债合计	1,314,401.12	728,492.02
32	所有者权益（或股东权益）：		
33	实收资本（或股本）		725,000.00

图 4.47 计算"实收资本(或股本)"项目的"年初余额"

	D	E	F
	资产负债表		
2	20X2/1/31		单位：元
3	负债和所有者权益	期末余额	年初余额
4	流动负债：		
5	短期借款	500,000.00	—
12	应付职工薪酬	258,962.00	208,962.00
13	应交税费	51,850.00	18,440.90
14	其他应付款	16,589.12	14,089.12
18	流动负债合计	1,114,401.12	528,492.02
19	非流动负债：		
20	长期借款	200,000.00	200,000.00
30	非流动负债合计	200,000.00	200,000.00
31	负债合计	1,314,401.12	728,492.02
32	所有者权益（或股东权益）：		
33	实收资本（或股本）	805,000.00	725,000.00

图 4.48 计算"实收资本(或股本)"项目的"期末余额"

23. 计算"盈余公积"项目的"年初余额"与"期末余额"

具体操作步骤如下。

① 打开"资产负债表"，选中 F41 单元格，输入公式"＝总账科目余额表！D28"，按"Enter"键，即可求出"盈余公积"项目的"年初余额"，如图 4.49 所示。

② 选中 E41 单元格，输入公式"＝总账科目余额表！H28"，按"Enter"键，即可求出"盈余公积"项目的"期末余额"，如图 4.50 所示。

	D	E	F
	资产负债表		
2	20X2/1/31		单位：元
3	负债和所有者权益	期末余额	年初余额
4	流动负债：		
5	短期借款	500,000.00	—
12	应付职工薪酬	258,962.00	208,962.00
13	应交税费	51,850.00	18,440.90
14	其他应付款	16,589.12	14,089.12
18	流动负债合计	1,114,401.12	528,492.02
19	非流动负债：		
20	长期借款	200,000.00	200,000.00
30	非流动负债合计	200,000.00	200,000.00
31	负债合计	1,314,401.12	728,492.02
32	所有者权益（或股东权益）：		
33	实收资本（或股本）	805,000.00	725,000.00
41	盈余公积		34,540.00

图 4.49 计算"盈余公积"项目的"年初余额"

	D	E	F
1	资产负债表		
2	20X2/1/31		单位：元
3	负债和所有者权益	期末余额	年初余额
4	流动负债：		
5	短期借款	500,000.00	—
12	应付职工薪酬	258,962.00	208,962.00
13	应交税费	51,850.00	18,440.90
14	其他应付款	16,589.12	14,089.12
18	流动负债合计	1,114,401.12	528,492.02
19	非流动负债：		
20	长期借款	200,000.00	200,000.00
30	非流动负债合计	200,000.00	200,000.00
31	负债合计	1,314,401.12	728,492.02
32	所有者权益（或股东权益）：		
33	实收资本（或股本）	805,000.00	725,000.00
41	盈余公积	34,540.00	34,540.00

图 4.50 计算"盈余公积"项目的"期末余额"

24. 计算"未分配利润"项目的"年初余额"与"期末余额"

具体操作步骤如下。

① 打开"资产负债表"，选中 F42 单元格，输入公式"＝总账科目余额表！D30"，按"Enter"键，即可求出"未分配利润"项目的"年初余额"，如图 4.51 所示。

② 选中 E42 单元格，输入公式"＝总账科目余额表！H29＋总账科目余额表！H30"，按"Enter"键，即可求出"未分配利润"项目的"期末余额"，如图 4.52 所示。

	D	E	F
	F42		fx =总账科目余额表!D30
1		资产负债表	
2	20X2/1/31		单位:元
3	负债和所有者权益	期末余额	年初余额
4	流动负债:		
5	短期借款	500,000.00	
12	应付职工薪酬	258,962.00	208,962.00
13	应交税费	51,850.00	18,440.90
14	其他应付款	16,589.12	14,089.12
18	流动负债合计	1,114,401.12	528,492.02
19	非流动负债:		
20	长期借款	200,000.00	200,000.00
30	非流动负债合计	200,000.00	200,000.00
31	负债合计	1,314,401.12	728,492.02
32	所有者权益(或股东权益):		
33	实收资本(或股本)	805,000.00	725,000.00
41	盈余公积	34,540.00	34,540.00
42	未分配利润		2,154,577.99

图 4.51　计算"未分配利润"项目的"年初余额"

	D	E	F
	E42		fx =总账科目余额表!H29+总账科目余额表!H30
1		资产负债表	
2	20X2/1/31		单位:元
3	负债和所有者权益	期末余额	年初余额
4	流动负债:		
5	短期借款	500,000.00	
12	应付职工薪酬	258,962.00	208,962.00
13	应交税费	51,850.00	18,440.90
14	其他应付款	16,589.12	14,089.12
18	流动负债合计	1,114,401.12	528,492.02
19	非流动负债:		
20	长期借款	200,000.00	200,000.00
30	非流动负债合计	200,000.00	200,000.00
31	负债合计	1,314,401.12	728,492.02
32	所有者权益(或股东权益):		
33	实收资本(或股本)	805,000.00	725,000.00
41	盈余公积	34,540.00	34,540.00
42	未分配利润	2,274,677.99	2,154,577.99

图 4.52　计算"未分配利润"项目的"期末余额"

25. 计算"所有者权益"(或"股东权益")项目的"年初余额"与"期末余额"

具体操作步骤如下。

① 打开"资产负债表",选中 F43 单元格,输入公式"=SUM(F33:F42)",按"Enter"键即可求出"所有者权益合计"项目的"年初余额",如图 4.53 所示。

② 选中 E43 单元格,输入公式"=SUM(E33:E42)",按"Enter"键即可求出"所有者权益合计"项目的"期末余额",如图 4.54 所示。

	D	E	F
	F43		fx =SUM(F33:F42)
1		资产负债表	
2	20X2/1/31		单位:元
3	负债和所有者权益	期末余额	年初余额
4	流动负债:		
5	短期借款	500,000.00	
12	应付职工薪酬	258,962.00	208,962.00
13	应交税费	51,850.00	18,440.90
14	其他应付款	16,589.12	14,089.12
18	流动负债合计	1,114,401.12	528,492.02
19	非流动负债:		
20	长期借款	200,000.00	200,000.00
30	非流动负债合计	200,000.00	200,000.00
31	负债合计	1,314,401.12	728,492.02
32	所有者权益(或股东权益):		
33	实收资本(或股本)	805,000.00	725,000.00
41	盈余公积	34,540.00	34,540.00
42	未分配利润	2,274,677.99	2,154,577.99
43	所有者权益(或股东权益)合计		2,914,117.99

图 4.53　计算"所有者权益合计"项目的"年初余额"

	D	E	F
	E43		fx =SUM(E33:E42)
1		资产负债表	
2	20X2/1/31		单位:元
3	负债和所有者权益	期末余额	年初余额
4	流动负债:		
5	短期借款	500,000.00	
12	应付职工薪酬	258,962.00	208,962.00
13	应交税费	51,850.00	18,440.90
14	其他应付款	16,589.12	14,089.12
18	流动负债合计	1,114,401.12	528,492.02
19	非流动负债:		
20	长期借款	200,000.00	200,000.00
30	非流动负债合计	200,000.00	200,000.00
31	负债合计	1,314,401.12	728,492.02
32	所有者权益(或股东权益):		
33	实收资本(或股本)	805,000.00	725,000.00
41	盈余公积	34,540.00	34,540.00
42	未分配利润	2,274,677.99	2,154,577.99
43	所有者权益(或股东权益)合计	3,114,217.99	2,914,117.99

图 4.54　计算"所有者权益合计"项目的"期末余额"

26. 计算"负债和所有者权益"(或"股东权益")项目的"年初余额"与"期末余额"

具体操作步骤如下。

① 打开"资产负债表",选中 F44 单元格,输入公式"=F31+F43",按"Enter"键,即可求出"负债和所有者权益总计"项目的"年初余额",如图 4.55 所示。

② 选中 E44 单元格,输入公式"=E31+E43",按"Enter"键,即可求出"负债和所有者权益总计"项目的"期末余额",如图 4.56 所示。

经过上述计算,最终得到资产负债表,如图 4.57 所示。

图 4.55（F44：=F31+F43）

负债和所有者权益	期末余额	年初余额
流动负债：		
短期借款	500,000.00	–
应付职工薪酬	258,962.00	208,962.00
应交税费	51,850.00	18,440.90
其他应付款	16,589.12	14,089.12
流动负债合计	1,114,401.12	528,492.02
非流动负债：		
长期借款	200,000.00	200,000.00
非流动负债合计	200,000.00	200,000.00
负债合计	1,314,401.12	728,492.02
所有者权益（或股东权益）：		
实收资本（或股本）	805,000.00	725,000.00
盈余公积	34,540.00	34,540.00
未分配利润	2,274,677.99	2,154,577.99
所有者权益（或股东权益）合计	3,114,217.99	2,914,117.99
负债和所有者权益（或股东权益）总计		3,642,610.01

图 4.55　计算"负债和所有者权益总计"项目的"年初余额"

图 4.56（E44：=E31+E43）

负债和所有者权益	期末余额	年初余额
流动负债：		
短期借款	500,000.00	
应付职工薪酬	258,962.00	208,962.00
应交税费	51,850.00	18,440.90
其他应付款	16,589.12	14,089.12
流动负债合计	1,114,401.12	528,492.02
非流动负债：		
长期借款	200,000.00	200,000.00
非流动负债合计	200,000.00	200,000.00
负债合计	1,314,401.12	728,492.02
所有者权益（或股东权益）：		
实收资本（或股本）	805,000.00	725,000.00
盈余公积	34,540.00	34,540.00
未分配利润	2,274,677.99	2,154,577.99
所有者权益（或股东权益）合计	3,114,217.99	2,914,117.99
负债和所有者权益（或股东权益）总计	4,428,619.11	3,642,610.01

图 4.56　计算"负债和所有者权益总计"项目的"期末余额"

资产负债表

编制单位：升达有限责任公司　　　20X2/1/31　　　单位：元

资产	期末余额	年初余额	负债和所有者权益	期末余额	年初余额
流动资产：			流动负债：		
货币资金	2,038,869.10	753,660.00	短期借款	500,000.00	–
交易性金融资产			交易性金融负债		
衍生金融资产			衍生金融负债		
应收票据	–	–	应付票据		
应收账款	100,000.00	550,000.00	应付账款	287,000.00	287,000.00
应收款项融资			预收款项	–	–
预付款项	10,000.00	20,000.00	合同负债		
其他应收款	3,000.00	3,000.00	应付职工薪酬	258,962.00	208,962.00
存货	594,360.83	687,560.83	应交税费	51,850.00	18,440.90
合同资产			其他应付款	16,589.12	14,089.12
持有待售资产			持有待售负债		
一年内到期的非流动资产			一年内到期的非流动负债		
其他流动资产			其他流动负债		
流动资产合计	2,746,229.93	2,014,220.83	流动负债合计	1,114,401.12	528,492.02
非流动资产：			非流动负债：		
债权投资			长期借款	200,000.00	200,000.00
其他债权投资			应付债券		
长期应收款			其中：优先股		
长期股权投资			永续股		
其他权益工具投资			租赁负债		
其他非流动金融资产			长期应付款		
投资性房地产			预计负债		
固定资产	332,389.18	278,389.18	递延收益		
在建工程			递延所得税负债		
生产性生物资产			其他非流动负债		
油气资产			非流动负债合计	200,000.00	200,000.00
使用权资产			负债合计	1,314,401.12	728,492.02
无形资产	1,350,000.00	1,350,000.00	所有者权益（或股东权益）：		
开发支出			实收资本（或股本）	805,000.00	725,000.00
商誉			其他权益工具		
长期待摊费用			其中：优先股		
递延所得税资产			永续股		
其他非流动资产			资本公积		
非流动资产合计	1,682,389.18	1,628,389.18	减：库存股		
			其他综合收益		
			专项储备		
			盈余公积	34,540.00	34,540.00
			未分配利润	2,274,677.99	2,154,577.99
			所有者权益（或股东权益）合计	3,114,217.99	2,914,117.99
资产总计	4,428,619.11	3,642,610.01	负债和所有者权益（或股东权益）总计	4,428,619.11	3,642,610.01

图 4.57　资产负债表

4.2　编制利润表

利润表，是指反映企业一定时期经营成果的会计报表。利润表是依据"收入－费用＝利

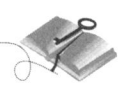

润”的会计等式，依据主营业务利润、营业利润和净利润次序编制而成的，是一个时期的动态报表。

利润表应当按照各项收入和与之配比的费用以及构成利润的各个项目分类、分项列示。利润表反映企业在月份、季度、年度内利润（亏损）的情况，月度利润表应同时填报“本月数”和“本年累计数”，年度利润表应同时填报“上年数”和“本年数”。根据会计准则要求，“本月数”栏反映各项目的本月实际发生额，应根据各损益账户本月发生额分析填列；“本年累计数”栏根据各项目自年初至本月止的累计发生额填列；“上年数”栏根据上一年度利润表“本年数”栏填列，如果上年度利润表的项目名称和内容与本年度利润表不一致，应对上年度报表项目的名称和金额按本年度的规定调整后填入本年利润表的“上年数”栏；“本年数”应根据各损益账户本年发生额分析填列。

4.2.1 设置利润表的格式

具体操作步骤如下。

① 打开“会计核算.xlsx”工作簿，单击“资产负债表”后面的“新工作表”按钮 ⊕ ，增加一张新的工作表，将其重命名为“利润表”。

② 打开“利润表”工作表，输入表格标题、表头信息，并根据当前实际情况输入利润表的各个项目。

③ 对建立的表格进行边框设置、特定区域底纹设置、文字字体设置、对齐方式设置等，得到设置好格式的利润表，如图 4.58 所示。

利润表

编制单位：升达有限责任公司		20X2/1/31	单位：元
项 目	行次	本月数	本年累计数
一、营业收入	1		
减：营业成本	4		
营业税金及附加	5		
销售费用	6		
管理费用	7		
财务费用	9		
资产减值损失	10		
加：公允价值变动损益	11		
投资收益	12		
二、营业利润	13		
加：营业外收入	15		
减：营业外支出	16		
三、利润总额	18		
减：所得税费用	19		
四、净利润	20		

图 4.58 利润表

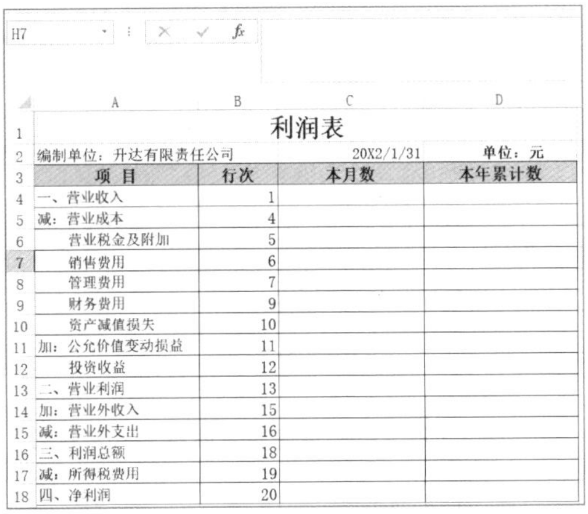

4.2.2 填制利润表

利润表的数据来自总账科目余额表，在建立好的总账科目余额表基础上，可以根据公式自动计算填制利润表。

1. “本月数”的填制

具体操作步骤如下。

① 打开“利润表”，计算“营业收入”项目的“本月数”，选中 C4 单元格，输入公式“=总账科目余额表！F33”，按“Enter”键即可，如图 4.59 所示。

注：本月业务没有涉及其他业务收入。

② 计算“营业成本”项目的“本月数”，选中 C5 单元格，输入公式“=总账科目余额表！F35”，按“Enter”键即可，如图 4.60 所示。

注：本月业务没有涉及其他业务成本。

③ 计算“销售费用”项目的“本月数”，选中 C7 单元格，输入公式“=总账科目余额表！F37”，按“Enter”键即可，如图 4.61 所示。

④ 计算“管理费用”项目的“本月数”，选中 C8 单元格，输入公式“=总账科目余额表！F38”，按“Enter”键即可，如图 4.62 所示。

图 4.59　计算"营业收入项目"的"本月数"　　**图 4.60　计算"营业成本"项目的"本月数"**

图 4.61　计算"销售费用项目"的"本月数"　　**图 4.62　计算"管理费用"项目的"本月数"**

⑤ 计算"财务费用"项目的"本月数",选中 C9 单元格,输入公式"＝总账科目余额表! F39",按"Enter"键即可,如图 4.63 所示。

⑥ 计算"营业利润"项目的"本月数",选中 C13 单元格,输入公式"＝C4－C5－C6－ C7－C8－C9－C10",按"Enter"键即可,如图 4.64 所示。

图 4.63　计算"财务费用"项目的"本月数"　　**图 4.64　计算"营业利润项目"的"本月数"**

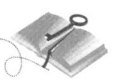

⑦ 计算“利润总额”项目的“本月数”，选中 C16 单元格，输入公式：“＝C13＋C14－C15”，按“Enter”键即可，如图 4.65 所示。

⑧ 计算“净利润”项目的“本月数”，选中 C18 单元格，输入公式：“＝C16－C17”，按“Enter”键即可，如图 4.66 所示。

C16　=C13+C14-C15

	A	B	C	D
1	利润表			
2	编制单位：升达有限责任公司		20X2/1/31	单位：元
3	项　目	行次	本月数	本年累计数
4	一、营业收入	1	420,000.00	
5	减：营业成本	4	260,000.00	
6	营业税金及附加	5		
7	销售费用	6	10,000.00	
8	管理费用	7	29,400.00	
9	财务费用	9	2,500.00	
10	资产减值损失	10		
11	加：公允价值变动损益	11		
12	投资收益	12		
13	二、营业利润	13	118,100.00	
14	加：营业外收入	15	2,000.00	
15	减：营业外支出	16	-	
16	三、利润总额	18	120,100.00	
17	减：所得税费用	19		
18	四、净利润	20		

图 4.65　计算“利润总额”项目的“本月数”

C18　=C16-C17

	A	B	C	D
1	利润表			
2	编制单位：升达有限责任公司		20X2/1/31	单位：元
3	项　目	行次	本月数	本年累计数
4	一、营业收入	1	420,000.00	
5	减：营业成本	4	260,000.00	
6	营业税金及附加	5		
7	销售费用	6	10,000.00	
8	管理费用	7	29,400.00	
9	财务费用	9	2,500.00	
10	资产减值损失	10		
11	加：公允价值变动损益	11		
12	投资收益	12		
13	二、营业利润	13	118,100.00	
14	加：营业外收入	15	2,000.00	
15	减：营业外支出	16	-	
16	三、利润总额	18	120,100.00	
17	减：所得税费用	19		
18	四、净利润	20	120,100.00	

图 4.66　计算“净利润”项目“本月数”

本月业务没有涉及税金及附加等。

2. “本年累计数”的填写

利润表中的“本年累计数”是指从本年 1 月份起至本月份止若干月份累计实现的利润数，即“本年累计数”应该等于上月利润表“本年累计数”加上本月利润表本月数。这样需要建立起上月利润表与本月利润表的链接，进行数据的调用。本案例的启用日期是 20×2 年 1 月，因此“本年累计数”等于“本月数”，如图 4.67 所示。

A20

	A	B	C	D
1	利润表			
2	编制单位：升达有限责任公司		20X2/1/31	单位：元
3	项　目	行次	本月数	本年累计数
4	一、营业收入	1	420,000.00	420,000.00
5	减：营业成本	4	260,000.00	260,000.00
6	营业税金及附加	5		
7	销售费用	6	10,000.00	10,000.00
8	管理费用	7	29,400.00	29,400.00
9	财务费用	9	2,500.00	2,500.00
10	资产减值损失	10		-
11	加：公允价值变动损益	11		-
12	投资收益	12		-
13	二、营业利润	13	118,100.00	118,100.00
14	加：营业外收入	15	2,000.00	2,000.00
15	减：营业外支出	16	-	-
16	三、利润总额	18	120,100.00	120,100.00
17	减：所得税费用	19		-
18	四、净利润	20	120,100.00	120,100.00

图 4.67　利润表

4.3　现金流量表

现金流量表是指反映企业在一定会计期间现金和现金等价物流入和流出的报表。通过现金流量表，报表使用者能够了解现金流量的影响因素，评价企业的支付能力、偿债能力和周转能力，预测企业未来现金流量，为其决策提供有力依据。现金流量表包含经营活动产生的现金流量、投资活动产生的现金流量和筹资活动产生的现金流量。它实质上是按照收付实现制原则，将权责发生制下的“收入”和“费用”信息调整为收付实现制下的现金流量信息，便于信息使用者了解企业净利润的质量。

运用 Excel 编制现金流量表的思路如下。

首先，运用会计软件或 Excel 工具将经济业务输入计算机并编制成记账凭证。

其次，每月月末，根据记账凭证进行筛选分析，将每一项现金的流入和流出根据现金流量表项目进行分类。

最后,编制每个月的现金流量表,年底将 12 个月的现金流量表的数字汇总,填列年度现金流量表,基本流程见图 4.68。

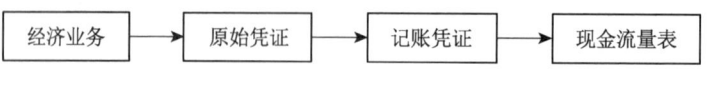

图 4.68 编制现金流量表的基本流程

4.3.1　设置现金流量表的格式

具体操作步骤如下。

① 打开"会计核算. xlsx"工作簿,单击"利润表"后面的"新工作表"按钮 ⊕ ,增加一张新的工作表,将其重命名为"现金流量表"。

② 打开"现金流量表"工作表,输入表格标题、表头信息,并根据当前实际情况输入现金流量表的各个项目。

③ 对建立的表格进行边框设置、特定区域底纹设置、文字字体设置、对齐方式设置等,得到设置好格式的现金流量表,如图 4.69 所示。

现 金 流 量 表

编制单位: 升达有限责任公司	20X2/1/31	单位: 元
项目	行次	金额
一、经营活动产生的现金流量	1	
销售商品或提供劳务收到现金	2	
收到税费返还	3	
收到的与经营业务有关的其他现金	4	
现金流入合计	5	
购买商品、接受劳务支付的现金	6	
支付给职工以及为职工支付的现金	7	
支付的各项税费	8	
支付的与经营活动有关的其他现金	9	
现金流出合计	10	
经营活动产生的现金流量净额	11	
二、投资活动产生的现金流量	12	
收回投资所收到的现金	13	
取得投资收益所收到的现金	14	
处置固定资产、无形资产和其他长期资产的现金净	15	
收到的与投资活动有关的其他现金	16	
现金流入合计	17	
购建固定资产、无形资产和其他长期资产支付的现	18	
投资所支付的现金	19	
支付的与投资活动有关的其他现金	20	
现金流出合计	21	
投资活动产生的现金流量净额	22	
三、筹资活动产生的现金流量	23	
吸收投资所收到的现金	24	
借款所收到的现金	25	
收到的与筹资活动有关的其他现金	26	
现金流入合计	27	
偿还债务所支付的现金	28	
分配股利、利润、偿付利息所支付的现金	29	
支付的与筹资活动有关的其他现金	30	
现金流出合计	31	
筹资活动产生的现金流量净额	32	
四、汇率变动对现金的影响	33	
五、现金流量净额	34	
加: 期初现金余额	35	
六、期末现金及现金等价物余额	36	

图 4.69　现金流量表

4.3.2　填制现金流量表

1. 设置现金流量分类

具体操作步骤如下。

① 在“会计核算.xlsx”工作簿中，插入“记账凭证清单”。将做好的“会计凭证表”复制，粘贴到“记账凭证清单”，如图 4.70 所示。

	年	月	日	凭证编号	摘要	科目编码	总账科目	明细科目	借方金额	贷方金额
2	20X2	1	03	20X2103	从工行取现金	1001	库存现金		3,000.00	
3	20X2	1	03	20X2103	从工行取现金	100201	银行存款	工行		3,000.00
4	20X2	1	05	20X2105	接受投资	1601	固定资产		80,000.00	
5	20X2	1	05	20X2105	接受投资	4001	实收资本			80,000.00
6	20X2	1	08	20X2108	从永辉公司购进原材	140301	原材料	A材料	18,000.00	
7	20X2	1	08	20X2108	从永辉公司购进原材	140302	原材料	B材料	12,000.00	
8	20X2	1	08	20X2108	从永辉公司购进原材	22210101	应交税费	进项税	5,100.00	
9	20X2	1	08	20X2108	从永辉公司购进原材	100201	银行存款	工行		25,100.00
10	20X2	1	08	20X2108	从永辉公司购进原材	112301	预付账款	永辉公司		10,000.00
11	20X2	1	09	20X2109	从工行借入短期借款	100201	银行存款	工行	500,000.00	
12	20X2	1	09	20X2109	从工行借入短期借款	2001	短期借款			500,000.00
13	20X2	1	09	20X2109	计提短期借款利息	660301	财务费用	利息	2,500.00	
14	20X2	1	09	20X2109	计提短期借款利息	2231	应付利息			2,500.00
15	20X2	1	10	20X2110	向远大公司销售甲产	112202	应收账款	远大公司	292,500.00	
16	20X2	1	10	20X2110	向远大公司销售甲产	600101	主营业务收入	甲产品		250,000.00
17	20X2	1	10	20X2110	向远大公司销售甲产	22210102	应交税费	销项税		42,500.00
18	20X2	1	13	20X2113	各部门领用原材料	500101	生产成本	甲产品	60,000.00	
19	20X2	1	13	20X2113	各部门领用原材料	500102	生产成本	乙产品	42,000.00	
20	20X2	1	13	20X2113	各部门领用原材料	5101	制造费用		5,000.00	
21	20X2	1	13	20X2113	各部门领用原材料	660209	管理费用	其他	3,000.00	
22	20X2	1	13	20X2113	各部门领用原材料	140301	原材料	A材料		74,000.00
23	20X2	1	13	20X2113	各部门领用原材料	140302	原材料	B材料		36,000.00
24	20X2	1	15	20X2115	收到东方公司货款	100201	银行存款	工行	450,000.00	

总账科目汇总表 | 末级科目余额表 | 总账科目余额表 | 资产负债表 | 利润表 | 现金流量表 | 记账凭证清单 | 所有者权益变动表

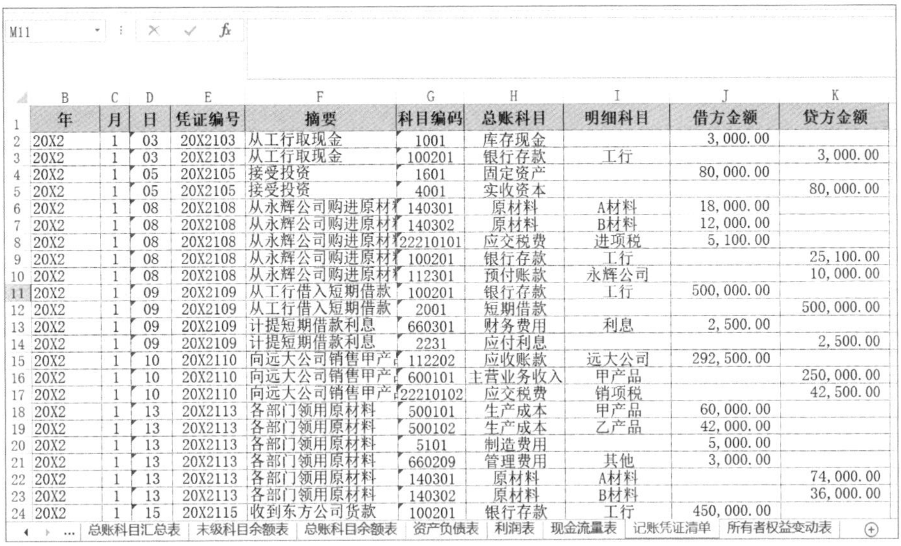

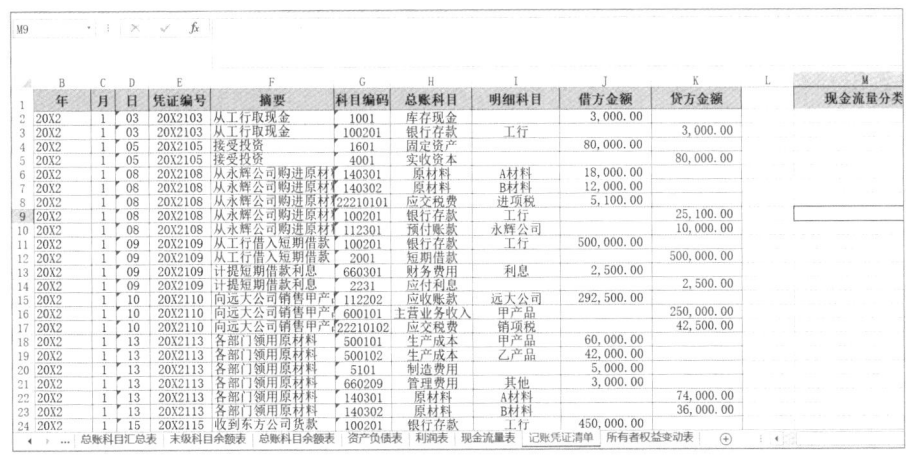

图 4.70　记账凭证清单

② 在“记账凭证清单”中，选中 M1 单元格，输入“现金流量分类”，如图 4.71 所示。

	年	月	日	凭证编号	摘要	科目编码	总账科目	明细科目	借方金额	贷方金额		现金流量分类
2	20X2	1	03	20X2103	从工行取现金	1001	库存现金		3,000.00			
3	20X2	1	03	20X2103	从工行取现金	100201	银行存款	工行		3,000.00		
4	20X2	1	05	20X2105	接受投资	1601	固定资产		80,000.00			
5	20X2	1	05	20X2105	接受投资	4001	实收资本			80,000.00		
6	20X2	1	08	20X2108	从永辉公司购进原材	140301	原材料	A材料	18,000.00			
7	20X2	1	08	20X2108	从永辉公司购进原材	140302	原材料	B材料	12,000.00			
8	20X2	1	08	20X2108	从永辉公司购进原材	22210101	应交税费	进项税	5,100.00			
9	20X2	1	08	20X2108	从永辉公司购进原材	100201	银行存款	工行		25,100.00		
10	20X2	1	08	20X2108	从永辉公司购进原材	112301	预付账款	永辉公司		10,000.00		
11	20X2	1	09	20X2109	从工行借入短期借款	100201	银行存款	工行	500,000.00			
12	20X2	1	09	20X2109	从工行借入短期借款	2001	短期借款			500,000.00		
13	20X2	1	09	20X2109	计提短期借款利息	660301	财务费用	利息	2,500.00			
14	20X2	1	09	20X2109	计提短期借款利息	2231	应付利息			2,500.00		
15	20X2	1	10	20X2110	向远大公司销售甲产	112202	应收账款	远大公司	292,500.00			
16	20X2	1	10	20X2110	向远大公司销售甲产	600101	主营业务收入	甲产品		250,000.00		
17	20X2	1	10	20X2110	向远大公司销售甲产	22210102	应交税费	销项税		42,500.00		
18	20X2	1	13	20X2113	各部门领用原材料	500101	生产成本	甲产品	60,000.00			
19	20X2	1	13	20X2113	各部门领用原材料	500102	生产成本	乙产品	42,000.00			
20	20X2	1	13	20X2113	各部门领用原材料	5101	制造费用		5,000.00			
21	20X2	1	13	20X2113	各部门领用原材料	660209	管理费用	其他	3,000.00			
22	20X2	1	13	20X2113	各部门领用原材料	140301	原材料	A材料		74,000.00		
23	20X2	1	13	20X2113	各部门领用原材料	140302	原材料	B材料		36,000.00		
24	20X2	1	15	20X2115	收到东方公司货款	100201	银行存款	工行	450,000.00			

总账科目汇总表 | 末级科目余额表 | 总账科目余额表 | 资产负债表 | 利润表 | 现金流量表 | 记账凭证清单 | 所有者权益变动表

图 4.71　输入“现金流量分类”

③ 在“记账凭证清单”中，选中 M2 单元格，打开“数据有效性”→“数据验证”对话框。

在“设置”选项卡“允许”下拉菜单选择“序列”，如图 4.72 所示。将单元格有效性复制至 M78 单元格。建立列标识结果，如图 4.73 所示。

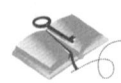

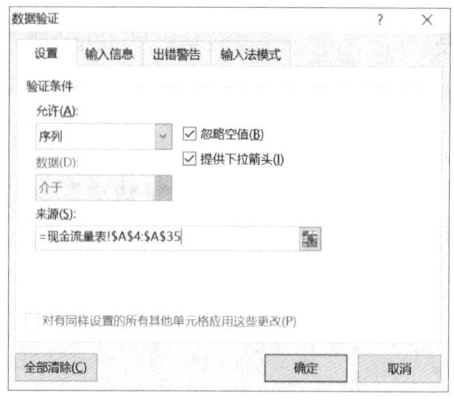

图 4.72　设置数据验证

	年	月	日	凭证编号	摘要	科目编码	总账科目	明细科目	借方金额	贷方金额		现金流量分类
2	20X2	1	03	20X2103	从工行取现金	1001	库存现金		3,000.00			
3	20X2	1	03	20X2103	从工行取现金	100201	银行存款	工行		3,000.00		
4	20X2	1	05	20X2105	接受投资	1601	固定资产		80,000.00			
5	20X2	1	05	20X2105	接受投资	4001	实收资本			80,000.00		
6	20X2	1	08	20X2108	从永辉公司购进原材料	140301	原材料	A材料	18,000.00			
7	20X2	1	08	20X2108	从永辉公司购进原材料	140302	原材料	B材料	12,000.00			
8	20X2	1	08	20X2108	从永辉公司购进原材料	22210101	应交税费	进项税	5,100.00			
9	20X2	1	08	20X2108	从永辉公司购进原材料	100201	银行存款	工行		25,100.00		
10	20X2	1	08	20X2108	从永辉公司购进原材料	112301	预付账款	永辉公司		10,000.00		
11	20X2	1	09	20X2109	从工行借入短期借款	100201	银行存款	工行	500,000.00			
12	20X2	1	09	20X2109	从工行借入短期借款	2001	短期借款			500,000.00		
13	20X2	1	09	20X2109	计提短期借款利息	660301	财务费用	利息	2,500.00			
14	20X2	1	09	20X2109	计提短期借款利息	2231	应付利息			2,500.00		
15	20X2	1	10	20X2110	向远大公司销售甲产品	112202	应收账款	远大公司	292,500.00			
16	20X2	1	10	20X2110	向远大公司销售甲产品	600101	主营业务收入	甲产品		250,000.00		
17	20X2	1	10	20X2110	向远大公司销售甲产品	22210102	应交税费	销项税		42,500.00		
18	20X2	1	13	20X2113	各部门领用原材料	500101	生产成本	甲产品	60,000.00			
19	20X2	1	13	20X2113	各部门领用原材料	500102	生产成本	乙产品	42,000.00			
20	20X2	1	13	20X2113	各部门领用原材料	5101	制造费用		5,000.00			
21	20X2	1	13	20X2113	各部门领用原材料	660209	管理费用	其他	3,000.00			
22	20X2	1	13	20X2113	各部门领用原材料	140301	原材料	A材料		74,000.00		
23	20X2	1	13	20X2113	各部门领用原材料	140302	原材料	B材料		36,000.00		

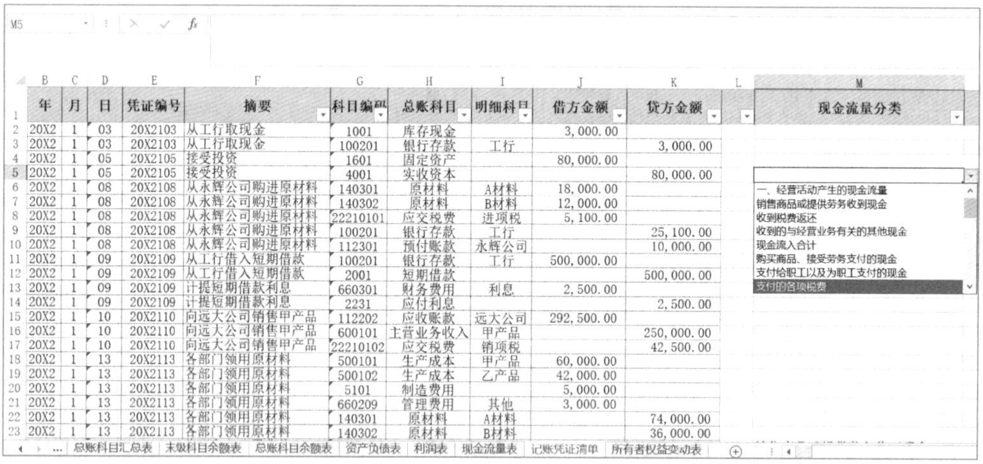

图 4.73　设置现金流量分类列标识

④ 选中 G 列单元格区域，选择“数据”→“排序和筛选”→“筛选”命令，单击“科目编码”单元格按钮 ▼，选择“1001”和“1002”等与现金及现金等价物相关的会计凭证，如图 4.74 所示。

	摘要	科目编码	总账科目	明细科目	借方金额	贷方金额	现金流量分类
2	从工行取现金	1001	库存现金		3,000.00		
3	从工行取现金	100201	银行存款	工行		3,000.00	
9	从永辉公司购进原材料	100201	银行存款	工行		25,100.00	
11	从工行借入短期借款	100201	银行存款	工行	500,000.00		
24	收到东方公司货款	100201	银行存款	工行	450,000.00		
26	收到职工罚款	1001	库存现金		2,000.00		
31	从神州公司购进原材料	100201	银行存款	工行		99,450.00	
33	职工出差预借差旅费	1001	库存现金			4,000.00	
34	向东方公司销售商品	100201	银行存款	工行	198,900.00		
38	收到远大公司欠款	100201	银行存款	工行	292,500.00		
41	支付广告费	100201	银行存款	工行		10,000.00	
51	报销差旅费	1001	库存现金		200.00		
55	支付水电费	1001	库存现金			1,400.00	
57	支付上月未交增值税	100201	银行存款	工行		18,440.90	

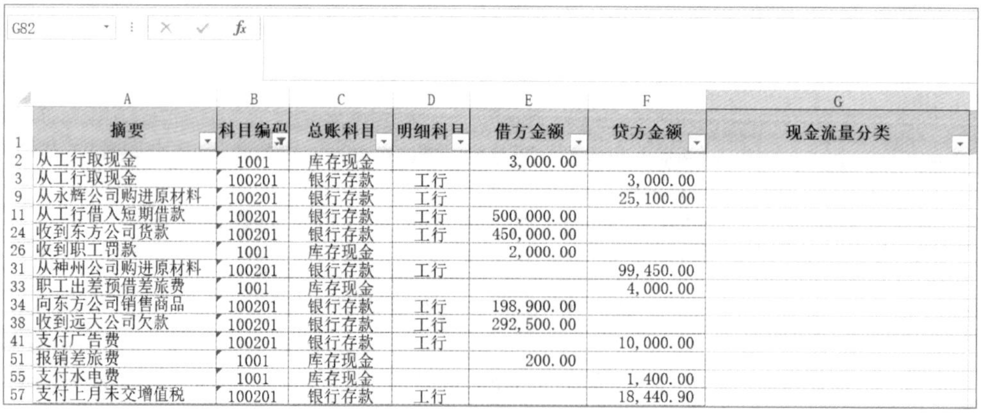

图 4.74　选择与现金及现金等价物相关的记账凭证

⑤ 根据记账凭证摘要，对记账凭证记载的经济业务进行分类，如图 4.75 所示。重复上述自动筛选命令即可取消筛选，如图 4.76 所示。

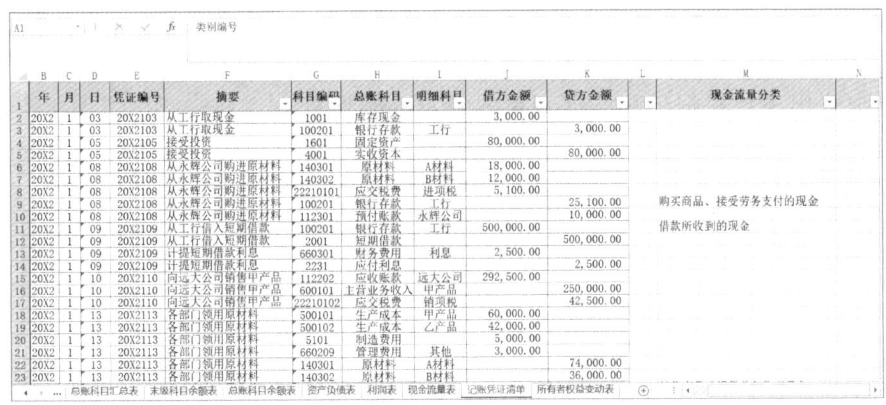

图 4.75　设置现金流量分类提示

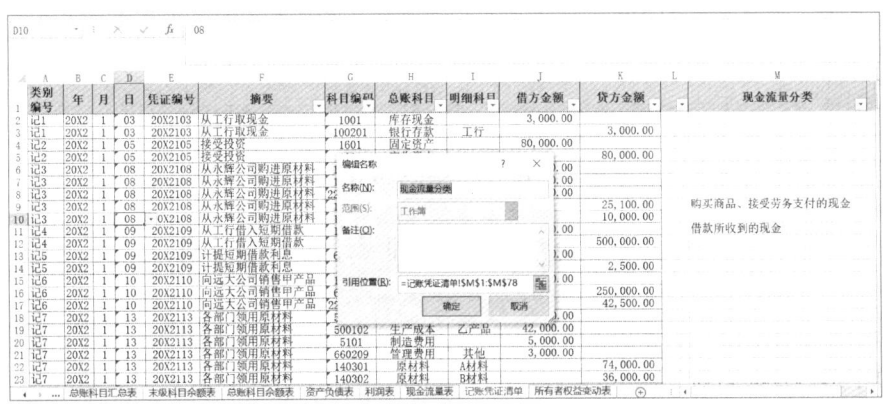

图 4.76　取消自动筛选

2. 计算现金流量表金额

① 定义名称。打开"记账凭证清单"，选中 M1∶M78 单元格区域，选择"公式"→"定义名称"，将名称定义为"现金流量分类"，如图 4.77 所示。

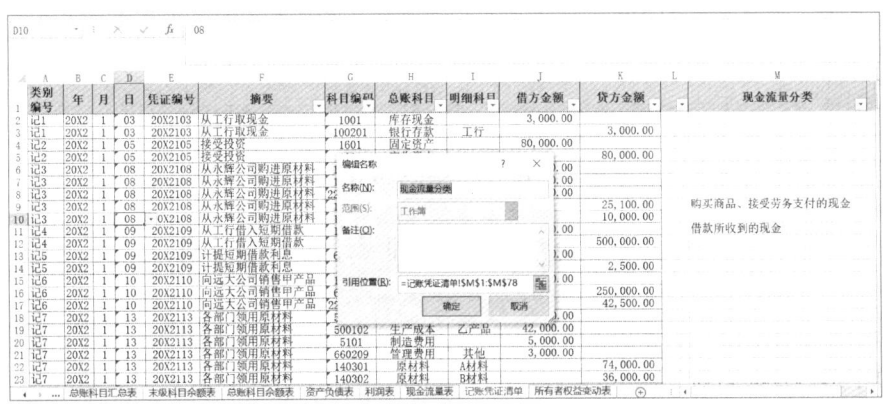

图 4.77　定义名称——现金流量分类

② 重复上面的步骤对借方金额和贷方金额定义名称,如图 4.78、图 4.79 所示。

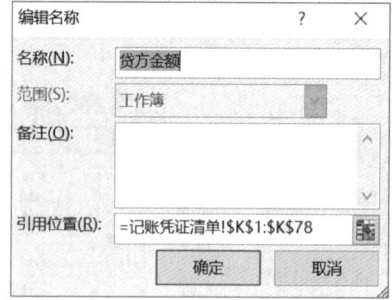

图 4.78 定义名称——借方金额   图 4.79 定义名称——贷方金额

③ 运用 SUMIF 函数来填制现金流量表,将"现金流量分类"列标识(M列)作为进行计算的单元格区域(range);现金流量表中的项目作为条件(criteria);根据条件实际求和的单元格(sum_range),因为现金流量表的填制只涉及资产类账户,所以现金流入项目根据记账凭证清单的借方金额计算、现金流出项目根据记账凭证清单的贷方金额计算。

微课 4-2

选中 C5 单元格,输入公式"=SUMIF(现金流量分类,A5,借方金额)",按"Enter"键即可计算出"销售商品或提供劳务收到的现金"项目的金额,如图 4.80 所示。

| C5 | | × | ✓ | fx | =SUMIF(现金流量分类,A5,借方金额) |

	A	B	C
1	现 金 流 量 表		
2	编制单位:升达有限责任公司	20X2/1/31	单位:元
3	项目	行次	金额
4	一、经营活动产生的现金流量	1	
5	销售商品或提供劳务收到现金	2	941,400.00
6	收到税费返还	3	
7	收到的与经营业务有关的其他现金	4	
8	现金流入合计	5	
9	购买商品、接受劳务支付的现金	6	
10	支付给职工以及为职工支付的现金	7	
11	支付的各项税费	8	
12	支付的与经营活动有关的其他现金	9	
13	现金流出合计	10	
14	经营活动产生的现金流量净额	11	

图 4.80 计算"销售商品或提供劳务收到的现金"项目金额

④ 选中 C5 单元格,向下填充至 C7 单元格,即可计算出"经营活动产生的现金流量"分类中其他现金流入项目金额,如图 4.81 所示。

⑤ 选中 C8 单元格,输入公式"=SUM(C5:C7)",按"Enter"键即可计算出"经营活动产生的现金流量"分类的现金流入合计金额,如图 4.82 所示。

⑥ 选中 C9 单元格,输入公式"=SUMIF(现金流量分类,A9,贷方金额)",按"Enter"键即可计算出"购买商品、接受劳务支付的现金"项目的金额,如图 4.83 所示。

C7　　　fx　=SUMIF(现金流量分类,A7,借方金额)

	A	B	C
1	现 金 流 量 表		
2	编制单位：升达有限责任公司	20X2/1/31	单位：元
3	项目	行次	金额
4	一、经营活动产生的现金流量	1	
5	销售商品或提供劳务收到现金	2	941,400.00
6	收到税费返还	3	–
7	收到的与经营业务有关的其他现金	4	2,200.00
8	现金流入合计	5	
9	购买商品、接受劳务支付的现金	6	
10	支付给职工以及为职工支付的现金	7	
11	支付的各项税费	8	
12	支付的与经营活动有关的其他现金	9	
13	现金流出合计	10	
14	经营活动产生的现金流量净额	11	

图 4.81　计算"经营活动产生的现金流量"分类中其他现金流入项目金额

C8　　　fx　=SUM(C5:C7)

	A	B	C
1	现 金 流 量 表		
2	编制单位：升达有限责任公司	20X2/1/31	单位：元
3	项目	行次	金额
4	一、经营活动产生的现金流量	1	
5	销售商品或提供劳务收到现金	2	941,400.00
6	收到税费返还	3	–
7	收到的与经营业务有关的其他现金	4	2,200.00
8	现金流入合计	5	943,600.00
9	购买商品、接受劳务支付的现金	6	
10	支付给职工以及为职工支付的现金	7	
11	支付的各项税费	8	
12	支付的与经营活动有关的其他现金	9	
13	现金流出合计	10	
14	经营活动产生的现金流量净额	11	

图 4.82　计算"经营活动产生的现金流量"分类的现金流入合计金额

C9　　　fx　=SUMIF(现金流量分类,A9,贷方金额)

	A	B	C
1	现 金 流 量 表		
2	编制单位：升达有限责任公司	20X2/1/31	单位：元
3	项目	行次	金额
4	一、经营活动产生的现金流量	1	
5	销售商品或提供劳务收到现金	2	941,400.00
6	收到税费返还	3	–
7	收到的与经营业务有关的其他现金	4	2,200.00
8	现金流入合计	5	943,600.00
9	购买商品、接受劳务支付的现金	6	124,550.00
10	支付给职工以及为职工支付的现金	7	
11	支付的各项税费	8	
12	支付的与经营活动有关的其他现金	9	
13	现金流出合计	10	
14	经营活动产生的现金流量净额	11	

图 4.83　计算"购买商品、接受劳务支付的现金"项目金额

⑦ 选中 C9 单元格，向下填充至 C12 单元格，即可计算出"经营活动产生的现金流量"分类中其他现金流出项目金额，如图 4.84 所示。

C12	: × ✓ fx	=SUMIF(现金流量分类,A12,贷方金额)	

	A	B	C
1	现 金 流 量 表		
2	编制单位：升达有限责任公司	20X2/1/31	单位：元
3	项目	行次	金额
4	一、经营活动产生的现金流量	1	
5	销售商品或提供劳务收到现金	2	941,400.00
6	收到税费返还	3	–
7	收到的与经营业务有关的其他现金	4	2,200.00
8	现金流入合计	5	943,600.00
9	购买商品、接受劳务支付的现金	6	124,550.00
10	支付给职工以及为职工支付的现金	7	–
11	支付的各项税费	8	18,440.90
12	支付的与经营活动有关的其他现金	9	15,400.00
13	现金流出合计	10	
14	经营活动产生的现金流量净额	11	

图 4.84　计算"经营活动产生的现金流量"分类中其他现金流出项目金额

⑧ 选中 C13 单元格，输入公式"＝SUM(C9:C12)"，按"Enter"键即可计算出"经营活动产生的现金流量"分类的现金流出合计金额，如图 4.85 所示。

C13	: × ✓ fx	=SUM(C9:C12)	

	A	B	C
1	现 金 流 量 表		
2	编制单位：升达有限责任公司	20X2/1/31	单位：元
3	项目	行次	金额
4	一、经营活动产生的现金流量	1	
5	销售商品或提供劳务收到现金	2	941,400.00
6	收到税费返还	3	–
7	收到的与经营业务有关的其他现金	4	2,200.00
8	现金流入合计	5	943,600.00
9	购买商品、接受劳务支付的现金	6	124,550.00
10	支付给职工以及为职工支付的现金	7	–
11	支付的各项税费	8	18,440.90
12	支付的与经营活动有关的其他现金	9	15,400.00
13	现金流出合计	10	158,390.90
14	经营活动产生的现金流量净额	11	

图 4.85　计算"经营活动产生的现金流量"分类的现金流出合计金额

⑨ 选中 C14 单元格，输入公式"＝C8－C13"，按"Enter"键即可计算出"经营活动产生的现金流量"分类现金流量的净额，如图 4.86 所示。

C14		f_x	=C8−C13	

	A	B	C
1	现 金 流 量 表		
2	编制单位：升达有限责任公司	20X2/1/31	单位：元
3	项目	行次	金额
4	一、经营活动产生的现金流量	1	
5	销售商品或提供劳务收到现金	2	941,400.00
6	收到税费返还	3	—
7	收到的与经营业务有关的其他现金	4	2,200.00
8	现金流入合计	5	943,600.00
9	购买商品、接受劳务支付的现金	6	124,550.00
10	支付给职工以及为职工支付的现金	7	—
11	支付的各项税费	8	18,440.90
12	支付的与经营活动有关的其他现金	9	15,400.00
13	现金流出合计	10	158,390.90
14	经营活动产生的现金流量净额	11	785,209.10

图 4.86 计算"经营活动产生的现金流量"分类的现金流量净额

⑩ 按相同方法计算出其他分类中各的现金流量金额，计算公式如图 4.87 所示，计算结果如图 4.88 所示。

现 金 流 量 表		
编制单位：升达有限责任公司 20X2/1/31		单位：元
项目	行次	金额
一、经营活动产生的现金流量	1	
销售商品或提供劳务收到现金	2	=SUMIF(现金流量分类,A5,借方金额)
收到税费返还	3	=SUMIF(现金流量分类,A6,借方金额)
收到的与经营业务有关的其他现金	4	=SUMIF(现金流量分类,A7,借方金额)
现金流入合计	5	=SUM(C5:C7)
购买商品、接受劳务支付的现金	6	=SUMIF(现金流量分类,A9,贷方金额)
支付给职工以及为职工支付的现金	7	=SUMIF(现金流量分类,A10,贷方金额)
支付的各项税费	8	=SUMIF(现金流量分类,A11,贷方金额)
支付的与经营活动有关的其他现金	9	=SUMIF(现金流量分类,A12,贷方金额)
现金流出合计	10	=SUM(C9:C12)
经营活动产生的现金流量净额	11	=C8−C13
二、投资活动产生的现金流量	12	
收回投资所收到的现金	13	=SUMIF(现金流量分类,A16,借方金额)
取得投资收益所收到的现金	14	=SUMIF(现金流量分类,A17,借方金额)
处置固定资产、无形资产和其他长期资产的现金净额	15	=SUMIF(现金流量分类,A18,借方金额)
收到的与投资活动有关的其他现金	16	=SUMIF(现金流量分类,A19,借方金额)
现金流入合计	17	=SUM(C16:C19)
购建固定资产、无形资产和其他长期资产支付的现金	18	=SUMIF(现金流量分类,A21,贷方金额)
投资所支付的现金	19	=SUMIF(现金流量分类,A22,贷方金额)
支付的与投资活动有关的其他现金	20	=SUMIF(现金流量分类,A23,贷方金额)
现金流出合计	21	=SUM(C21:C23)
投资活动产生的现金流量净额	22	=C20−C24
三、筹资活动产生的现金流量	23	
吸收投资所收到的现金	24	=SUMIF(现金流量分类,A27,借方金额)
借款所收到的现金	25	=SUMIF(现金流量分类,A28,借方金额)
收到的与筹资活动有关的其他现金	26	=SUMIF(现金流量分类,A29,借方金额)
现金流入合计	27	=SUM(C27:C29)
偿还债务所支付的现金	28	=SUMIF(现金流量分类,A31,贷方金额)
分配股利、利润、偿付利息所支付的现金	29	=SUMIF(现金流量分类,A32,贷方金额)
支付的与筹资活动有关的其他现金	30	=SUMIF(现金流量分类,A33,贷方金额)
现金流出合计	31	=SUM(C31:C33)
筹资活动产生的现金流量净额	32	=C30−C34
四、汇率变动对现金的影响	33	
五、现金流量净额	34	=C14+C25+C35
加：期初现金余额	35	=资产负债表!C5
六、期末现金及现金等价物余额	36	=C37+C38

图 4.87 现金流量表（设置函数）

现 金 流 量 表

编制单位：升达有限责任公司	20X2/1/31	单位：元
项目	行次	金额
一、经营活动产生的现金流量	1	
销售商品或提供劳务收到现金	2	941,400.00
收到税费返还	3	—
收到的与经营业务有关的其他现金	4	2,200.00
现金流入合计	5	943,600.00
购买商品、接受劳务支付的现金	6	124,550.00
支付给职工以及为职工支付的现金	7	—
支付的各项税费	8	18,440.90
支付的与经营活动有关的其他现金	9	15,400.00
现金流出合计	10	158,390.90
经营活动产生的现金流量净额	11	785,209.10
二、投资活动产生的现金流量	12	
收回投资所收到的现金	13	—
取得投资收益所收到的现金	14	—
处置固定资产、无形资产和其他长期	15	—
收到的与投资活动有关的其他现金	16	—
现金流入合计	17	—
购建固定资产、无形资产和其他长期	18	—
投资所支付的现金	19	—
支付的与投资活动有关的其他现金	20	—
现金流出合计	21	—
投资活动产生的现金流量净额	22	—
三、筹资活动产生的现金流量	23	
吸收投资所收到的现金	24	—
借款所收到的现金	25	500,000.00
收到的与筹资活动有关的其他现金	26	—
现金流入合计	27	500,000.00
偿还债务所支付的现金	28	—
分配股利、利润、偿付利息所支付的现	29	—
支付的与筹资活动有关的其他现金	30	—
现金流出合计	31	—
筹资活动产生的现金流量净额	32	500,000.00
四、汇率变动对现金的影响	33	
五、现金流量净额	34	1,285,209.10
加：期初现金余额	35	753,660.00
六、期末现金及现金等价物余额	36	2,038,869.10

图 4.88   现金流量表(计算结果)

4.4   所有者权益变动表

所有者权益变动表是反映企业所有者权益变动情况的报表,主要反映 4 个方面的内容:综合收益导致的所有者权益变动;资本业务导致的所有者权益变动;利润分配导致的所有者权益变动;所有者权益内部的变动。

4.4.1   设置所有者权益变动表格式

具体操作步骤如下。

① 打开"会计核算. xlsx"工作簿,单击"现金流量表"后面的"新工作表"按钮 ⊕ ,增加一张新的工作表,将其重命名为"所有者权益变动表"。

② 打开"所有者权益变动表"工作表,输入表格标题、表头信息,并根据当前实际情况输入所有者权益变动表的各个项目。

③ 对建立的表格进行边框设置、特定区域底纹设置、文字字体设置、对齐方式设置等,得到设置好格式的所有者权益变动表,如图 4.89 所示。

项目	本年金额							上年金额						
	实收资本(或股本)	资本公积	减:库存股	其他综合收益	盈余公积	未分配利润	所有者权益合计	实收资本(或股本)	资本公积	减:库存股	其他综合收益	盈余公积	实收资本(或股本)	资本公积
一、上年年末余额														
加:会计政策变更														
前期差错更正														
二、本年年初余额														
三、本年增减变动金额(减少以"-"号填列)														
(一)综合收益总额														
(二)所有者投入和减少资本														
1.所有者投入资本														
2.股份支付计入所有者权益的金额														
3.其他														
(三)利润分配														
1.提取盈余公积金														
2.对所有者(或股东)的分配														
3.其他														
(四)所有者权益内部结转														
1.资本公积转增资本(或股本)														
2.盈余公积转增资本(或股本)														
3.盈余公积弥补亏损														
4.其他														
四、本年年末余额														

图 4.89 所有者权益变动表

4.4.2 填制所有者权益变动表

所有者权益变动表的填制建立在资产负债表和总账科目余额表的基础之上,通过直接链接或间接链接从相关的工作表中提取数据,再根据会计准则的有关规定,设置单元格的计算公式,并填在对应的单元格中。

由于直接链接和间接链接在前面章节都已介绍,本节只列示计算公式和最终计算结果。

1. 计算"上年年末余额"项目的金额

具体操作步骤如下。

① 打开"所有者权益变动表",选中 B5 单元格,输入公式"=资产负债表! F33",按"Enter"键即可。

② 选中 F5 单元格,输入公式"=资产负债表! F41",按"Enter"键即可。

③ 选中 G5 单元格,输入公式"=资产负债表! F42",按"Enter"键即可。

④ 选中 H5 单元格,输入公式"=SUM(B5:G5)",按"Enter"键即可。

2. 计算"会计政策变更"的"所有者权益合计"金额

具体操作步骤如下。

打开"所有者权益变动表",选中 H6 单元格,输入公式"=SUM(B6:G6)",按"Enter"键即可。

3. 计算"前期差错更正"的"所有者权益合计"金额

具体操作步骤如下。

打开"所有者权益变动表",选中 H7 单元格,输入公式"＝SUM(B7:G7)",按"Enter"键即可。

4. 计算"本年年初余额"项目的本年金额

具体操作步骤如下。

① 打开"所有者权益变动表",选中 B8 单元格,输入公式"＝B5",按"Enter"键即可。

② 选中 F8 单元格,输入公式"＝F5",按"Enter"键即可。

③ 选中 G8 单元格,输入公式"＝G5",按"Enter"键即可。

④ 选中 H8 单元格,输入公式"＝SUM(B8:G8)",按"Enter"键即可。

5. 计算"所有者投入和减少资本"的"实收资本(或股本)"本年金额

具体操作步骤如下。

打开"所有者权益变动表",选中 B11 单元格,输入公式"＝B12＋B13＋B14",按"Enter"键即可。

6. 计算"所有者投入资本"的"实收资本(或股本)"本年金额

具体操作步骤如下。

打开"所有者权益变动表",选中 B12 单元格,输入公式"＝总账科目汇总表! C17",按"Enter"键即可。

7. 计算"利润分配"的"未分配利润"的本年金额

具体操作步骤如下。

打开"所有者权益变动表",选中 G15 单元格,输入公式"＝G16＋G17＋G18",按"Enter"键即可。

8. 计算"利润分配—其他"项目的"未分配利润"本年金额

具体操作步骤如下。

打开"所有者权益变动表",选中 G18 单元格,输入公式"＝总账科目汇总表! C18－总账科目汇总表! B18",按"Enter"键即可。

9. 计算"本年年末余额"的各项目金额

具体操作步骤如下。

① 打开"所有者权益变动表",选中 B24 单元格,输入公式"＝B8＋B11",按"Enter"键即可。

② 选中 F24 单元格,输入公式"＝资产负债表! E41",按"Enter"键即可。

③ 选中 G24 单元格,输入公式"＝G8＋G15",按"Enter"键即可。

④ 选中 H24 单元格,输入公式"＝SUM(B24:G24)",按"Enter"键即可。

⑤ 选中 I24 单元格,输入公式"＝资产负债表! E33",按"Enter"键即可。

⑥ 选中 M24 单元格,输入公式"＝资产负债表! F41",按"Enter"键即可。

⑦ 选中 N24 单元格,输入公式"＝资产负债表! F33",按"Enter"键即可。

⑧ 选中 O24 单元格,输入公式"＝资产负债表! F37",按"Enter"键即可。

计算后的结果如图 4.90 所示。

| Q28 | ▾ | : | × | ✓ | fx | | | | | | | | |

	B	C	D	E	F	G	H	I	J	K	L	M	N	O
1						所有者权益变动表								
2							年度						单位：元	
3			本年金额								上年金额			
4	实收资本（或股本）	资本公积	减：库存股	其他综合收益	盈余公积	未分配利润	所有者权益合计	实收资本（或股本）	资本公积	减：库存股	其他综合收益	盈余公积	实收资本（或股本）	资本公积
5	725,000.00				34,540.00	2,154,577.99	2,914,117.99							
6							—							
7														
8	725,000.00				34,540.00	2,154,577.99	2,914,117.99							
9														
10														
11	80,000.00													
12	80,000.00													
13														
14														
15						120,100.00								
16														
17														
18						120,100.00								
19														
20														
21														
22														
23														
24	805,000.00				34,540.00	2,274,677.99	3,114,217.99	725,000.00				34,540.00	725,000.00	—

图 4.90　所有者权益变动表计算结果

> **实战演练**
>
> （1）以任务 3 实战演练完成的总账科目余额表和末级科目余额表为数据源，运用 SUMIF 函数填制资产负债表。
>
> （2）以任务 3 实战演练完成的总账科目余额表为数据源，填制利润表。
>
> （3）以任务 2 实战演练完成的会计凭证为数据源，运用"数据"→"筛选"和 SUMIF 函数，填制现金流量表。
>
> （4）根据本任务已完成的资产负债和任务 3 实战演练完成的总账科目汇总表填制所有者权益变动表。

第3部分

Excel 在资产管理中的应用

企业中的资产管理一般包括流动资产管理和固定资产管理。流动资产管理主要是指现金管理、应收账款管理以及存货管理,在 Excel 中,可以通过设置管理模型,运用筛选、规划求解、模拟运算表等工具对企业的流动资产进行科学管理;固定资产管理即对企业所拥有的固定资产进行新增、折旧、维修、报废等的管理,在 Excel 中,有许多针对固定资产管理的函数,可以快速地计算固定资产的相关数据,从而更方便、更准确地管理企业的固定资产。

任务 5　Excel 在现金管理中的应用

现金是货币资金的重要组成部分，是企业中流动性最强的资产。企业通过对现金的管理可以合理安排现金支出，平衡资产的流动性和盈利性，最大限度地获取收益。

5.1　建立最佳现金持有量模型

现金管理模型中考虑的现金相关总成本主要包括机会成本、转化成本、短缺成本和管理成本。

1. 机会成本

机会成本是指企业因持有一定数量的现金而丧失的再投资收益，它与现金持有量成正比。

$$机会成本 = 现金持有量 \times 有价证券投资收益率$$

2. 转化成本

企业用现金购买有价证券以及转让有价证券获取现金需要支付的交易费用，即现金同有价证券之间相互转换的成本。

$$转化成本 = 有价证券转换成本 \times 转换次数$$

3. 短缺成本

短缺成本是指由于企业的现金持有量不足而又无法通过有价证券变现加以补充给企业造成的损失，包括直接损失和间接损失，它与现金持有量成反比。

4. 管理成本

企业拥有现金，会发生管理费用，如管理人员工资、安全措施费等。这些费用是现金的管理成本。

以上四项成本之和最小的现金持有量,即为最佳现金持有量。在实际工作中,有些现金短缺成本可以准确计量,而有些现金短缺成本却需要通过某种方法进行估计、测算,因此,本书建立的现金管理模型不考虑短缺成本;而管理成本是一种固定成本,与现金持有量之间无明显的比例关系。所以,在制作现金管理模型时,可以忽略管理成本。

【例5-1】　郑州升达有限公司全年现金持有量是500万元,有价证券转化成本为5 000元/次,有价证券年利率为10%。要求:计算企业的最佳现金持有量。

通过建立最佳现金持有量模型来计算企业的最佳现金持有量,具体操作步骤如下:

① 在D盘"升达公司"文件夹下新建Excel工作簿,将其重命名为"流动资产管理.xlsx"。打开"流动资产管理.xlsx"工作簿,双击工作表标签"sheet1",输入新工作表名称"现金管理"。

② 设计现金管理模型,并输入基本信息,如图5.1所示。

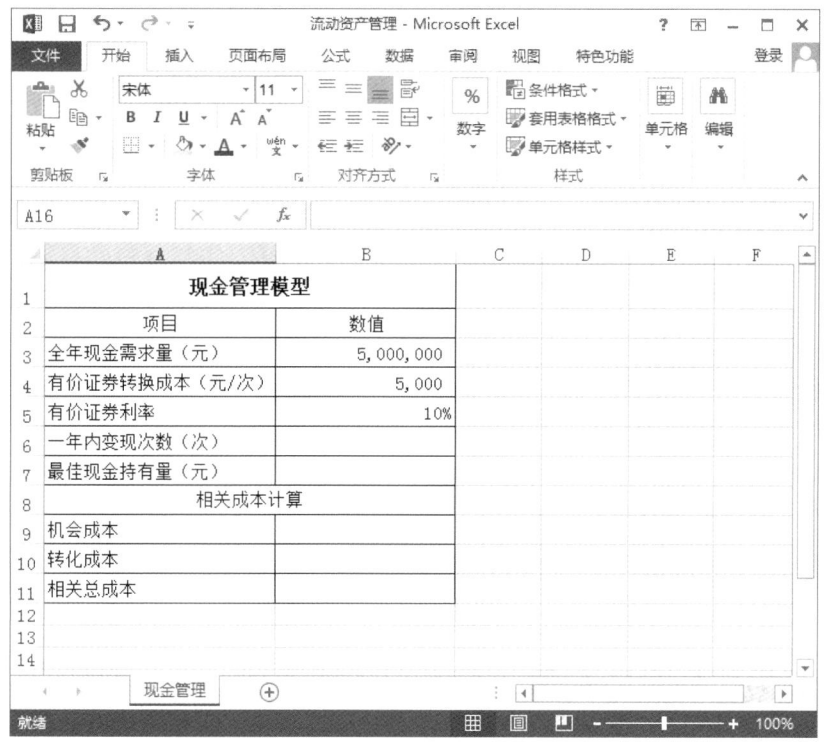

图5.1　现金管理模型基本信息

提示:企业的经营离不开现金,而管理现金的过程中,会产生各种成本。建立现金管理模型是通过对企业所持现金的相关成本进行分析,将企业持有现金的总成本最低点对应的现金余额作为最佳现金余额,由此计算的最佳现金持有量对企业有非常重要的参考价值。

5.2　设置规划求解加载项

在具体计算最佳现金持有量时,可以利用公式计算,也可以利用规划求解工具计算。规划求解是 Excel 中一个非常有用的工具,不仅可以解决运筹学、线性规划等问题,还可以用来求解线性方程组及非线性方程组。通常,当涉及依赖于单个或多个未知变量的目标变量的最大化或者最小化的优化问题时,则应当使用"规划求解"。"规划求解"允许用户指定一个或者多个约束条件。

在 Excel 2013 功能区的选项卡中,并没有"规划求解"这个命令,因此,在使用"规划求解"工具的时候,要在自定义功能区调出此工具,具体操作步骤如下。

① 在"流动资产管理"工作簿中,单击"文件"→"选项"→"加载项"→"规划求解加载项",如图 5.2 所示。

② 单击下方的"转到(G)"按钮,勾选"规划求解加载项",如图 5.3 所示,单击"确定"按钮,则"数据"选项卡下新增"规划求解"命令。

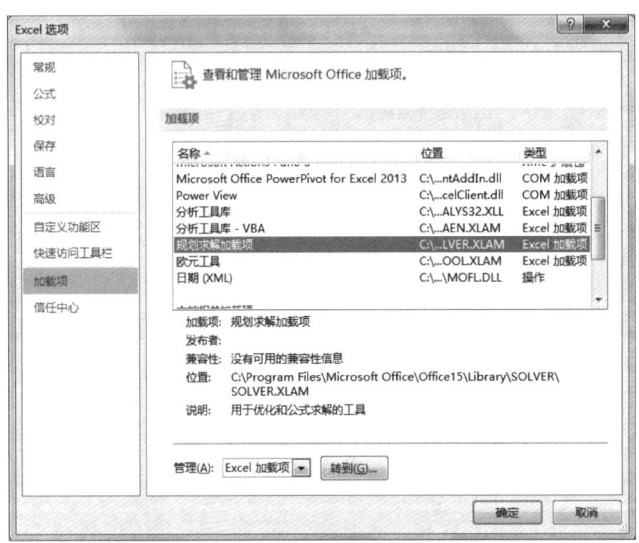
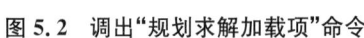
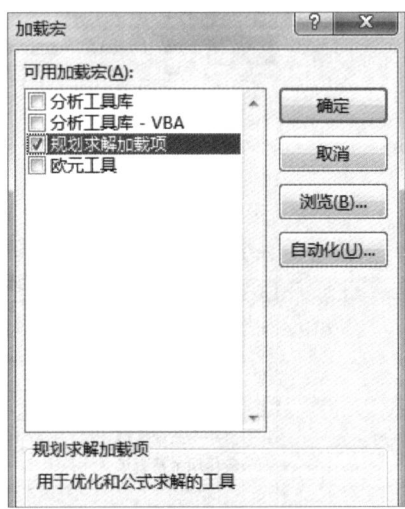

图 5.2 调出"规划求解加载项"命令   图 5.3 新增"规划求解"命令

5.3 计算最佳现金持有量

通过设计现金管理模型,利用 Excel 中的规划求解工具,可以计算最佳现金持有量,具体步骤如下。

① 假设企业的最佳现金持有量为 500 000 元,则一年内变现次数=全年现金需求量/最佳现金持有量。在单元格 B7 中输入"500 000",在单元格 B6 中输入公式"=B3/B7",如图 5.4 所示,并按下"Enter"键。

② 计算机会成本。在 B9 单元格中输入公式"=B7 * B5/2",并按下"Enter"键。

③ 计算转化成本。在 B10 单元格中输入公式"=B6 * B4",并按下"Enter"键。

④ 计算相关总成本。在 B11 单元格中输入公式"=B9+B10",并按下"Enter"键,计算结果如图 5.5 所示。

⑤ 单击"数据"→"规划求解"命令,在规划求解参数选项卡中,将"设置目标"编辑框中

图 5.4　计算相关数据

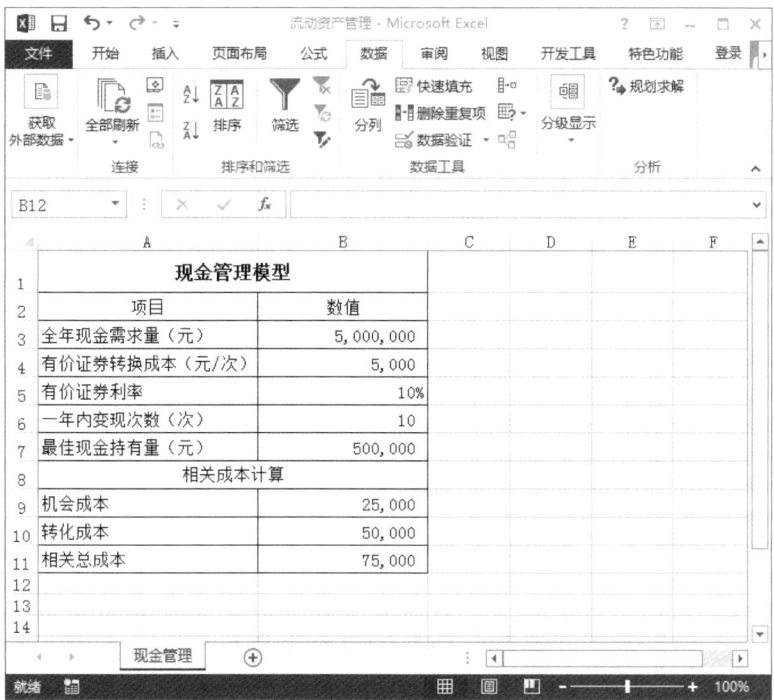

图 5.5　假设数据计算结果

设置为"＄B＄11";在"到"选择项中选择"最小值",在"通过更改可变单元格"编辑框中设置为"＄B＄7";增加约束条件,单击"添加"按钮,增加约束条件"＄B＄7＞＝0",如图5.6所示,单击"确定"按钮后,用同样的方式增加约束条件"＄B＄7＜＝5000000";勾选"使无约束变量为非负数",选择求解方法为"非线性GRG",如图5.7所示。

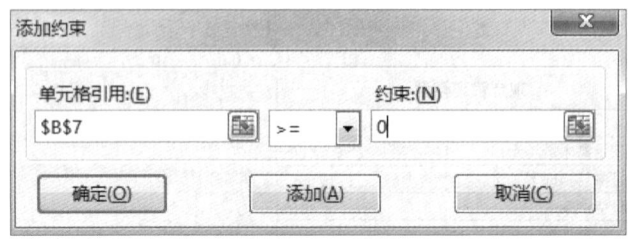

图5.6　添加约束条件

图5.7　"规划求解参数"选项卡

⑥ 单击"求解",弹出"规划求解结果"对话框,如图5.8所示。

⑦ 选择"保留规划求解的解",单击"确定"按钮,得到的现金管理计算结果如图5.9所示。

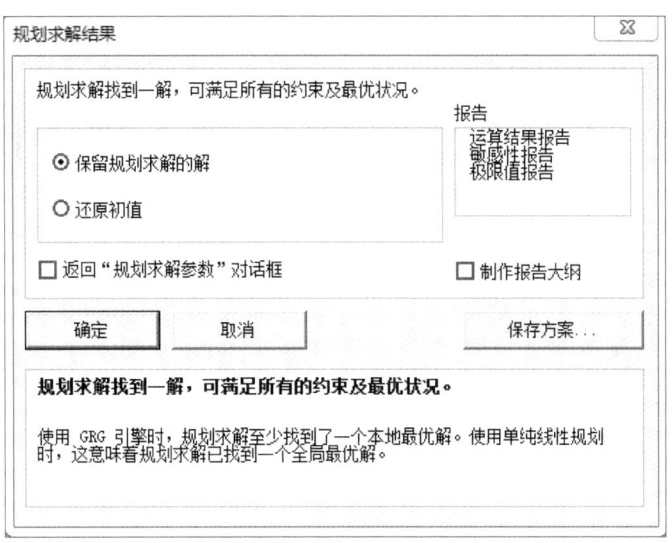

图 5.8　"规划求解结果"对话框

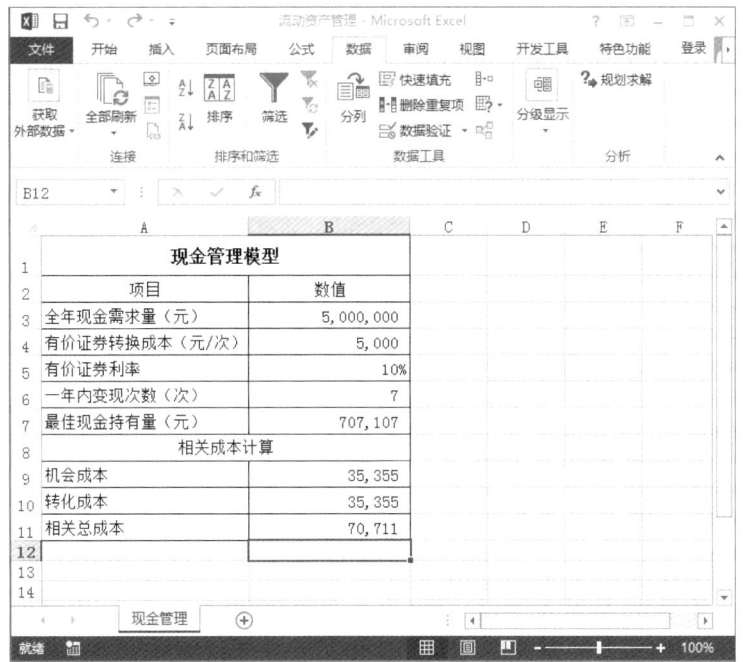

图 5.9　现金管理计算结果

实战演练

假设升达有限公司下属子公司全年现金持有量是 320 万元,有价证券转化成本为 3 000 元/次,有价证券年利率为 12%。要求:设计现金管理模型,并利用规划求解工具计算企业的最佳现金持有量。

任务 6　Excel 在应收账款管理中的应用

学习目标▶

（1）学会利用 Excel 建立并登记应收账款明细账。

（2）学会利用 Excel 分析逾期应收账款及应收账款账龄。

（3）学会利用 Excel 计算应收账款的坏账数额。

思政目标▶

把社会主义核心价值观贯彻到日常工作中，敬业、诚信地对应收账款实施管理，培养学生保障资产安全性和流动性的会计职业操守。

随着商品经济的发展，商业信用越来越重要，应收账款的管理已经成为企业流动资产管理的一个重要项目。利用 Excel 管理应收账款，可以极大地提高管理人员的工作效率，制定合理的信用政策，加强应收账款的催收。

6.1　应收账款统计

6.1.1　应收账款明细账的建立

在 Excel 中进行应收账款管理，首先要将企业现有应收账款信息登记到工作表中，具体操作步骤如下。

1. 建立应收账款管理工作表

打开"应收账款管理. xlsx"工作簿，将鼠标光标移至左下方 sheet1 处，单击鼠标右键，在弹出的快捷菜单中选择"重命名"命令，输入"应收账款管理"，如图 6.1 所示。

2. 登记各项应收账款的相关信息

针对各项应收账款分别登记其相关信息如下：应收账款产生日期（赊销日期）；客户（债务人）单位名称；应收账款金额（赊销金额）；付款期限（信用期，一般以天为单位）；应收账款到期日。

以上所列相关信息仅作为参考，可以根据企业管理的实际需要，对上述信息进行添加或删除。

登记应收账款相关明细信息的操作步骤如下。

① 选中 A1 单元格，输入"升达有限责任公司应收账款管理"，将列单元格调整为合适的宽度。

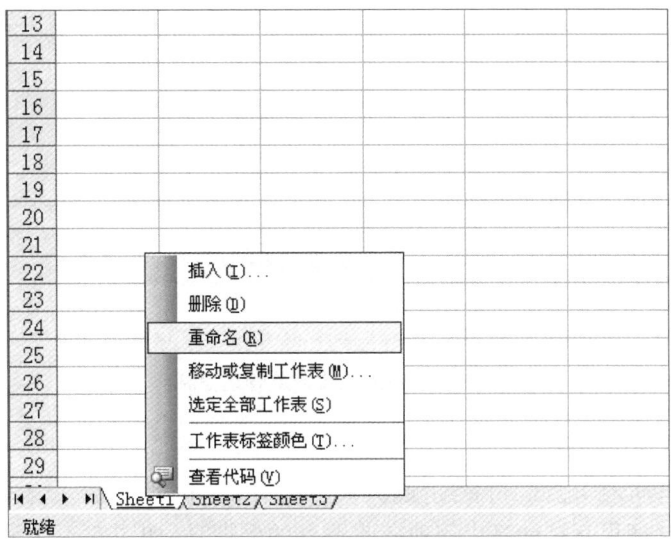

图 6.1　修改 Excel 工作表的名称

② 选中 A2 单元格,输入"当前日期"。本例中默认日期为"2022 年 1 月 31 日",实际工作中可以使用函数"NOW()"来确定当前日期,但当我们直接输入该函数时,发现显示的日期信息还包括时和分,即"2022-1-31 10:51"。这是因为单元格默认该函数显示的当前日期具体到时和分,故应将该列单元格的格式调整为日期格式中的年、月、日形式,具体调整方式为单击该单元格,点鼠标右键,在弹出的列表中选择"设置单元格格式",在格式中单击"数字"选项卡中的"日期"项,选择常用的"数字年-数字月-数字日",调整后单击"Enter"键确认,如图 6.2 所示。

图 6.2　输入当前日期

③ 选中 A3 单元格,输入"赊销日期";选中 B3 单元格,输入"债务人名称";选中 C3 单元格,输入"应收金额";选中 D3 单元格,输入"付款期限(天)";选中 E3 单元格,输入"到期日"。在具体实务处理中,为了使应收账款管理更加合理、完善,可以根据实际情况添加补充说明资料,如图 6.3 所示。

3. 输入企业现有应收账款详细信息

① 选中 A4 单元格,输入具体赊销(应收账款产生)日期,将单元格格式设置为"日期",选择企业常用日期格式。选中 B4 单元格,输入具体债务人名称。

② 选中 C4 单元格,输入"应收金额",将单元格格式设置为"会计专用",选择企业常用

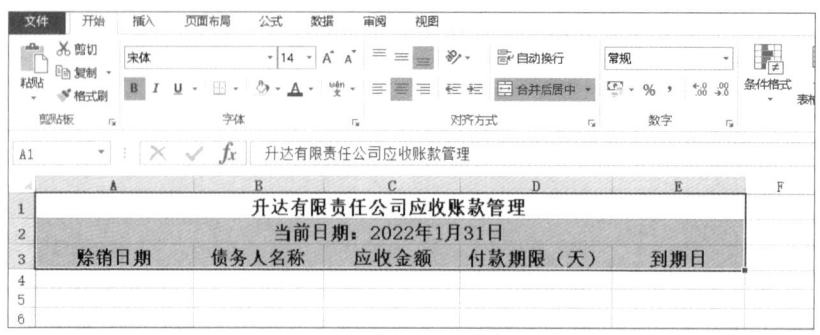

图 6.3　输入应收账款管理信息

会计核算形式。

③ 选中 D4 单元格,输入"付款期限(天)"。选中 E4 单元格,输入公式"＝A4＋D4",单击"Enter"键确认,即可直接计算出该项应收账款的到期日,如图 6.4 所示。将以上单元格的有效性控制复制到 A～E 列的其他单元格。

除销日期	债务人名称	应收金额	付款期限（天）	到期日
2021年4月10日	云阳公司	2,800.00	25	2021年5月5日
2021年5月2日	齐天公司	12,000.00	40	2021年6月11日
2021年5月8日	云峰公司	980.00	25	2021年6月2日
2021年6月10日	大通公司	12,500.00	60	2021年8月9日
2021年7月11日	宁泰公司	32,500.00	60	2021年9月9日
2021年8月12日	长治公司	45,450.00	30	2021年9月11日
2021年8月25日	宁泰公司	2,400.00	20	2021年9月14日
2021年9月13日	大通公司	1,150.00	30	2021年10月13日
2021年10月1日	齐天公司	1,000.00	40	2021年11月10日
2021年10月22日	云阳公司	3,600.00	35	2021年11月26日
2021年11月2日	长治公司	980.00	30	2021年12月2日
2022年1月2日	云峰公司	12,350.00	18	2022年1月20日
2022年1月15日	齐天公司	8,000.00	20	2022年2月4日
2022年1月27日	长治公司	510.00	30	2022年2月26日

图 6.4　输入升达有限责任公司现有应收账款详细信息

6.1.2　各债务人的应收账款统计

升达有限责任公司现有的各项应收账款登记完毕后,由于债务人众多,为了方便了解某一债务人所欠本公司款项的总额,利用 Excel 提供的数据命令,建立针对不同债权人所欠金额进行汇总的功能。

打开"应收账款管理.xlsx"工作簿,将鼠标光标移至左下方 sheet 2 处,单击鼠标右键,在弹出的快捷菜单中选择"重命名"命令,输入"债务人应收账款金额统计"。复制"应收账款管理"工作表中的数据到当前工作表。

微课 6-1

1. 以"债务人名称"重新排序

① 为了方便数据筛选，可以先删除该表的表头，即删除"升达有限责任公司应收账款管理"和"当前日期"两行。

② 接下来选择"开始"选项卡中的"排序和筛选"→"自定义排序"命令，如图 6.5 所示。在"主要关键字"选择"债务人名称"，然后单击"添加条件"按钮，在出现的"次要关键字"选择"赊销日期"，其中"排列依据"默认为"数值"，"次序"默认为"升序"，单击"确定"按钮。

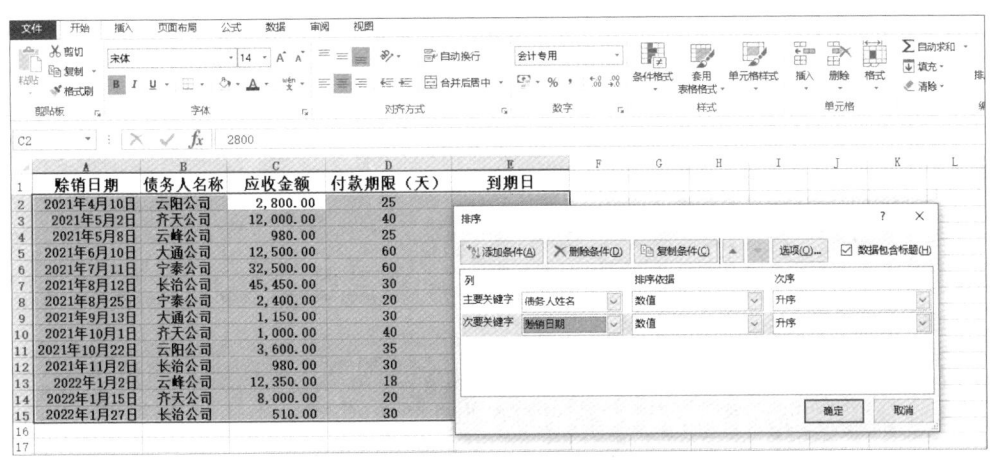

图 6.5　排序命令

③ 执行命令后，原来按照应收账款发生先后顺序登记的数据，重排序为按照债务人名称进行排序，如图 6.6 所示。

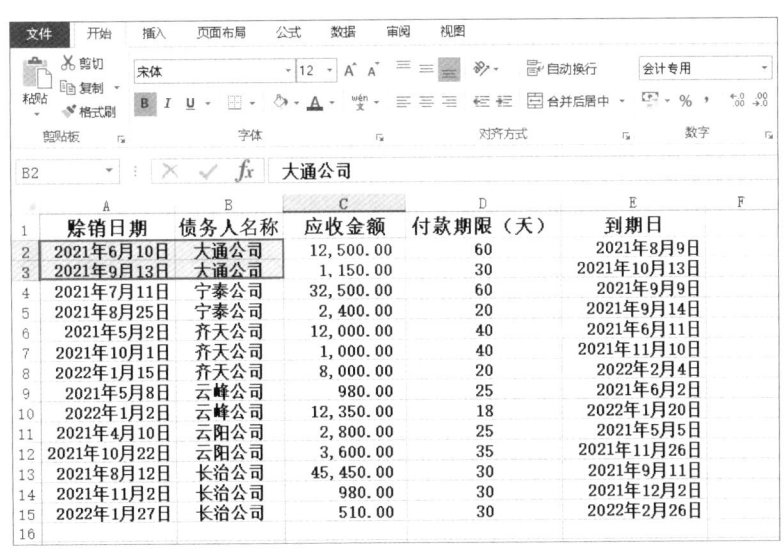

图 6.6　按照债务人名称重新排序

2. 对各债务人的应收账款金额进行汇总

① 选中 B1 单元格即选中"债务人名称"单元格，选择"数据"→"分级显示"→"分类汇总"命令，如图 6.7 所示。

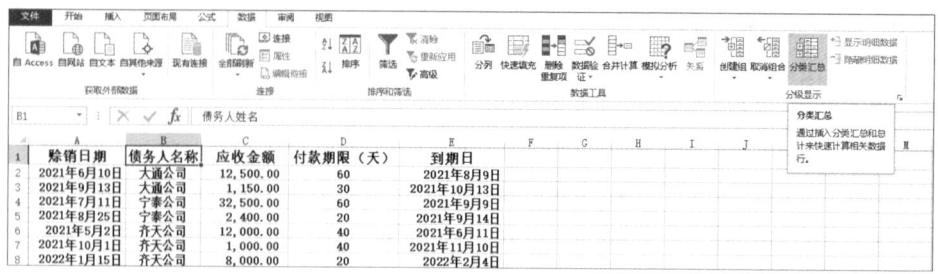

图 6.7 "分类汇总"命令

② 在弹出的"分类汇总"对话框中,"分类字段"选择"债务人名称","汇总方式"选择"求和","选定汇总项"选择"应收金额",默认选择"替换当前分类汇总"和"汇总结果显示在数据下方"后,单击"确认"按钮,如图 6.8 所示。

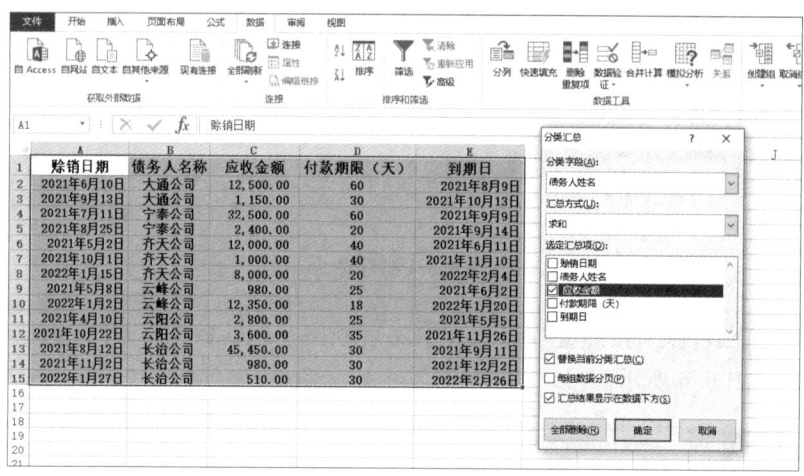

图 6.8 "分类汇总"对话框

③ 执行命令后,即可显示按照债务人名称针对应收账款金额进行的汇总数据,如图 6.9 所示。

图 6.9 按照债务人名称汇总应收账款总额

通过汇总数据可以看出,长治公司与宁泰公司欠本公司的款项较高,必须对其进行重点管理。

6.1.3　利用函数、图标统计各债务人应收账款

除了利用工具栏对各债务人进行排序和金额的汇总以外,还可以利用
SUMIF 函数实现该统计结果。

1. 使用 SUMIF 函数统计各债务人的应收账款

微课 6-2

(1)建立应收账款分类明细账

① 首先打开"应收账款管理.xlsx"工作簿,将鼠标光标移至左下方 sheet 3 处,单击鼠标右键,在弹出的快捷菜单中选择"重命名"命令,输入"应收账款分类明细账"。

② 选中 A1 单元格,输入"升达有限责任公司应收账款分类明细账",将列单元格调整为合适的宽度,将 A1 和 B1 单元格合并后居中。

② 选中 A2 单元格,输入"债务人名称"。

③ 选中 A3:A8 单元格区域,输入各个债务人名称。

④ 选中 B2 单元格,输入"应收账款合计"。将该列单元格的格式调整为"会计专用"形式,如图 6.10 所示。

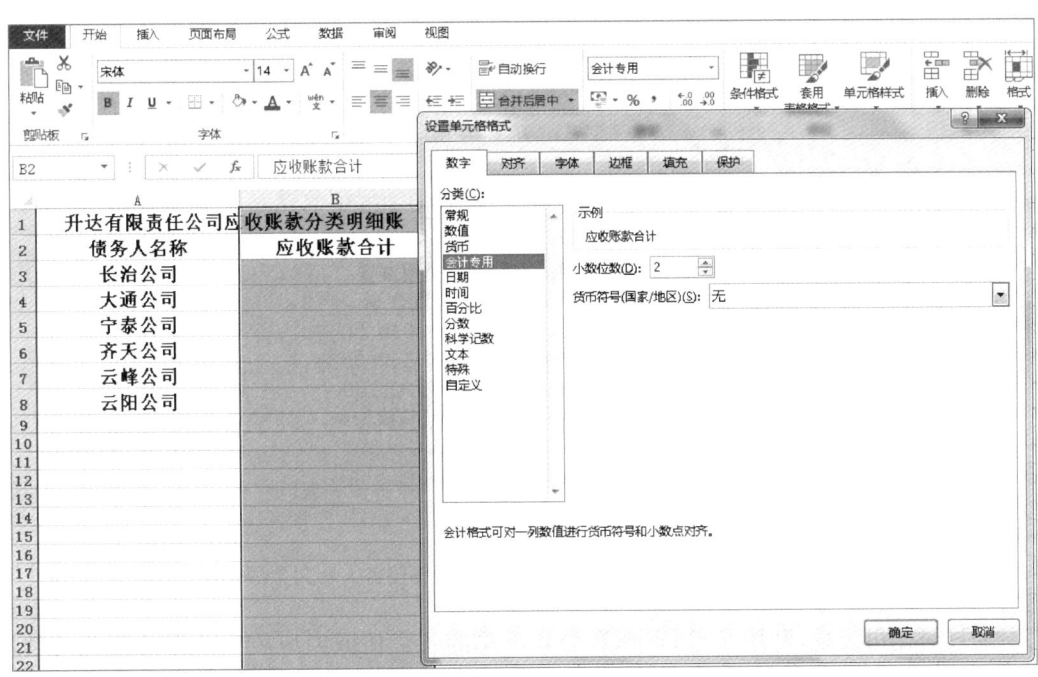

图 6.10　建立应收账款分类明细账

(2)使用 SUMIF 公式进行汇总

选中 B3 单元格,输入公式"＝SUMIF(应收账款管理!＄B＄3:＄B＄17,A3,应收账款管理!＄C＄3:＄C＄17)",按"Enter"键确认。注意,公式中的符号为英文模式下的符号。具体函数参数如图 6.11 所示。

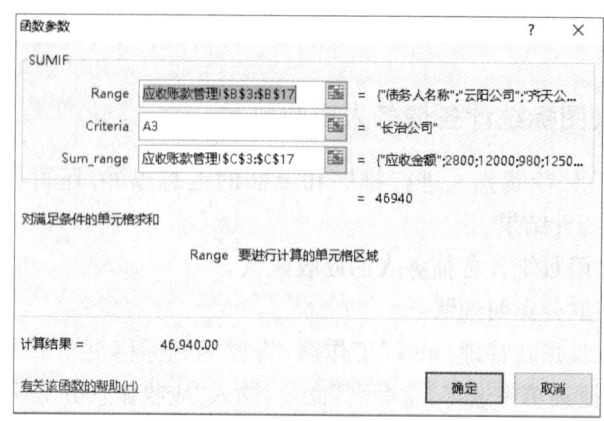

图 6.11 使用 SUMIF 函数进行汇总

该公式表示针对"应收账款管理"工作表中的债务人名称进行汇总计算,找到"应收账款汇总明细账"中"长治公司",针对"长治公司"所涉及的所有"应收金额"进行汇总。

（3）生成分类汇总数据

将 B3 单元格公式复制到该列其他单元格中,则可快速计算出其他债务人的应收账款合计金额,如图 6.12 所示。

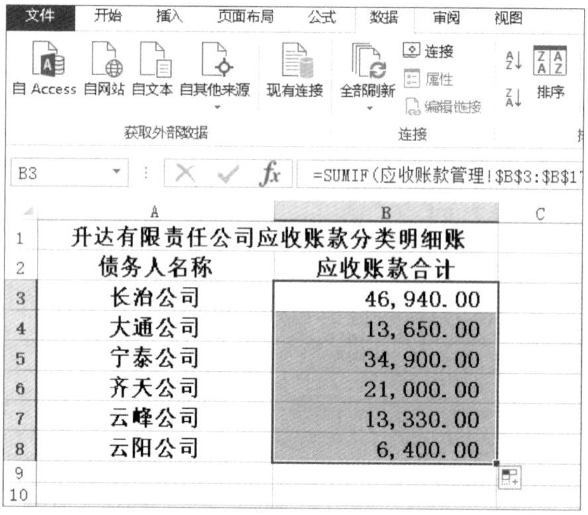

图 6.12 复制 SUMIF 函数公式汇总各债务人所欠金额

通过对比可发现,利用 SUMIF 函数公式汇总的各个债务人应收账款合计金额与利用分类汇总命令计算的合计金额完全相同,根据应收账款管理人员的需要可自行选择汇总方式。

2. 建立图表进行对比分析

通过建立图表可以更加直观地显示出各债务人应收账款占应收账款总额的百分比。具体操作如下。

① 在上文编制完成的"应收账款分类明细账"工作表,将表格进行全选,在"插入"选项卡中的"图表"组,单击"插入饼图或圆环图"按钮 ,选择"二维饼图",如图 6.13 所示。

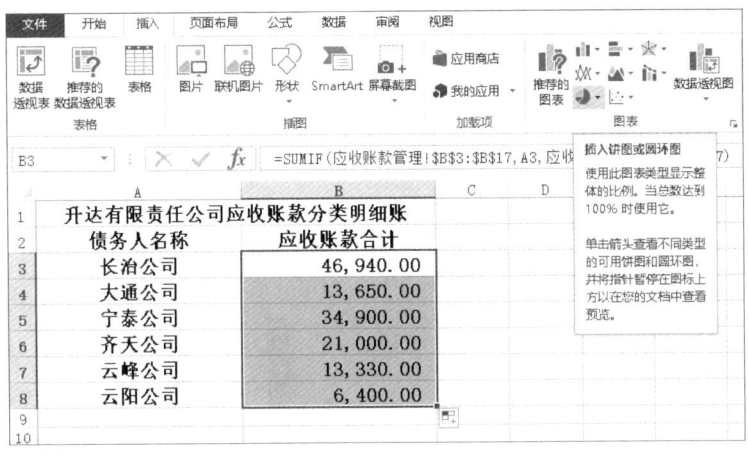

图 6.13 单击图表组中的"插入饼图或圆环图"按钮

② 可以根据表要求,选择二维饼图、三维饼图或其他类型图表,选择"二维饼图"中的任一种"饼图",系统都可自动生成相应的分析饼图,如图 6.14 所示。在图表创建完成后,可以按照前文所述,修改其各种属性,使整个图表更加完善。从作图程序来看,Excel 2013 较 Excel 2007 简便得多,图表形式和内容修改起来也灵活得多。

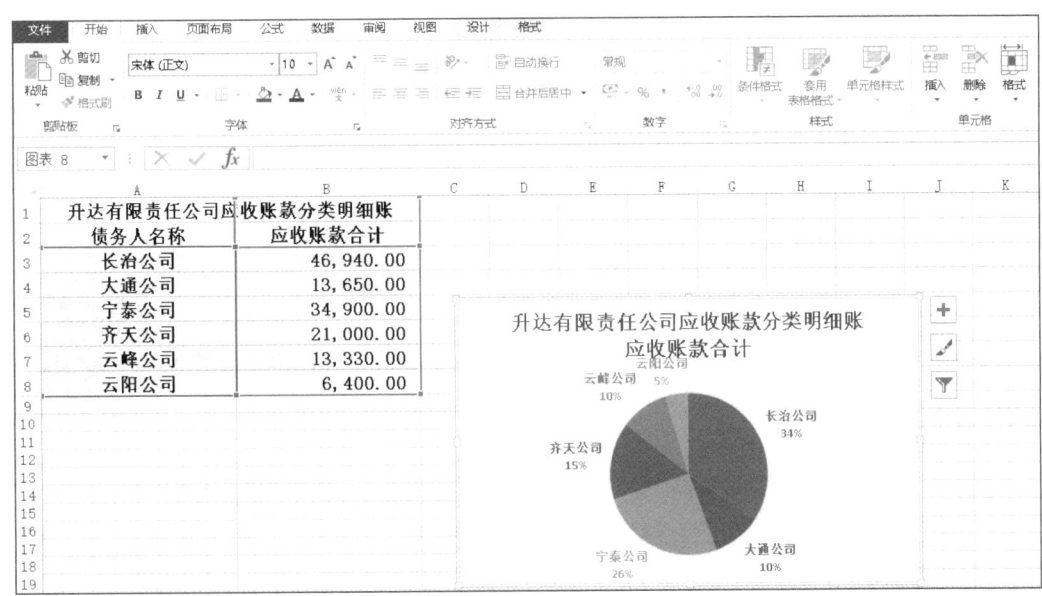

图 6.14 各债务人应收账款分析饼图

通过图 6.14 可以更加明确地看出,长治公司与宁泰公司所欠本公司的款项分别占升达有限责任公司应收账款总额的 34% 和 26%,必须对这两个公司的应收账款进行重点管理。

③ 除了自动生成饼图,Excel 2013 还可以根据需要将饼图调整为柱形图、折线图、条形图、面积图、散点图以及其他图表。例如,单击"柱形图"按钮 ,选择"三维柱形图"中的"三维簇状柱形图",即可自动生成三维簇状柱形图,如图 6.15 所示。

通过分析图 6.15 可以看出,长治公司与宁泰公司所欠本公司的款项分别为 46 940 元

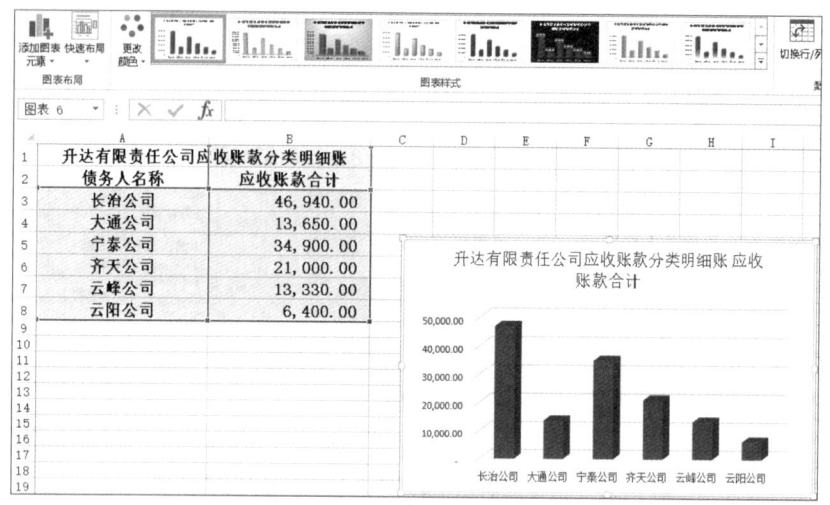

图 6.15　各债务人应收账款分析柱形图

和 34 900 元,必须对这两个公司的应收账款进行重点管理。

6.2　逾期应收账款分析

应收账款在登记入账时会记录赊销日期和约定付款期限,一般于月底统计本期是否有应收账款到期,如果到期应收账款尚未收款,必须反映逾期天数,以便及时采取催收措施,减少坏账发生的可能性,降低企业应收账款的坏账损失。

6.2.1　计算分析应收账款是否到期

1. 建立"逾期应收账款分析"工作表

（1）新建工作表

在"应收账款管理. xlsx"工作簿中插入新建工作表 sheet1,并重命名为"逾期应收账款分析"。

（2）复制应收账款相关数据

复制"应收账款管理"工作表中的数据到当前工作表中。为方便后文使用函数进行分析、判断,将"当前日期"与"2022 年 1 月 31 日"分列 A2 单元格和 B2 单元格。

微课 6-3

注:本例假设"当前日期"为"2022 年 1 月 31 日",实际工作中可以使用函数"NOW()"来确定当前日期。

（3）填制"已收""未收"金额

选中 E 列与 F 列两列,单击鼠标右键,选择"插入"命令,即可一次性插入两列。选中 E3 单元格,输入"已收金额",选中 F3 单元格,输入"未收金额",并在对应单元格输入实际已收金额和未收金额,将 E 列与 F 列的单元格格式调整为"会计专用"格式。

（4）建立逾期应收账款分析表

选中 H3 单元格,输入"是否到期",建立"升达有限责任公司逾期应收账款分析表",如图 6.16 所示。

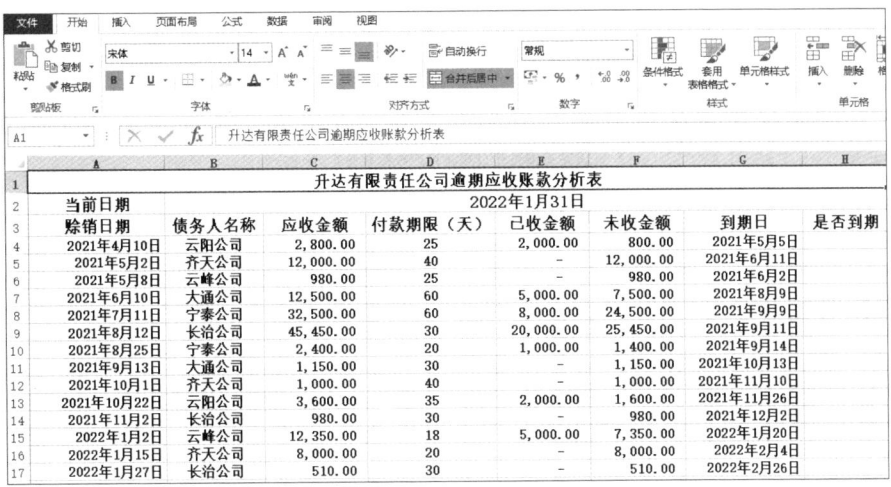

图 6.16　升达有限责任公司逾期应收账款分析表

2. 判断现有各项应收账款是否到期

通过 IF 函数判断升达有限责任公司现有各项应收账款是否到期。

（1）编辑公式

选中 H4 单元格，输入公式"＝IF(G4＜＄B＄2,"是","否")"，按"Enter"键确认。注意，公式中的符号为英文模式下的符号。具体函数参数如图 6.17 所示。

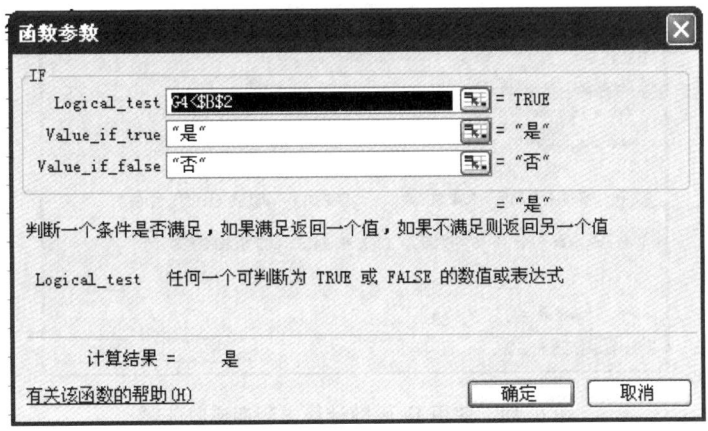

图 6.17　使用 IF 函数分析应收账款是否到期

（2）公式含义

该公式表示针对"升达有限责任公司逾期应收账款分析表"中某债务人的应收账款是否到期进行判断，如果该表中"G4"单元格（即到期日）小于"B2"单元格（即当前日期），即该项应收账款已经到期。满足上述条件，显示为"是"，如果不满足条件，则显示为"否"。

3. 生成判断结果

将 H4 单元格公式复制到该列其他单元格中，则可快速判断其他债务人所欠本企业的款项是否到期，如图 6.18 所示。

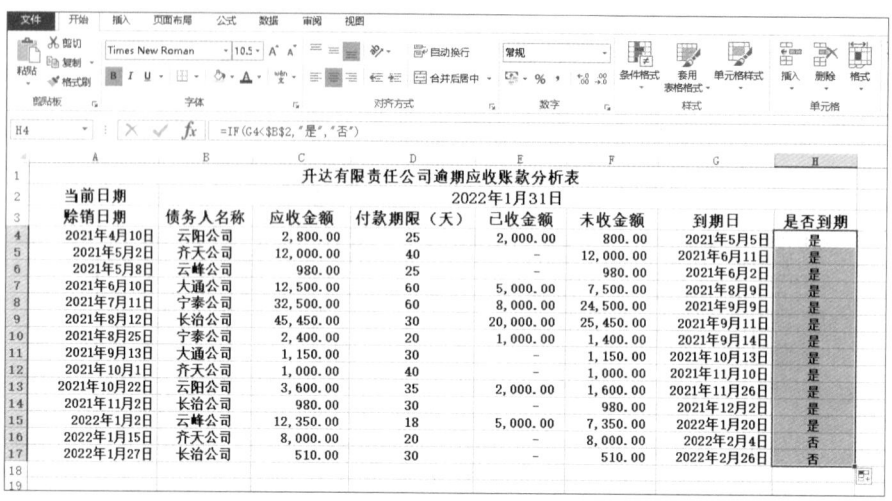

图 6.18　判断各债务人所欠款项是否到期

4. 显示未到期金额

（1）编辑公式

选中 I3 单元格，输入"未到期金额"。选中 I4 单元格，输入公式"＝IF（＄B＄2－＄G4＜0，＄C4－＄E4，0）"，按"Enter"键确认。注意，公式中的符号为英文模式下的符号。具体函数参数如图 6.19 所示。

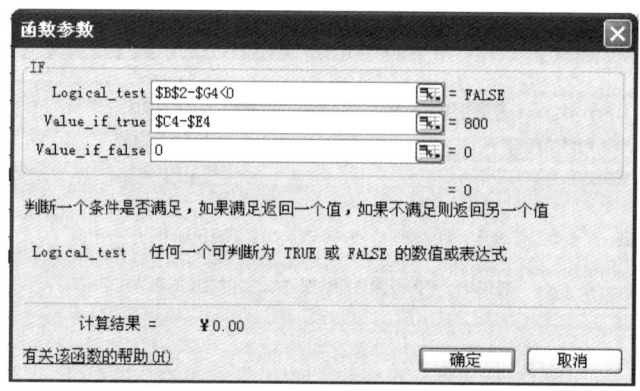

图 6.19　使用 IF 函数计算未到期应收账款

（2）公式含义

该公式表示针对"升达有限责任公司逾期应收账款分析表"中某债务人的未到期应收账款的金额进行判断计算，如果该表中"B2"单元格（即当前日期为 2022 年 1 月 31 日）小于"G4"单元格（即到期日），即该项应收账款尚未到期。满足上述条件，返回"＄C4－＄E4"计算公式，计算该项尚未到期应收账款的剩余未收金额；如果不满足未到期条件，则返回"0"，表示未到期金额为 0，即该项应收账款已经到期。

5. 生成计算结果

将 I4 单元格公式复制到该列其他单元格中，则可快速计算其他债务人所欠本企业的尚未到期的应收账款，如图 6.20 所示。

图 6.20　计算各债务人所欠未到期金额

6.2.2　计算分析应收账款逾期天数

虽然上文为应收账款管理提供了应收账款是否到期的判断结果,但是为了下文进一步分析应收账款账龄,还需要利用 Excel 进一步计算各项应收账款的逾期天数,以便提供更加详细的管理数据。具体计算过程如下。

微课 6-4

1. 设计逾期天数分析表

在"逾期应收账款分析"工作表的数据右侧建立"逾期天数分析表",对逾期天数进行分类筛选。实际工作中,通常对逾期天数划分不同等级,如"0~30""30~60""60~90""90 天以上"等,如图 6.21 所示。

2. 使用 IF 函数分析逾期"0~30"天的应收账款

(1)编辑公式

选中 J4 单元格,输入公式"= IF（AND（$K$2－$G4>0, $K$2－$G4<=30）, $C4－$E4,0）",按"Enter"键确认。注意,公式中的符号为英文模式下的符号。具体函数参数如图 6.22 所示。

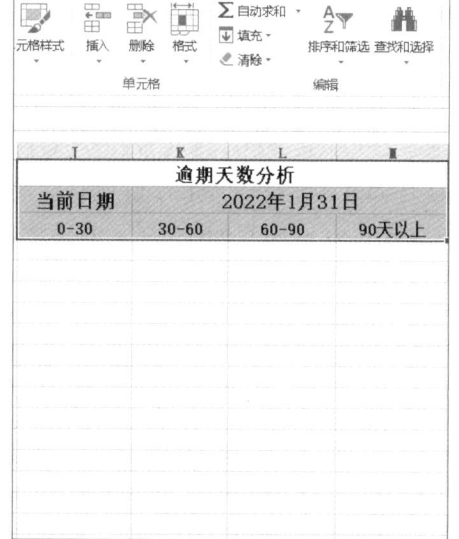

图 6.21　在原有工作表中建立逾期天数分析表

(2)公式含义

该公式表示针对"升达有限责任公司逾期应收账款分析表"中某债务人逾期应收账款的具体金额进行判断计算,如果该表中"K2"单元格(即当前日期为 2022 年 1 月 31 日)大于"G4"单元格(即到期日),即该项应收账款已经逾期,但逾期天数在 30 天以内(包括 30 天)。满足上述条件,返回"$C4－$E4"计算公式,计算该项已经逾期应收账款的剩余未收金额;如

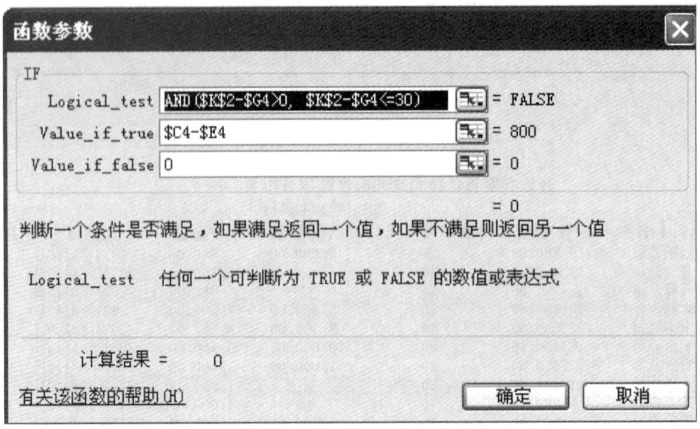

图 6.22 使用 IF 函数计算逾期应收账款具体金额

果不满足未到期条件,则返回"0",表示未到期金额为 0,即逾期应收账款不在 0～30 天期限内。

(3) 复制公式并计算逾期金额

将 J4 单元格公式复制到该列已经逾期的其他单元格中(即 J5:J15,由于最后两笔应收账款尚未逾期,没有必要分析逾期天数,故不需复制公式),则可快速计算其他债务人所欠本企业逾期 0～30 天的应收账款具体金额,如图 6.23 所示。

3. 使用 IF 函数分析逾期"30～60"天的应收账款

(1) 编辑公式

选中 K4 单元格,输入公式"＝IF(AND($K$2-$G4>30, $K$2-$G4<=60), $C4-$E4,0)",按"Enter"键确认。注意,公式中的符号为英文模式下的符号。具体函数参数如图 6.24 所示。

(2) 公式含义

该公式表示针对"升达有限责任公司逾期应

图 6.23 复制 IF 函数公式计算各债务人所欠逾期 0～30 天的应收账款金额

收账款分析表"中某债务人的逾期应收账款的具体金额进行判断计算,如果该表中"K2"单

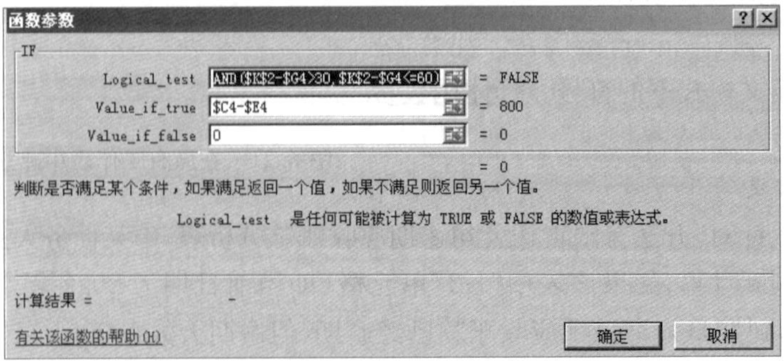

图 6.24 使用 IF 函数计算逾期应收账款具体金额

元格(即当前日期为 2022 年 1 月 31 日)大于"G4"单元格(即到期日),即该项应收账款已经逾期,但逾期天数在 30~60 天以内(大于 30 天,小于等于 60 天)。满足上述条件,返回"$C4-$E4"计算公式,计算该项已经逾期应收账款的剩余未收金额;如果不满足未到期条件,则返回"0",表示未到期金额为 0,即逾期应收账款不在 30~60 天期限内。

(3) 复制公式并计算逾期金额

将 K4 单元格公式复制到该列已经逾期的其他单元格中(即 K5:K15,同样由于最后两笔应收账款尚未逾期,没有必要分析逾期天数,故不需复制公式),则可快速计算其他债务人所欠本企业逾期 30~60 天的应收账款具体金额,如图 6.25 所示。

4. 使用 IF 函数分析逾期"60~90"天和"90 天以上"的应收账款

以此类推,使用 IF 函数分析计算逾期"60~90"天和"90 天以上"的应收账款金额。

(1) 编辑公式

选中 L4 单元格,输入公式"=IF(AND($K$2-$G4>60,$K$2-$G4<=90),$C4-$E4,0)",按"Enter"键确认。可以计算各债权人所欠逾期 60~90 天的应收账款金额。

选中 M4 单元格,输入公式"=IF($K$2-$G4>90,$C4-$E4,0)",按"Enter"键确认。可以计算各债权人所欠逾期 90 天以上的应收账款金额。

(2) 复制公式并计算逾期金额

分别将 L4 和 M4 单元格公式复制到该列已经逾期的其他单元格中,则可快速计算其他债务人所欠本企业逾期 60~90 天和 90 天以上的应收账款具体金额。将 J4:M15 单元格区域的单元格格式设置为"会计专用"格式,如图 6.26 所示。

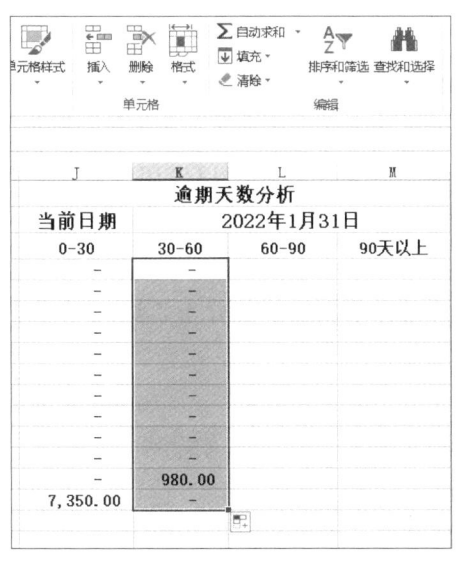

图 6.25　复制 IF 函数公式计算各债务人所欠逾期 30~60 天的应收账款金额

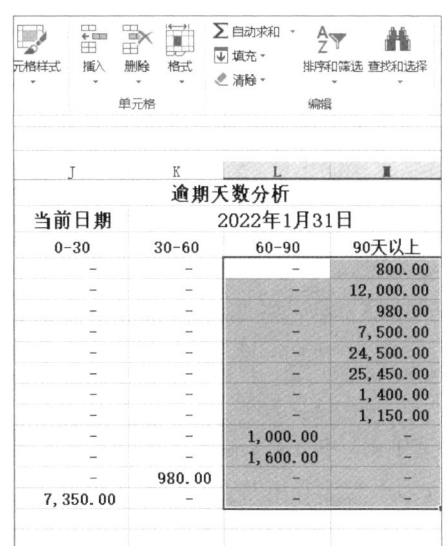

图 6.26　复制 IF 函数公式计算各债务人所欠更长逾期天数的应收账款金额

5. 分析逾期应收账款数据

由以上统计数据可以明显看出,升达有限责任公司应收账款逾期情况非常严重,14 笔应收账款中有 8 笔逾期 90 天以上,必须重视以上逾期应收账款的催收,盘活流动资产,减少

坏账损失的发生。

根据应收账款逾期天数分析表所提供的信息,可使企业了解各债务人收款、欠款情况,判断欠款的可收回程度和可能发生的损失。同时,企业还可酌情作出采取放宽或紧缩商业信用政策,并可作为衡量负责收款部门和资信部门工作效率的依据。

6.3 应收账款账龄分析

账龄是指债务人欠本企业应收账款的时间。一般账龄越长,发生坏账损失的可能性就越大。所以账龄分析法是指根据应收账款的时间长短来估计坏账损失的一种方法,又称应收账款账龄分析法。

在估计坏账损失之前,可将应收账款按其账龄编制一张应收账款账龄分析表,借以了解应收账款在各个债务人之间的金额分布情况及其拖欠时间的长短。这张应收账款账龄分析表实际上就是上文编制完成的逾期天数分析表,利用逾期天数分析表,不仅可以对各个债务人产生的应收账款进行分析,更为计算坏账准备提供了可靠的依据。

6.3.1 建立应收账款账龄分析表

1. 利用应收账款逾期天数分析表建立应收账款账龄分析表

(1)新建工作表并重命名

利用前文对应收账款逾期天数进行分析的表格可以建立账龄分析表。在"应收账款管理.xlsx"工作簿中插入新建工作表 sheet 2,并重命名为"应收账款账龄分析"。

(2)输入当前日期

选中 A1 单元格,输入"应收账款账龄分析表"。选中 A2 单元格,输入"当前日期"。选中 B2 单元格,输入"2022 年 1 月 31 日"。

注:本例假设"当前日期"为"2022 年 1 月 31 日",实际工作中可以使用函数"NOW()"来确定当前日期。

(3)输入五类账龄

选中 A3 单元格,输入"账龄",并设置账龄的种类。本例将账龄分为 5 类,分别为"未到期""0~30 天""30~60 天""60~90 天""90 天以上"。

(4)输入应收账款

选中 B3 单元格,输入"应收账款",此列显示不同账龄的应收账款金额,设置此列单元格格式为"会计专用",选择企业常用的会计核算形式即可。

(5)输入占应收账款百分比

选中 C3 单元格,输入"占应收账款总额的百分比",此列显示不同账龄的应收账款金额占应收账款总额的比例,设置此列单元格格式为"百分比",并默认小数位数为 2。

(6)调整美化表格

对表格进行调整、美化,从而完成应收账款账龄分析表的表头以及各项标识的建立,如图 6.27 所示。

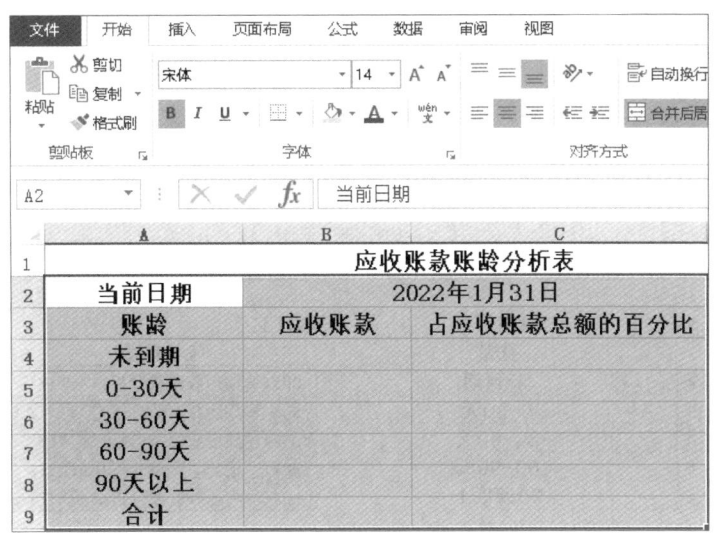

图 6.27　建立应收账款账龄分析表

2. 计算各账龄所涉及的应收账款金额

（1）编辑 SUM 公式引用未到期金额

选中 B4 单元格，输入公式"＝SUM(逾期应收账款分析! I4:I17)"，按"Enter"键确认。可以引用"逾期应收账款分析"工作表中的未到期金额，汇总计算出截至 2022 年 1 月 31 日，应收账款总额中尚未到期的应收账款金额为"8 510.00"，如图 6.28 所示。

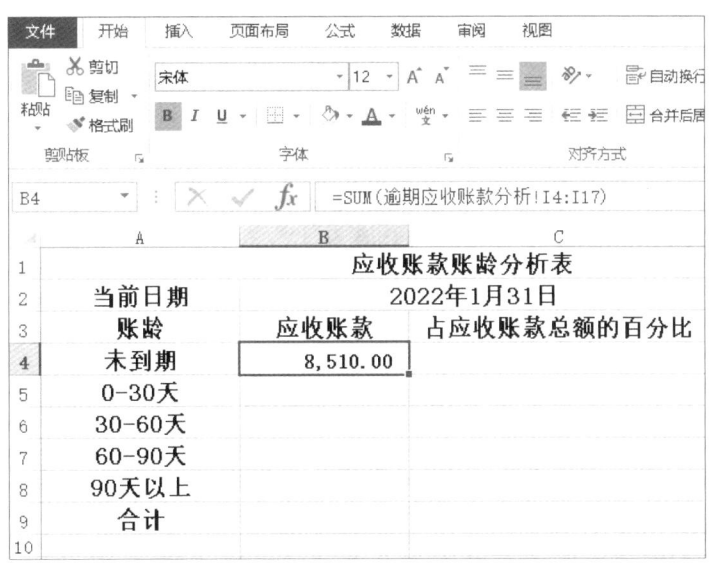

图 6.28　统计未到期应收账款金额

（2）编辑 SUM 公式汇总不同账龄的应收账款

以此类推，依次选中 B4:B8 单元格，分别输入 SUM 公式，对其余账龄的应收账款金额进行统计、汇总，各具体求和公式如图 6.29 所示。按"Enter"键确认，生成各账龄所对应的应收账款金额，如图 6.30 所示。

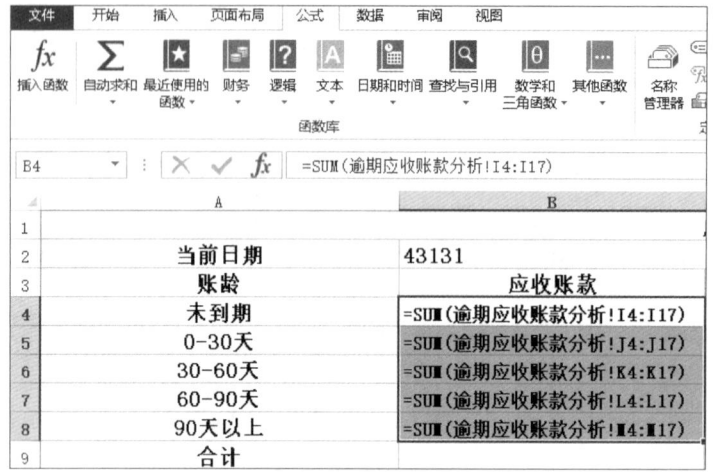

图 6.29　统计其他应收账款金额的 SUM 公式

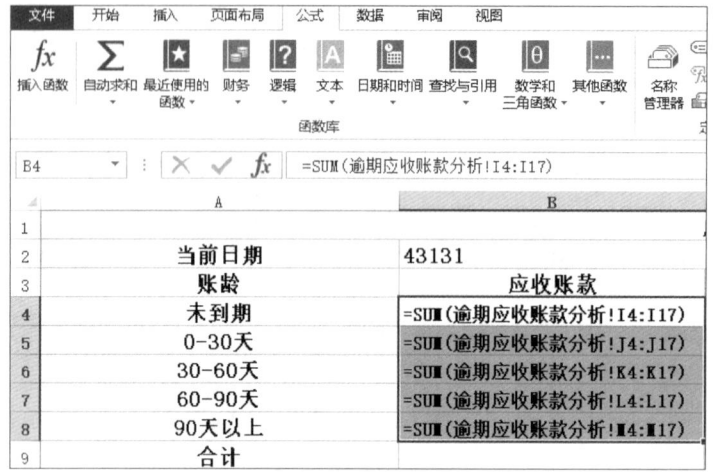

图 6.30　统计得到各账龄的应收账款金额

3. 计算各账龄所涉及的应收账款占应收账款总额的百分比

（1）编辑 SUM 公式汇总不同账龄应收账款总额

选中 B9 单元格，输入公式"＝SUM(B4:B8)"，按"Enter"键确认，即可计算各账龄所涉及的应收账款总额，如图 6.31 所示。

（2）计算不同账龄的应收账款的占比

选中 C4 单元格，输入公式"＝B4/＄B＄9"，按"Enter"键确认，即可计算出未到期应收账款占应收账款总额的百分比。复制公式到该列其他单元格中，可计算出其他账龄所涉及的应收账款占应收账款总额的百分比，如图 6.32 所示。

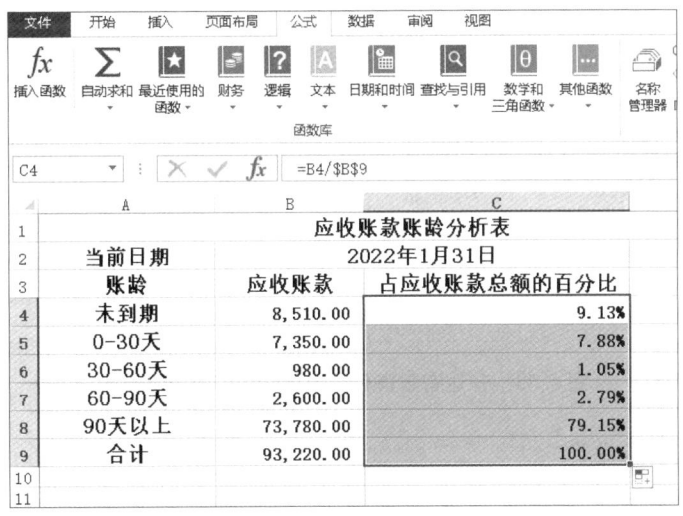

图 6.31 汇总各账龄所涉及的应收账款总额

图 6.32 计算各账龄的应收账款占应收账款总额的百分比

6.3.2 计算应收账款坏账准备的金额

企业赊销虽然可以扩大销售,消化库存,但也会发生各种成本,如应收账款机会成本、管理成本和坏账成本等,其中坏账是应收账款带来的最大损失,必须加以重视。

我国现行会计制度要求企业应当于每年年度终了,对应收账款进行全面检查,对预计不能收回的应收款项,应当计提坏账准备。企业计提坏账准备的方法由企业自行确定,常用计提坏账准备的方法是账龄分析法。

采用账龄分析法计提坏账准备时,首先,将不同账龄的应收账款进行分组,按应收账款拖欠时间(即逾期天数也就是账龄)的长短分为若干区间,计列各个区间应收账款的金额,并为每一个区间估计一个坏账损失百分比;然后,用各区间的应收账款金额乘以该区间的坏账损失百分比,估计各个区间上的坏账损失;最后,将各区间的坏账损失估计数求和,即为坏账

损失的估计总额。采用这种方法,坏账损失的计算结果更符合客观情况。

1. 估计坏账准备比例

坏账准备比例就是坏账额占应收账款总额的比例,其计算公式为:坏账准备比例＝年坏账额/年应收账款总额。

账龄分析法下,计提坏账准备的比例简单得多,通常账龄越长,发生坏账的可能性越大,估计的坏账准备的比例就越高。假设升达有限责任公司根据历史经验估计,未到期的应收账款发生坏账的可能性是 0％,逾期 0～30 天的应收账款发生坏账的可能性约为 1％,逾期 30～60 天的应收账款发生坏账的可能性约为 3％,逾期 60～90 天的应收账款发生坏账的可能性约为 6％,逾期 90 天以上的应收账款发生坏账的可能性约为 10％,将估计的坏账准备比例分别输入 D4:D9 单元格,如图 6.33 所示。实际工作中,企业可以根据历史经验进行估计。

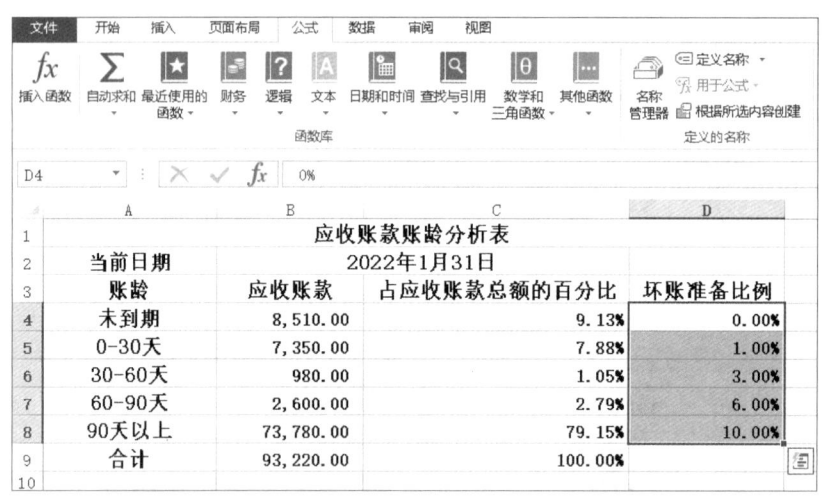

图 6.33　升达有限责任公司估计的坏账准备比例

2. 计算坏账准备金额

(1) 输入公式计算坏账准备金额

选中 E3 单元格,输入"坏账准备金额"。选中 E4 单元格,输入公式"＝B4＊D4",按"Enter"键确认。

(2) 计算不同账龄应收账款产生的坏账准备金额

将 E4 单元格公式复制到该列已经逾期的其他单元格中(即 E5:E8),则可计算各账龄所涉及应收账款产生的坏账准备金额。选中 E9 单元格,输入公式"＝SUM(E4:E8)",按"Enter"键确认,计算坏账准备总额,如图 6.34 所示。

由以上计算的坏账准备可以明显看出,升达有限责任公司应收账款产生的坏账准备总额较高,主要原因是逾期 90 天以上的应收账款较多,且坏账发生的比例较高。但即便如此,企业也不能放弃对逾期时间较长的应收账款的催收,还要加强对逾期 60～90 天以及逾期 30～60 天的应收账款的催收工作,防止债务人继续拖欠款项,造成企业更多坏账损失的发生。

使用 Excel 进行应收账款管理的方法,同样可以应用于企业的应收票据管理甚至应付账款管理,本书不再重复介绍,对于应收票据和应付账款的账龄分析,可以参照前文进行操作,但需要注意,应收票据和应付账款不需要研究坏账准备的问题。

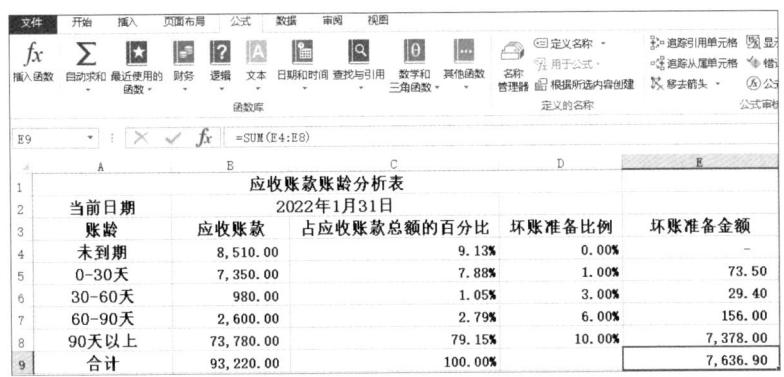

图 6.34　计算各账龄应收账款产生的坏账准备金额

实战演练

升达有限责任公司 2022 年 1 月 31 日记录的应收账款资料如表 6.1 所示。

表 6.1　应收账款概况

赊销日期	债务人名称	应收金额(元)	付款期限(天)
2021 年 3 月 8 日	红光公司	30 000	50
2021 年 4 月 18 日	蓝天公司	500 000	40
2021 年 5 月 6 日	胜利公司	20 000	30
2021 年 6 月 20 日	永安公司	100 000	40
2021 年 7 月 11 日	蓝天公司	12 000	35
2021 年 8 月 4 日	永安公司	30 000	30
2021 年 9 月 23 日	胜利公司	15 000	30
2021 年 10 月 15 日	红光公司	58 000	30
2021 年 12 月 17 日	蓝天公司	16 000	30
2022 年 1 月 5 日	永安公司	40 000	25

要求:

(1) 分别计算各应收账款到期日。

(2) 汇总统计各债务人所欠升达公司的欠款总额,并建立饼形图分析各债务人所占比重。

(3) 计算各应收账款是否到期以及未到期金额,并计算逾期天数。

(4) 建立应收账款账龄分析表。

(5) 根据未到期的应收账款发生坏账的可能性是 0,逾期 0~30 天的应收账款发生坏账的可能性约为 2%,逾期 30~60 天的应收账款发生坏账的可能性约为 5%,逾期 60~90 天的应收账款发生坏账的可能性约为 8%,逾期 90 天以上的应收账款发生坏账的可能性约为 10% 的估计值,分别计算各账龄所涉及应收账款的坏账准备。

任务 7　Excel 在存货管理中的应用

（1）学会利用 Excel 建立存货管理基本模型及保险储备存货管理模型。

（2）学会利用 Excel 的模拟运算表以及规划求解等功能进行存货管理。

（1）培养学生的节俭意识，使其形成成本最低的经营理念和勤俭节俭的习惯思维。

（2）通过拓展云仓储等先进存货管理知识，展示中国科技的飞速发展成果，增强学生的民族自豪感和自信心，激发学生的创新能力和爱国热情。

存货是保证企业正常经营运转和日常销售的重要资产，对存货管理的好坏，会直接影响到企业资产的运转效率以及企业的盈利能力。在存货决策时，存货管理所涉及的都是与存货量有关的成本最低的问题，因此运用 Excel 中的模拟运算表和规划求解可以有效地进行存货管理。

7.1　设计经济订货模型

通过设计经济订货模型，企业可以计算最佳经济订货量，从而更科学地进行采购、存货储备等经营活动。需要注意的是：经济订货模型是建立在一系列严格假设基础上的。

【例 7.1】　已知升达有限公司每年需要耗用甲材料 14 400 吨，该材料的单位采购成本 1 000 元，单位储存成本 200 元，平均每次进货费用 400 元。假设甲材料不允许缺货，耗用比较均衡，价格稳定。要求：计算企业的最佳经济订货量。

具体操作步骤如下。

① 新建 Excel 工作簿，将其重命名为"存货管理. xlsx"。双击工作表标签"sheet1"，输入新工作表名称"存货管理"；设置经济订货模型，并对其格式进行优化，输入有关数据，如图 7.1 所示。

② 已知全年订货次数＝全年材料需求量/每次订货批量。将企业每次订货批量假设为一个数字，在 B7 单元格中输入假设数字，在 B6 单元格中输入公式"＝B3/B7"，并按"Enter"键。

③ 计算订货费用。在 B9 单元格中输入公式"＝B6＊B4"，并按"Enter"键。

④ 计算储存成本。在 B10 单元格中输入公式"＝B5＊B7/2"，并按"Enter"键。

⑤ 计算相关总成本。在 B11 单元格中输入公式"＝B9＋B10"，并按"Enter"键。计算结

果如图 7.2 所示。

	A	B
1	经济订货模型	
2	项目	数值
3	全年材料需求量（吨）	14,400
4	每次订货费用（元/次）	400
5	单位存货储存成本（元/吨）	200
6	全年订货次数	
7	每次订货批量（吨）	
8	相关成本计算	
9	订货费用	
10	储存成本	
11	相关总成本	

图 7.1　经济订货模型

	A	B
1	经济订货模型	
2	项目	数值
3	全年材料需求量（吨）	14,400
4	每次订货费用（元/次）	400
5	单位存货储存成本（元/吨）	200
6	全年订货次数	60
7	每次订货批量（吨）	240
8	相关成本计算	
9	订货费用	24,000
10	储存成本	24,000
11	相关总成本	48,000

图 7.2　经济订货模型计算

7.2　运用"模拟运算表"计算存货相关成本

微课 7-1

模拟运算表是一个单元格区域，它可显示一个或多个公式中替换不同值时的结果。有两种类型的模拟运算表：单变量模拟运算表和双变量模拟运算表。单变量模拟运算表中，用户可以对一个变量键入不同的值从而查看它对一个或多个公式的影响。双变量模拟运算表中，用户对两个变量输入不同值从而查看它对一个公式的影响。运用单变量模拟运算表即可计算存货相关成本，具体操作步骤如下。

① 设置模拟运算表中的内容及格式。在 E3 单元格中输入"＝B11"，在 F3 单元格中输入"＝B9"，在 G3 单元格中输入"＝B10"，如图 7.3 所示。

	A	B	C	D	E	F	G
1	经济订货模型				成本计算模拟运算表		
2	项目	数值		每次订货量	相关总成本	订货费用	储存成本
3	全年材料需求量（吨）	14,400			48,000	24,000	24,000
4	每次订货费用（元/次）	400		100			
5	单位存货储存成本（元/吨）	200		150			
6	全年订货次数	60		200			
7	每次订货批量（吨）	240		250			
8	相关成本计算			300			
9	订货费用	24,000		350			
10	储存成本	24,000		400			
11	相关总成本	48,000		450			

图 7.3　设置成本模拟运算表

② 选中 D3:G11 单元格区域，选择"数据"→"数据工具"→"模拟分析"→"模拟运算表"命令，在"模拟运算表"对话框中，在"输入引用列的单元格"中输入"＄B＄7"，如图 7.4 所示。

③ 单击"确定"按钮，计算结果如图 7.5 所示。

注意：不要改变模拟运算表中的数据，否则可能会出现 Excel 工作簿无法操作的现象，此时按"Esc"键可以退出。

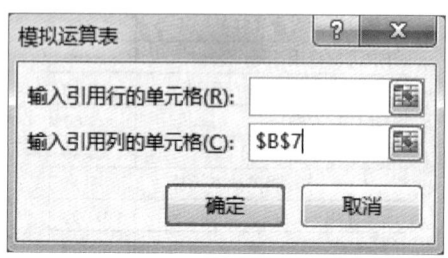

	D	E	F	G
	成本计算模拟运算表			
	每次订货量	相关总成本	订货费用	储存成本
		48,000	24,000	24,000
	100	67600	57600	10000
	150	53400	38400	15000
	200	48800	28800	20000
	250	48040	23040	25000
	300	49200	19200	30000
	350	51457.1429	16457.1429	35000
	400	54400	14400	40000
	450	57800	12800	45000

图 7.4 "模拟运算表"对话框   图 7.5 成本计算模拟运算表

④ 制作成本与订货批量关系的散点图。选中 D2:G2 和 D4:G11 单元格区域,选择"插入"→"图表"→"查看所有图表"命令,选择"XY(散点图)"→"带平滑线的散点图",如图 7.6 所示。单击"确定"按钮,插入图表。

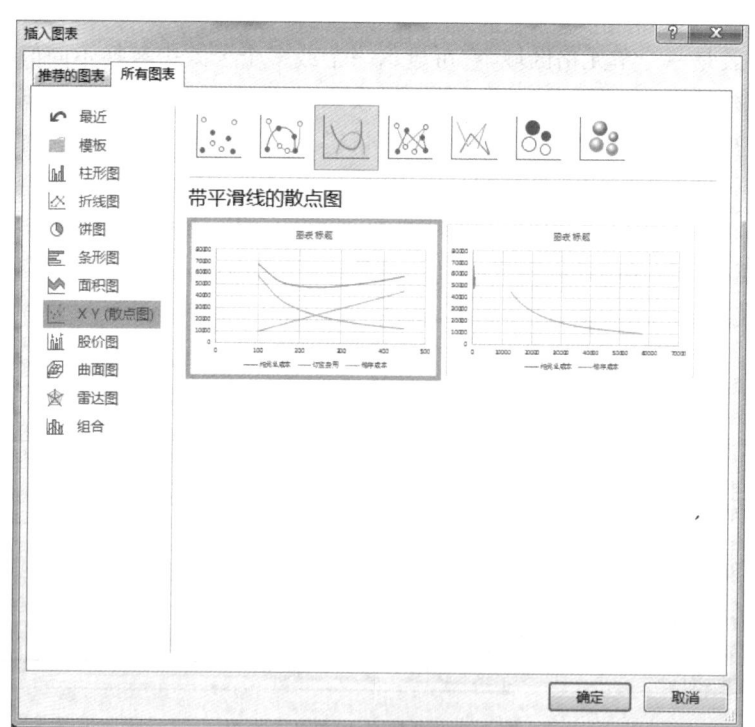

图 7.6 插入图表

⑤ 选中图表区,选择"图表工具"→"设计"→"添加图表元素"→"图表标题"→"图表上方"命令,更改图表标题为"相关总成本与订货批量的关系",字体为"黑体"、字号为"18";

⑥ 选择"图表工具"→"设计"→"添加图表元素"→"轴标题"→"主要横坐标轴"命令,更改水平轴标题为"订货批量",字体为"黑体"、字号为"14";选择"图表工具"→"设计"→"添加图表元素"→"轴标题"→"主要纵坐标轴"命令,更改垂直轴标题为"成本",字体为"黑体"、字

号为"14",文字方向为"竖排"。设置横(纵)坐标标题时,可双击横(纵)坐标标题文字,工作表右侧会弹出"设置坐标轴标题格式"对话框,坐标轴文字方向设置方式如图7.7所示。

图表设置结果如图7.8所示。

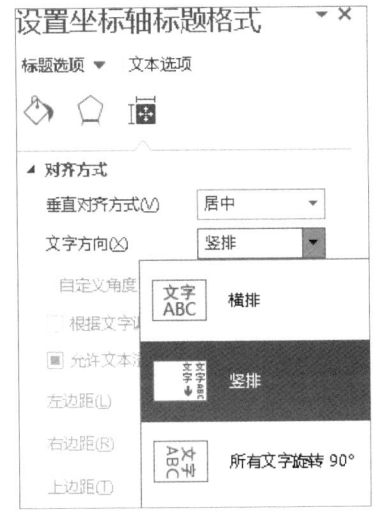

图7.7　设置坐标轴文字方向

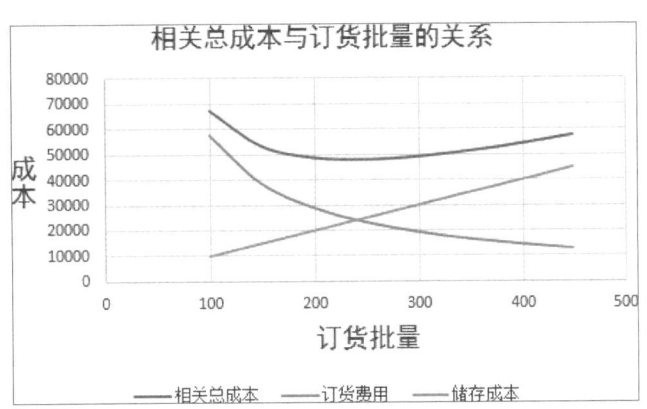

图7.8　相关总成本与订货批量的关系图

7.3　运用"规划求解"工具计算经济订货量

从模拟运算表以及图7.8可以看出,存货相关总成本最低时,每次订货批量介于200～250。接下来,可以利用"规划求解"工具计算出具体的数值。具体步骤如下。

微课7-2

① 加载"规划求解"命令。按照本书第三部分任务五中所讲方法,在工具栏中加载"规划求解"命令。

② 单击"数据"→"规划求解"命令,在"规划求解参数"对话框中,在"设置目标"中输入"＄B＄11";在"到"选择项中选择"最小值";在"通过更改可变单元格"中输入"＄B＄7";增加约束条件,单击"添加"按钮,增加约束条件"＄B＄7＝整数",单击"确定"按钮后,用同样的方式增加约束条件"＄B＄7＜＝14400";勾选"使无约束变量为非负数";在"选择求解方法"中选择"非线性GRG",如图7.9所示。

③ 单击"求解"按钮,弹出"规划求

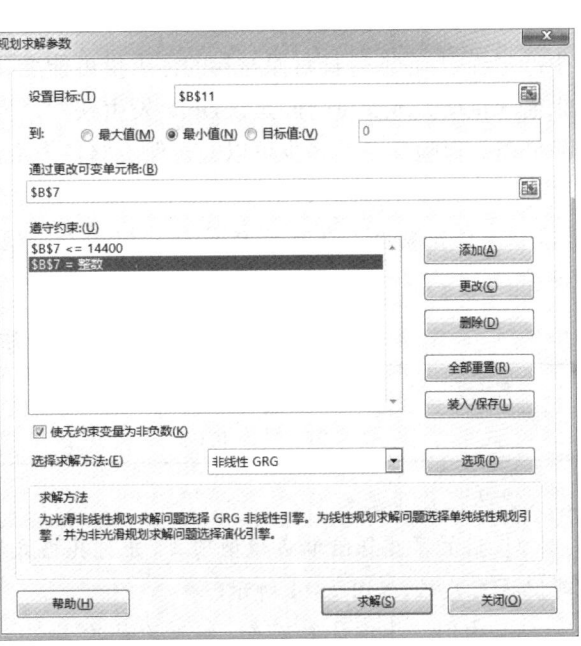

图7.9　设置规划求解参数

解结果"对话框,选择"保存规划求解的解",单击"确定"按钮,结果如图 7.10 所示(经济订货量为 240 吨)。

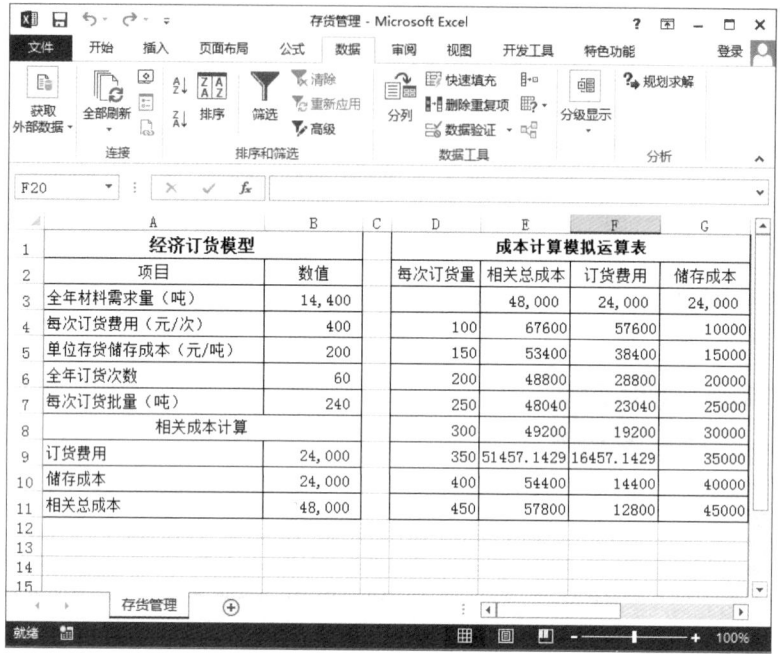

图 7.10　规划求解结果

7.4　设置保险储备模型

在存货管理基本模型中,需要假定存货供需稳定且确知,交货时间也固定不变。在实际生产过程中,企业每日对原材料的需求量可能变化,交货时间也可能变化。在交货期内,如果需求量增大或交货时间延误,就会发生缺货。为防止由此造成的损失,企业应有一定的保险储备。保险储备的多少可以通过保险储备模型计算。

【例 7.2】　续[例 7.1],假设甲材料从订货到交货的时间为 10 天,单位缺货成本为 300 元,交货期内的存货消耗量及其概率分布见表 7.1。要求:计算企业最佳的保险储备量。

表 7.1　交货期内甲材料需求量及其概率分布

需求量	340	360	380	400	420	440	460
概率	0.01	0.04	0.2	0.5	0.2	0.04	0.01

具体操作步骤如下。

① 设置考虑保险储备模型项目,并对其格式进行优化,假设保险储备量为 20 吨,输入其他有关数据,如图 7.11 所示。

② 由例 7.1 中计算可知,企业的每次最佳订货批量为 240 吨,在 K9 单元格中输入"240",在 K10 单元格中输入公式"＝K7/K8"。

	J	K	L	M	N	O	P	Q
1	交货期内甲材料需求量及其概率分布							
2	需求量	340	360	380	400	420	440	460
3	概率	0.01	0.04	0.2	0.5	0.2	0.04	0.01
4	缺货量							
5	总缺货量							
6								
7	项目	数值						
8	全年材料需求量(吨)	14,400						
9	每次订货批量（吨）							
10	全年订货次数							
11	单位缺货成本（元）	300						
12	单位储存成本（元）	200						
13	交货时间（天）	10						
14	保险储备量（吨）	20						
15	再订货点（吨）							
16	相关成本计算							
17	缺货成本							
18	保险储存成本							
19	年相关总成本							

图7.11 经济订货模型(考虑保险储备)

③ 计算缺货量。在 K4 单元格中输入公式"=IF(K2<=$K$15,0,(K2-$K$15)*K3)",然后横向复制该公式计算缺货量;计算总缺货量,在 K5 单元格中输入公式"=SUM(K4:Q4)"。

④ 计算再订货点。在 K15 单元格中输入公式"=K8/360*K13+K14"。

⑤ 计算相关成本。在 K17 单元格中输入公式"=K5*K10*K11";在 K18 单元格中输入公式"=K12*K14";在 K19 单元格中输入公式"=K17+K18"。结果如图7.12所示。

	J	K	L	M	N	O	P	Q
1	交货期内甲材料需求量及其概率分布							
2	需求量	340	360	380	400	420	440	460
3	概率	0.01	0.04	0.2	0.5	0.2	0.04	0.01
4	缺货量	0	0	0	0	0	0.8	0.4
5	总缺货量	1.2						
6								
7	项目	数值						
8	全年材料需求量(吨)	14,400						
9	每次订货批量（吨）	240						
10	全年订货次数	60						
11	单位缺货成本（元）	300						
12	单位储存成本（元）	200						
13	交货时间（天）	10						
14	保险储备量（吨）	20						
15	再订货点（吨）	420						
16	相关成本计算							
17	缺货成本	21,600						
18	保险储存成本	4,000						
19	年相关总成本	25,600						

图7.12 假设计算结果

7.5 利用"规划求解"工具计算最佳保险储备量

利用 Excel 中的"规划求解"工具可以快速计算出最佳保险储备量的数值,具体操作步骤如下。

① 单击"数据"→"规划求解"命令,在"规划求解参数"对话框中,在"设置目标"中输入"＄K＄19";在"到"选择项中选择"最小值";在"通过更改可变单元格"中输入"＄K＄14";增加约束条件,单击"添加"按钮,增加约束条件

微课 7-3

"＄K＄14＝整数",单击"确定"按钮后,用同样的方式增加约束条件"＄K＄14＜＝60";勾选"使无约束变量为非负数";在"选择求解方法"中选择"非线性 GRG",如图 7.13 所示。

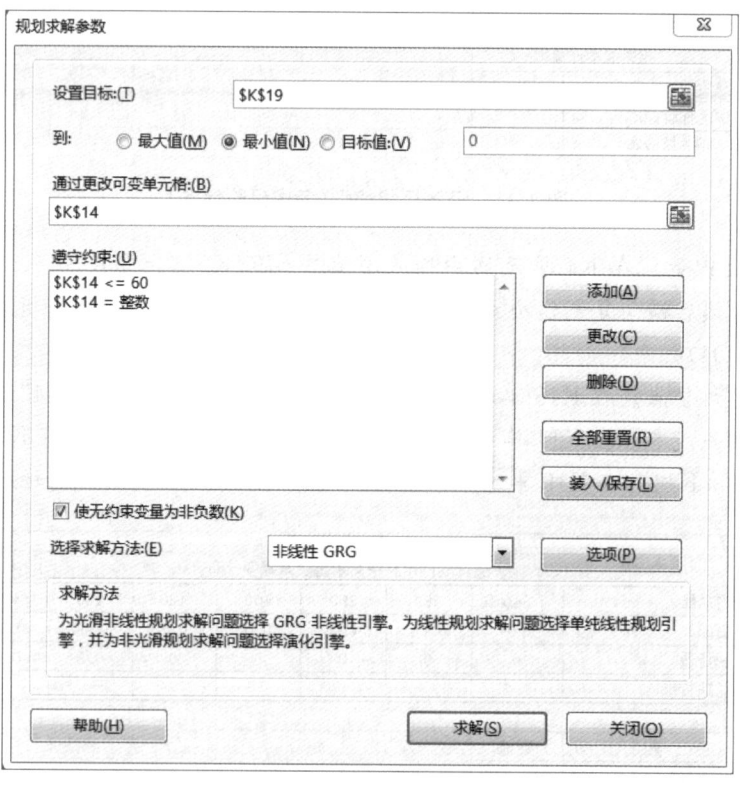

图 7.13 设置规划求解参数

② 单击"求解"按钮,弹出"规划求解结果"对话框,选择"保存规划求解的解",单击"确定"按钮,结果如图 7.14 所示。

提示:案例中,相关计算公式设置的意义如下。

① 再订货点＝交货时间×日均需求量＋保险储备量;

② 缺货量的计算需要考虑交货期内需要量及其概率和再订货点的大小,总缺货量(平均缺货量)等于各种情况下缺货量之和;

③ 年相关总成本＝缺货成本＋保险储备成本,缺货成本＝单位缺货成本×平均缺货量×年订货次数,保险储存成本＝保险储备量×单位储存成本。

交货期内甲材料需求量及其概率分布							
需求量	340	360	380	400	420	440	460
概率	0.01	0.04	0.2	0.5	0.2	0.04	0.01
缺货量	0	0	0	0	0	0	0.2
总缺货量	0.2						

项目	数值
全年材料需求量(吨)	14,400
每次订货批量（吨）	240
全年订货次数	60
单位缺货成本（元）	300
单位储存成本（元）	200
交货时间（天）	10
保险储备量（吨）	40
再订货点（吨）	440
相关成本计算	
缺货成本	3,600
保险储存成本	8,000
年相关总成本	11,600

图 7.14　保险储备量计算结果

实战演练

　　升达有限公司每年需要耗用甲、乙两种材料,甲材料每年耗用 1 690 吨,该材料的单位采购成本为 300 元,单位储存成本为 100 元,平均每次进货费用为 200 元;乙材料每年耗用 4 000 吨,该材料的单位采购成本为 400 元,单位储存成本为 200 元,平均每次进货费用为 400 元。假设甲、乙两种材料不允许缺货,耗用比较均衡,价格稳定。

　　要求:利用模拟运算表以及规划求解工具计算甲、乙两种材料的经济订货量,并利用图表直观描述相关成本与订货批量的关系。

任务 8　Excel 在固定资产管理中的应用

固定资产由于单位价值高，所占资金比重比较大，在企业资产管理中处于举足轻重的地位。通过 Excel 对固定资产进行管理，方便对固定资产的各种信息进行记录、查询，准确、快捷的计提折旧，及时反馈固定资产的账面价值。

8.1　固定资产卡片账的管理

8.1.1　固定资产卡片账的建立

在我国的会计实务中，企业对固定资产在日常核算时常采用卡片账形式。卡片账是将账户所需的格式印刷在硬卡上。严格说，卡片账也是一种活页账，只不过它不是装在活页账夹中，而是装在卡片箱内。在卡片账上详细登记固定资产的相关信息。卡片账能够对固定资产进行独立的、详尽的记录，帮助企业加强对固定资产的管理。但是，纸质卡片账存在记录和保存的不便，通过 Excel 对固定资产取得的信息进行记录、查询、修改和删除，比纸质卡片账更加准确、快捷、方便，保管也更加节约空间和具有安全性。

1. 建立固定资产管理工作表。

打开 Excel 工作簿，将鼠标光标移至左下方 sheet1 处，单击鼠标右键，在弹出的快捷菜单中选择"重命名"命令，输入"固定资产管理"，如图 8.1 所示。

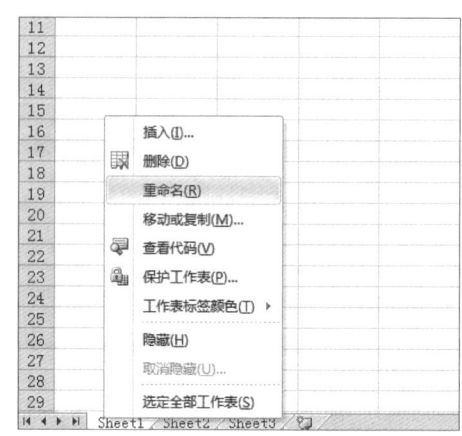

图 8.1　修改 Excel 工作表的名称

2. 登记单项固定资产的相关信息

针对单项固定资产分别登记其相关信息如下。

① 资产购置日期。

② 资产类别,该部分是固定资产管理的重要分类依据。固定资产基本分为 5 个类别:房屋建筑物、电子设备、机器设备、办公设备、运输设备。

③ 资产名称。

④ 增加方式。

⑤ 购置单位。

⑥ 数量。

⑦ 初始购置成本。

⑧ 金额合计。

⑨ 使用年限。

⑩ 预计净残值。

⑪ 本期计提折旧。

⑫ 累计折旧。

⑬ 账面价值。

⑭ 处置时间。

⑮ 处置净损益。

以上所列相关信息仅作参考,可以根据不同企业的实际需要,进行添加或删除。

登记企业现有固定资产的明细信息操作步骤如下。

① 选中 A1 单元格,输入"购置日期"。将列单元格调整为合适的宽度,并将该列单元格的格式调整为日期格式。

② 选中 B1 单元格,输入"资产类别",登记"办公设备""机器设备"等固定资产类别。选中 C1 单元格,登记具体固定资产名称。

③ 使用相同的方法登记固定资产的其他信息。在具体实务处理中,为了使固定资产管理更加完善,可以根据实际情况添加明细资料,如图 8.2 和图 8.3 所示。

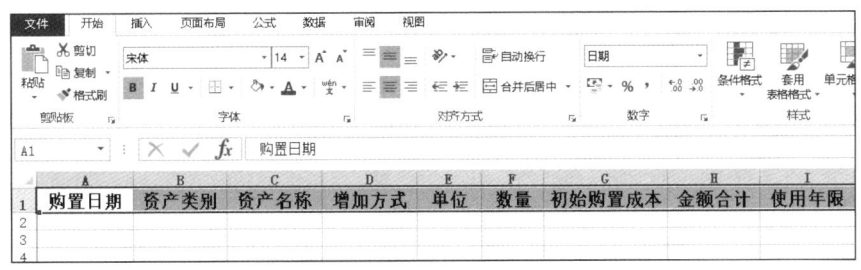

图 8.2　输入固定资产详细信息 1

3. 保证输入固定资产相关信息的方便和有效

为了方便数据的输入并防止出错,在"增加方式"列设置有效性控制。

① 选中 D2 单元格,在"数据"选项卡的"数据工具"组中,单击"数据验证"按钮(Excel 2013 以"数据验证"替代了 Excel 2010 的"数据有效性",但基本功能一致),在打开的对话框

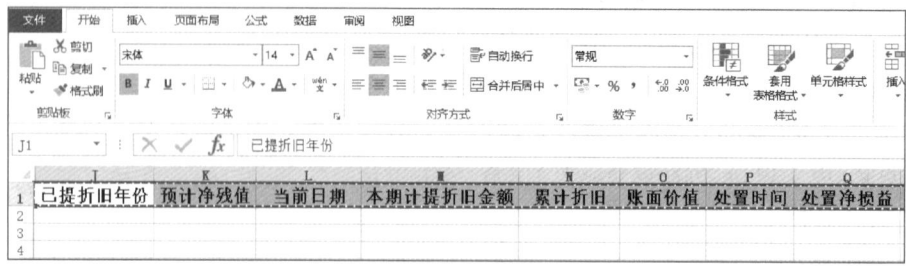

图 8.3 输入固定资产详细信息 2

中单击"设置"选项卡下"允许"选项旁边的下拉按钮,在该下拉菜单中选择"序列"选项,如图 8.4 所示。

② 在"来源"选项中设置固定资产增加方式为"在建工程转入,投资者投入,直接购入,部门调拨,捐赠",如图 8.5 所示。需要注意的是,输入增加方式的具体内容时,以英文模式下的","进行分隔,不可以采用中文模式下的","进行分隔,否则无法按照序列显示具体的增加方式。单击"确定"按钮后,将 D2 单元格的有效性控制复制到 D 列的其他单元格。

图 8.4 "数据验证"对话框　　　　图 8.5 输入固定资产增加方式

4. 输入现有固定资产的具体信息

输入现有固定资产的具体信息,如图 8.6 所示。

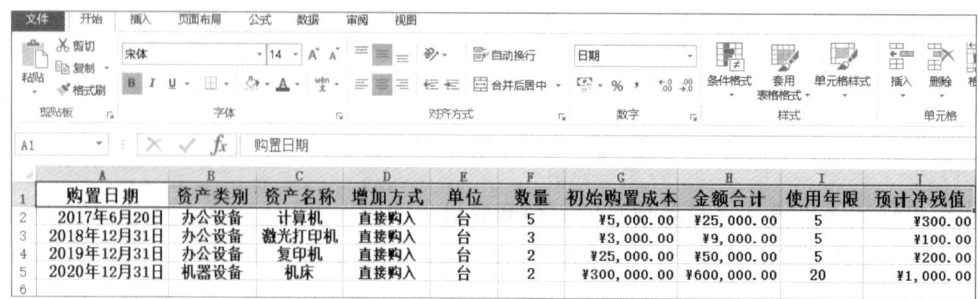

图 8.6 现有固定资产的具体信息

8.1.2　固定资产卡片账的查询

当企业现有的固定资产登记完毕后,由于固定资产数量众多,为了方便查找某一项固定资产,利用 Excel 提供的自动筛选命令,建立固定资产查询功能。自动筛选命令为用户提供了在具有大量记录的数据清单中快速查找符合某种条件记录的功能。使用自动筛选命令筛选记录时,字段名称将变成一个下拉列表框的框名。

1. 查找、筛选的操作步骤

① 选中 A2 单元格,在"开始"选项卡中的"排序和筛选"组,单击"筛选"按钮,如图 8.7 所示。

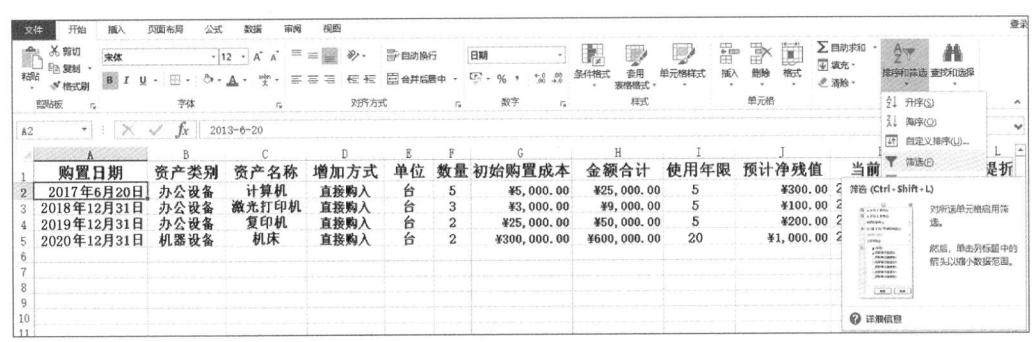

图 8.7　选择自动筛选命令

② 执行筛选命令后,系统在"购置日期"等栏显示筛选按钮,如图 8.8 所示。

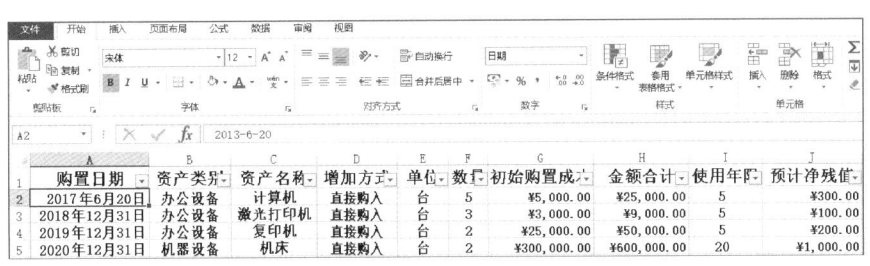

图 8.8　出现筛选按钮

③ 单击该按钮,弹出查询方式的下拉列表,单击任意一栏的下拉列表,可以看到有"升序""降序""按颜色排序"以及"日期筛选"等数据查询方式,如图 8.9 所示。

自动筛选中最强大的功能是使用"自定义"方式来查询数据。Excel 2013 筛选功能中的"按颜色排序"实质就是自定义排序,可以添加、删除自定义筛选条件,筛选方式非常灵活。

④ 在图 8.9 中选择"按颜色排序"→"自定义排序"命令,打开如图 8.10 所示的"排序"对话框,可以看到,自定义次序功能是升序与降序及自定义来排列指定的固定资产数据。

2. 自定义筛选的查询方式

如果需要查询 2017—2018 年购置的固定资产,具体操作步骤如下。

① 将光标移至 A1 栏,单击 A1 栏。

② 然后在"数据"选项卡中的"排序和筛选"组,单击"筛选"按钮,A1 栏显示筛选按钮▾,单击该按钮,选择"日期筛选",在"日期筛选"项目中取消 2019 年和 2020 年,如图 8.11 所示。

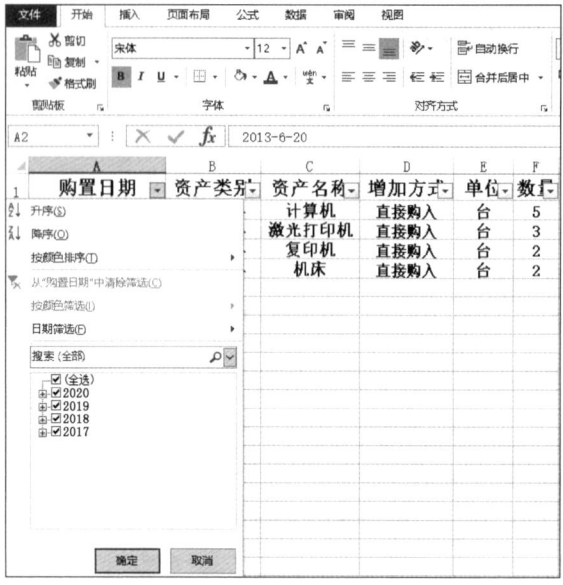

图 8.9　弹出查询方式下拉列表

图 8.10　"排序"对话框

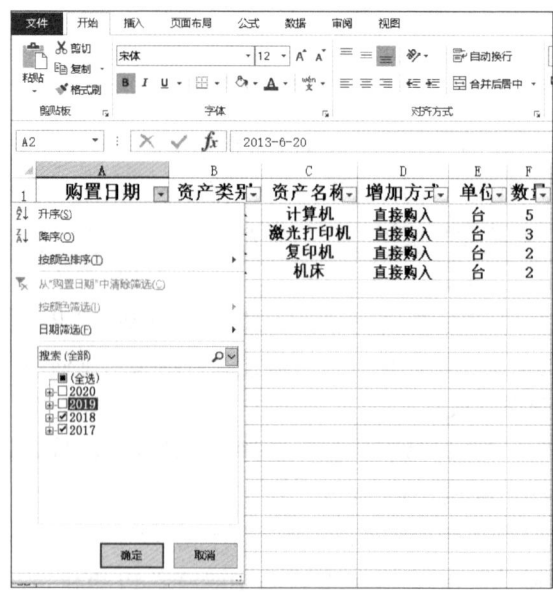

图 8.11　确定筛选条件

③ 设置完毕后,单击"确定"按钮开始执行筛选命令。

④ 当返回固定资产管理工作表后,可以看到显示的固定资产项目数据已经成为所需查询的 2017—2018 年的数据,如图 8.12 所示。

⑤ 如果需要还原为"显示全部数据",只需要单击"筛选"按钮,选择"从'购置日期'中清除筛选"选项,即可显示现有的全部数据,如图 8.13 所示。

图 8.12　显示筛选后的数据

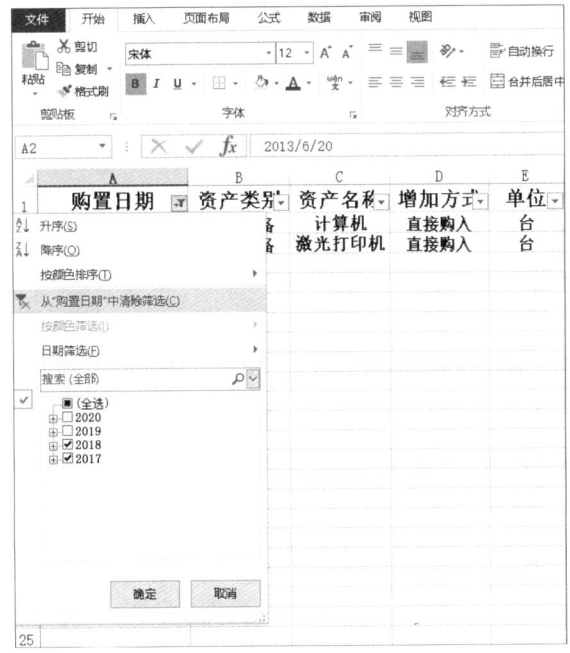

图 8.13　取消筛选的数据

8.2　固定资产折旧

微课 8-1

微课 8-2

微课 8-3

8.2.1　固定资产折旧函数

手工计算固定资产的折旧金额非常烦琐,但是,利用 Excel 拥有的函数可以自动生成固定资产折旧金额。具体处理折旧的函数有 7 个(常用的有 5 个),每个折旧函数都有不同的使用方式,在此进一步具体说明。

1. DB 函数

函数说明:DB 函数用途为利用固定余额递减法计算在一定日期内资产的折旧额。

语法:DB(cost, salvage, life, period, [month])。

cost 指固定资产的初始取得(常为外购)成本。

salvage 指固定资产的残值(预计残值)。

life 指固定资产的预计可使用年限。

period 指需要计算折旧的日期,注意使用时 period 必须与 life 使用相同的衡量单位。

month 指第一年的月份数,如果 month 自变量被省略,则假定其值为 12。

用法说明:固定余额递减法为在一固定比率下计算折旧。DB 函数运用下列公式来计算折旧:(cost−上一期总折旧值) * 比率。其中,比率=1−((salvage/cost)^(1/life)),计算时四舍五入至小数第三位。对于第一期的折旧和最后一期的折旧,必须使用特别的计算方式。对第一期而言,DB 函数使用运算公式:cost * 比率 * month/12。对最后一期而言,DB 函数使用公式:((cost−前几期折旧值总合) * 比率 * (12−month))/12。

2. DDB 函数

函数说明:DDB 函数是指固定资产在指定日期内按加倍余额递减法或其他指定方法计算所得的折旧值。

语法:DDB(cost, salvage, life, period, [factor])。

cost、salvage、life、period 参数说明同 DB 函数。

factor:此参数用来指定余额递减的速率。如果该参数被省略,其假定值是 2(即采用双倍余额递减法)。

3. SLN 函数

函数说明:SLN 函数是指定固定资产使用"年限平均法"计算出的每期折旧金额。

语法:SLN(cost, salvage, life)。

cost、salvage、life 参数说明同 DB 函数。

4. SYD 函数

函数说明:SYD 函数是指定固定资产在某段日期内按年数合计法(sum-of-years)计算出的每期折旧金额。

语法:SYD(cost, salvage, life, per)。

cost、salvage、life、per 参数说明同 DB 函数。

5. VDB 函数

函数说明:VDB 函数是指定固定资产在某一时段间的折旧数总额,折旧方式是使用倍率递减法计算的。VDB 函数是指变量余额递减(variable declining balance)折旧法。

语法:VDB(cost, salvage, life, start_period, end_period, [factor], [no_switch])。

cost、salvage、life 参数说明同 DB 函数。

start_period：此参数用来指定折旧数额的计算是从第几期开始，该参数必须与 Life 自变量采用相同的衡量单位。

end_period：此参数用来指定折旧数额的计算是要算到第几期为止，该参数必须与 Life 自变量采用相同的单位。

factor：用途为指定余额递减的速率。如果省略 Factor 自变量，则使用默认值 2（即采用倍率递减法）。

no_switch：此参数是个逻辑值参数，用于判断是否要在折旧数额大于递减余额法算出的数额时将折旧数额切换成直线法的折旧数额。

AMORDEGRC 函数与 AMORLINC 函数本书不作详细介绍。

8.2.2　固定资产折旧函数应用举例

对于固定资产管理而言，折旧费用的计提尤其重要，一般常用的折旧方法即本节前文所述的 5 种方法。在本节采用双倍余额递减法作为固定资产计提折旧的计算方法。

【例 8.1】　某固定资产的原值为 50 000，预计净残值率为 5%，预计使用年限为 6 年，采用双倍余额递减法计提折旧。要求：计算此固定资产第一年的折旧额。

打开 Excel 工作簿，将鼠标光标移至左下方 Sheet2 处，单击鼠标右键，在弹出的快捷菜单中选择"重命名"命令，输入"固定资产计提折旧演示"，在该工作表中进行演示。

① 选中 A1 单元格，单击按钮 fx，打开函数列表框，如图 8.14 所示。

图 8.14　找到插入函数标志

② 在打开的对话框中单击"或选择类别"下拉按钮 ▼，在弹出的下拉列表中选择"财务"选项，在出现的财务函数中选择"DDB"函数，如图 8.15 所示。

③ 按要求输入 DDB 函数的参数——固定资产原值（cost）为"50 000"，固定资产估计残值（salvage）为"50 000 * 0.05"，预计使用年限（life）为"6"，折旧计提年（period）为"1"，如图 8.16 所示。

注意：使用时 period 必须与 life 使用相同的衡量单位，该例题均为年。

④ 单击"确定"按钮，要计算的折旧值出现在 A1 单元格中，显示的具体函数内容如图 8.17 所示。

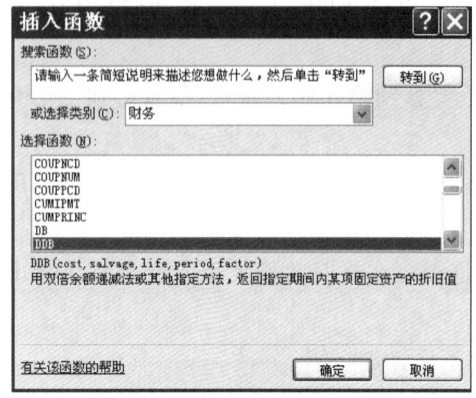

图 8.15　选择折旧函数　　　　　图 8.16　输入按照年份计提的折旧参数

图 8.17　显示第一年折旧数据

【例 8.2】　承[例 8.1],要求:计算第 1～6 年所有的折旧金额。

具体操作步骤如下。

① 选中 A1:A6 单元格区域,分别输入需要计提折旧的固定资产原值 50 000 元。选中 B1:B6 单元格区域,分别输入需要计提折旧的时间即计提折旧年份 1～6 年,如图 8.18 所示。

② 选中 C1 单元格,根据以上 DDB 函数的输入方法,引用 A1 单元格和 B1 单元格的数据,完成函数内容的填制,如图 8.19 所示。

③ 单击"确定"按钮,在 C1 单元格生成第一年折旧数据,利用填充柄将 C2 单元格公式向下填充至

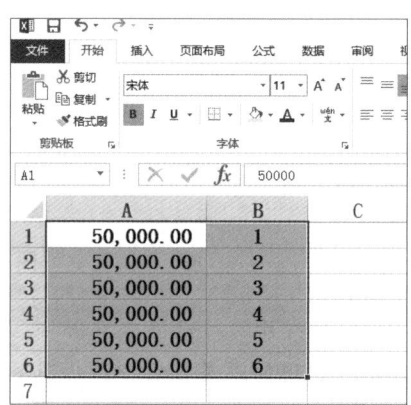

图 8.18　输入需要计提折旧的金额和年份

C6 单元格,C1:C6 则出现第 1～6 年的折旧额,如图 8.20 所示。

④ 利用 SUM 函数计算 6 年计提折旧金额之和,合计数为 45 610.43,不等于固定资产的原值减净残值(50 000－50 000 * 0.05＝47 500),如图 8.21 所示。原因在于,采用双倍余额递减法计算折旧,最后两年的数据需要改用年限平均法计提折旧。

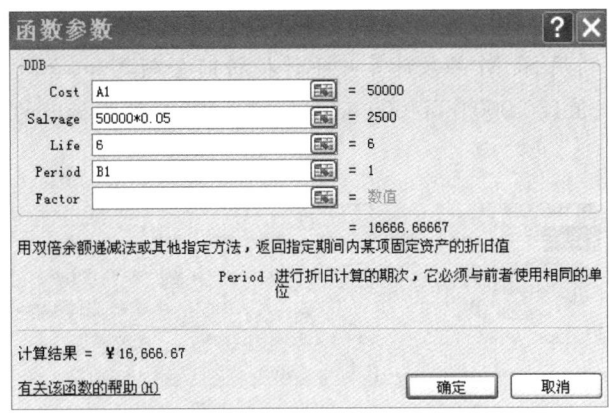

图 8.19 引用或输入折旧参数

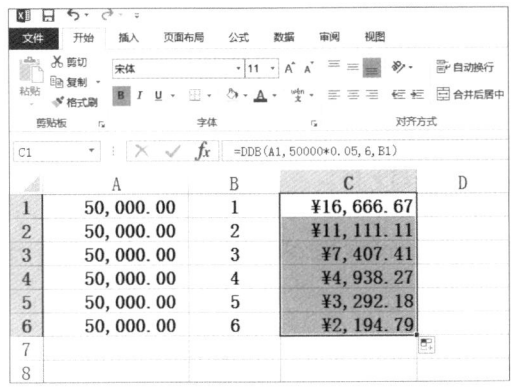

图 8.20 产生全部的折旧数据

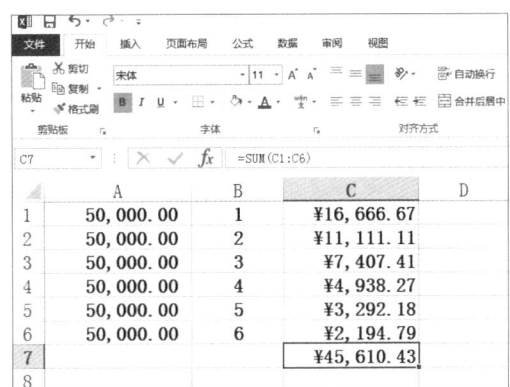

图 8.21 计算各年折旧金额之和

⑤ 选中 C5 单元格和 C6 单元格，删除错误的折旧金额。单击按钮 f_x，打开函数列表框，在打开的对话框中单击"或选择类别"下拉按钮，在弹出的下拉列表中选择"财务"选项，在出现的财务函数中选择"SLN"函数。在 Cost 选项中输入固定资产在计提了前 4 年折旧之后的剩余账面价值"50 000－40 123.46"，在 Salvage 选项中输入固定资产的净残值"50 000 * 0.05"，在 Life 选项中输入固定资产的剩余使用年限"2"，如图 8.22 所示。

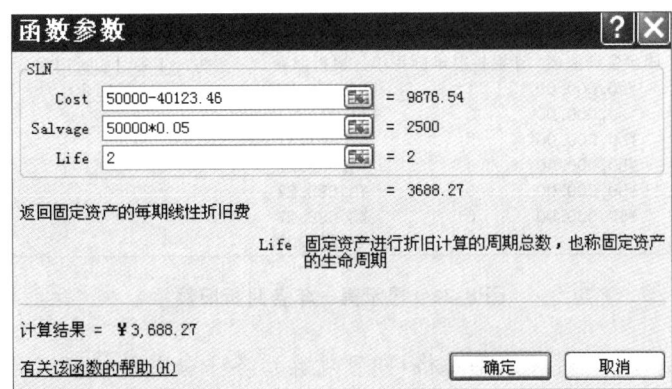

图 8.22 转为年限平均法需要填制的数据

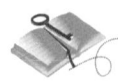

⑥ 单击“确定”按钮后，固定资产在第五年需要计提的折旧额为 3 688.27 元，将该格式复制至 C6 单元格。利用 SUM 函数计算 6 年计提折旧金额之和，合计数为 47 500，等于固定资产的原值减净残值（50 000－50 000＊0.05＝47 500），说明折旧的金额计算正确，如图 8.23 所示。

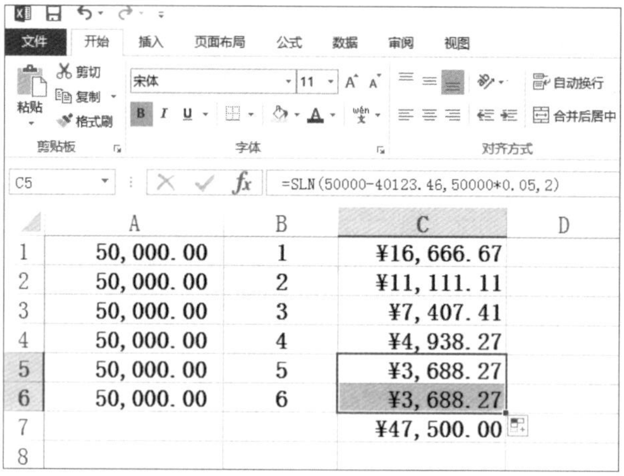

	A	B	C	D
1	50,000.00	1	¥16,666.67	
2	50,000.00	2	¥11,111.11	
3	50,000.00	3	¥7,407.41	
4	50,000.00	4	¥4,938.27	
5	50,000.00	5	¥3,688.27	
6	50,000.00	6	¥3,688.27	
7			¥47,500.00	
8				

图 8.23　修改后的各年折旧金额之和

【例 8.3】　承[例 8.1]，由于通常需要显示按月计提折旧的金额，要求：计算每一年各月的折旧金额。

具体操作步骤如下。

在双倍余额递减法下，年折旧率＝2÷折旧年限×100%，月折旧率＝年折旧率÷12，月折旧额＝固定资产账面净值×月折旧率，所以，每一年各月折旧额用当年折旧额除以 12 即可。

① 选中 E2 单元格，输入公式“＝C2/12”，要计算的折旧值出现在 E2 单元格中，如图 8.24所示。

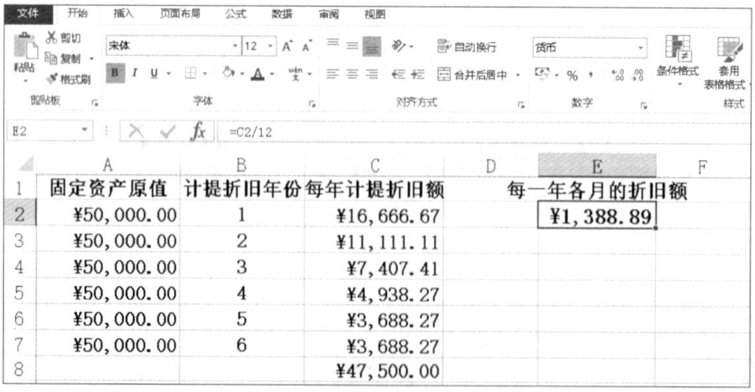

	A	B	C	D	E	F
1	固定资产原值	计提折旧年份	每年计提折旧额		每一年各月的折旧额	
2	¥50,000.00	1	¥16,666.67		¥1,388.89	
3	¥50,000.00	2	¥11,111.11			
4	¥50,000.00	3	¥7,407.41			
5	¥50,000.00	4	¥4,938.27			
6	¥50,000.00	5	¥3,688.27			
7	¥50,000.00	6	¥3,688.27			
8			¥47,500.00			

图 8.24　显示第一年各月折旧额

② 将公式复制到 E 列其他单元格，即可计算出各年每月计提折旧的金额，如图 8.25 所示。

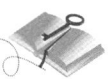

通过这种方法,可以进一步得到该固定资产使用过程中,每个月需要计提的折旧金额。

	A	B	C	D	E
1	固定资产原值	计提折旧年份	每年计提折旧额		每一年各月的折旧额
2	¥50,000.00	1	¥16,666.67		¥1,388.89
3	¥50,000.00	2	¥11,111.11		¥925.93
4	¥50,000.00	3	¥7,407.41		¥617.28
5	¥50,000.00	4	¥4,938.27		¥411.52
6	¥50,000.00	5	¥3,688.27		¥307.36
7	¥50,000.00	6	¥3,688.27		¥307.36
8			¥47,500.00		

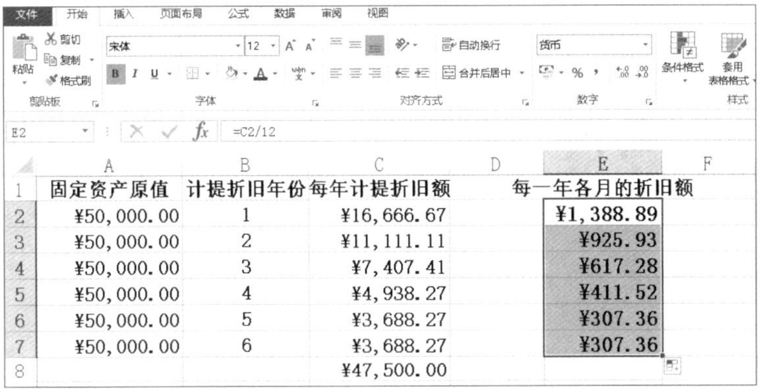

图 8.25　显示每一年各月的折旧数据

8.2.3　固定资产计提折旧的具体应用

以现有的固定资产具体资料为例,介绍固定资产计提折旧的实务处理方法。

1. 固定资产计提折旧前的准备工作

为了能方便、正确地计提现有的每一项固定资产的折旧额,在计提折旧前,需要根据当前的日期先计算每一固定资产已经计提折旧的月份、年份。如果固定资产是依据工作量法计提折旧的,需要输入相关工作量。本节固定资产具体资料主要来自本书任务四。

① 打开“固定资产管理”工作表,将光标移至 K 列。在“开始”选项卡的“单元格”组中单击“插入”按钮下的倒三角按钮,弹出下拉菜单。在该下拉列表中选择“插入单元格”命令,工作表将被插入新的一列。选中 K1 单元格,输入“当前日期”,如图 8.26 所示。假设当前日期为 2022 年 1 月 31 日。

	A	B	C	D	E	F	G	H	I	J	K
1	购置日期	资产类别	资产名称	增加方式	单位	数量	初始购置成本	金额合计	使用年限	预计净残值	当前日期
2	2017年6月20日	办公设备	计算机	直接购入	台	5	¥5,000.00	¥25,000.00	5	¥300.00	2022年1月31日
3	2018年12月31日	办公设备	激光打印机	直接购入	台	3	¥3,000.00	¥9,000.00	5	¥100.00	2022年1月31日
4	2019年12月31日	办公设备	复印机	直接购入	台	2	¥25,000.00	¥50,000.00	5	¥200.00	2022年1月31日
5	2020年12月31日	机器设备	机床	直接购入	台	2	¥300,000.00	¥600,000.00	20	¥1,000.00	2022年1月31日
6											

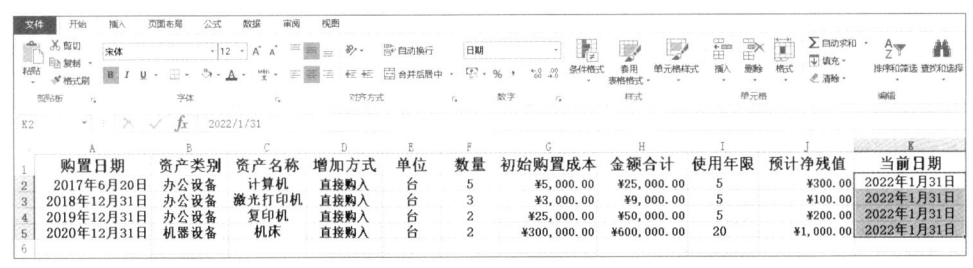

图 8.26　确定当前日期

② 将光标移至 J 列,按照上述程序,插入“已计提折旧月份”列。

选中 J2 单元格,输入公式“=INT(DAYS360(A2,L2)/30)”,并将此公式复制到 J 列的其他单元格,在相关单元格显示出具体的已计提折旧月份,如图 8.27 所示。

注意:在操作时必须将 A 列和 L 列单元格的格式设置为“日期”格式。

函数 DAYS360(A2,L2)表示将计算从固定资产购置日期(认定为固定资产使用日期)开始,到当前日期的天数(如果每月按 30 天计算)。函数 DAYS360(A2,L2)/30 表示从固定资产使用日期开始到当前日期的月份数,如果该数据不是整数,则在其前面加取整函数

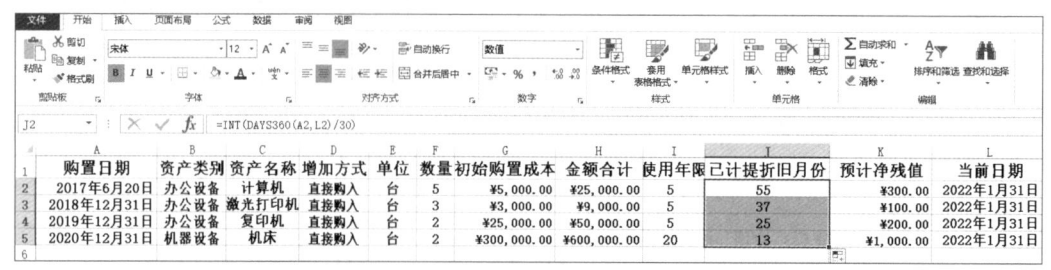

图 8.27　确定已提折旧月份

INT()。

② 将光标移至 K 列,按照上述程序,插入"已计提折旧年份"列。选中 K2 单元格,输入公式"=INT(J2/12)",并将此公式复制到 K 列的其他单元格。在相关单元格显示出具体的已计提折旧年份,如图 8.28 所示。

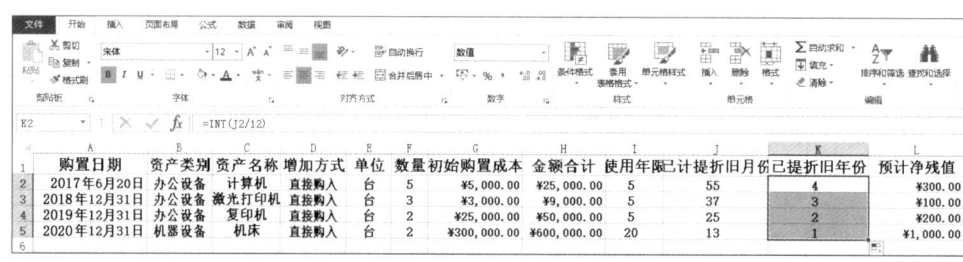

图 8.28　确定已提折旧年份

2. 固定资产折旧的计提

在计提固定资产折旧时,首先,需要确定固定资产计提折旧的方法(本例选择年限平均法计提折旧);其次,需要考虑当月新增固定资产当月不提折旧;再次,需要考虑折旧已经计提完毕仍继续使用的固定资产不应再计提折旧;最后,还需要考虑由于各种原因导致最后一个月计提折旧时,可能会出现固定资产的剩余价值小于按正常公式计算的折旧额,这时的折旧额应为固定资产的剩余价值。

具体操作步骤如下。

(1) 计算本月计提的折旧金额

根据前文列示,N 列将反映当月计提的折旧金额。

① 选中 N1 单元格,输入"本月计提折旧金额"。本例假定现有固定资产均采用年限平均法计提折旧。

② 选中 N2 单元格,输入公式"=SLN(H3,L3,I3*12)",并将此公式复制到 N 列的其他单元格,在相关单元格显示出具体的当月计提折旧金额,如图 8.29 所示。

(2) 调整本月新增固定资产折旧

① 选中 A6 单元格,输入"2022 年 1 月 6 日",随后在"资产类别""资产名称"等相关类别内输入本月新增固定资产详情,如图 8.30 所示。

第 6 行的运输设备属于本月新增固定资产,本月不应计提折旧,但是如果将 N5 公式复制到 N6,则发现当月本不应该计提折旧的资产也出现了当月折旧金额"¥3 708.33"。考虑

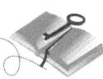

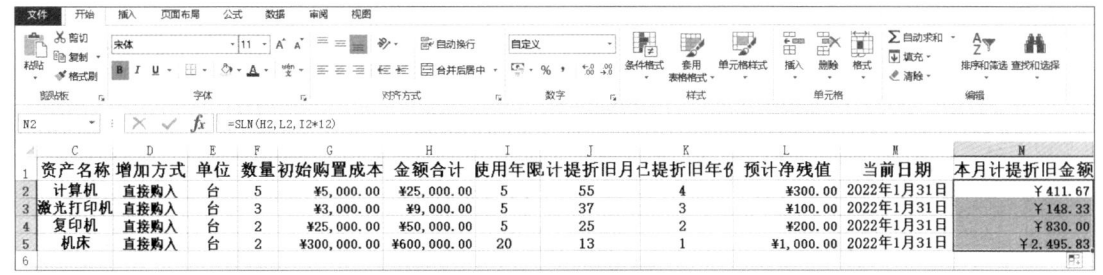

资产名称	增加方式	单位	数量	初始购置成本	金额合计	使用年限	已计提折旧月份	已提折旧年份	预计净残值	当前日期	本月计提折旧金额
计算机	直接购入	台	5	¥5,000.00	¥25,000.00	5	55	4	¥300.00	2022年1月31日	¥411.67
激光打印机	直接购入	台	3	¥3,000.00	¥9,000.00	5	37	3	¥100.00	2022年1月31日	¥148.33
复印机	直接购入	台	2	¥25,000.00	¥50,000.00	5	25	2	¥200.00	2022年1月31日	¥830.00
机床	直接购入	台	2	¥300,000.00	¥600,000.00	20	13	1	¥1,000.00	2022年1月31日	¥2,495.83

图 8.29 确定本月计提折旧金额

购置日期	资产类别	资产名称	增加方式	单位	数量	初始购置成本	金额合计	使用年限	已计提折旧月份	已提折旧年份	预计净残值	当前日期	本月计提折旧
2017年6月20日	办公设备	计算机	直接购入	台	5	¥5,000.00	¥25,000.00	5	55	4	¥300.00	2022年1月31日	¥411.67
2018年12月31日	办公设备	激光打印机	直接购入	台	3	¥3,000.00	¥9,000.00	5	37	3	¥100.00	2022年1月31日	¥148.33
2019年12月31日	办公设备	复印机	直接购入	台	2	¥25,000.00	¥50,000.00	5	25	2	¥200.00	2022年1月31日	¥830.00
2020年12月31日	机器设备	机床	直接购入	台	2	¥300,000.00	¥600,000.00	20	13	1	¥1,000.00	2022年1月31日	¥2,495.83
2022年1月6日	运输设备	卡车	直接购入	辆	3	¥60,000.00	¥180,000.00	4	0	0	¥2,000.00	2022年1月31日	¥3,708.33

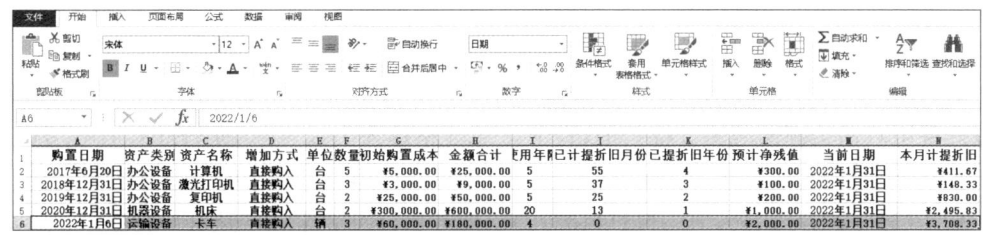

图 8.30 本月新增固定资产

到这种情况，将 N 列数据在 O 列进行修正。

② 选中 O1 单元格，输入“本月计提折旧修正”。

③ 选中 O2 单元格，输入公式“=IF(J2=0,0,N2)”，并将此公式复制到 O 列的其他单元格，如图 8-31 所示。此公式的含义为：如果“已计提折旧月份”为 0(即为当月新增固定资产)，则该项固定资产的月折旧额为 0，否则为原月折旧额。

经过修正后，可以看出当月新增固定资产的折旧已经显示为“¥0.00”。

增加方式	单位	数量	初始购置成本	金额合计	使用年限	已计提折旧月份	已提折旧年份	预计净残值	当前日期	本月计提折旧	本月计提折旧修正
直接购入	台	5	¥5,000.00	¥25,000.00	5	55	4	¥300.00	2022年1月31日	¥411.67	¥411.67
直接购入	台	3	¥3,000.00	¥9,000.00	5	37	3	¥100.00	2022年1月31日	¥148.33	¥148.33
直接购入	台	2	¥25,000.00	¥50,000.00	5	25	2	¥200.00	2022年1月31日	¥830.00	¥830.00
直接购入	台	2	¥300,000.00	¥600,000.00	20	13	1	¥1,000.00	2022年1月31日	¥2,495.83	¥2,495.83
直接购入	辆	3	¥60,000.00	¥180,000.00	4	0	0	¥2,000.00	2022年1月31日	¥3,708.33	¥0.00

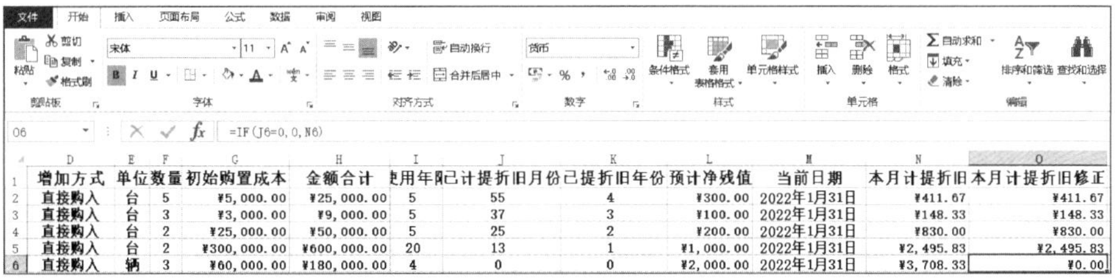

图 8.31 修正后的本月计提折旧金额

(3) 计算截至本期的累计折旧金额

由于本例中规定的累计折旧的计提方法为年限平均法，需要根据已提折旧月份和本期计提折旧的修正数额，相乘计算出累计折旧的金额。

① 选中 P1 单元格，输入“累计折旧”。

② 选中 P2 单元格，输入公式“=J2 * O2”，并将此公式复制到 P 列的其他单元格，在相关单元格显示出具体的从计提折旧开始到截至本月的累计折旧金额，如图 8.32 所示。

需要注意的是，本例采用的是年限平均法计提折旧，累计折旧的计算方式可以使用公式“=每月计提折旧 * 已计提折旧月份”。但并非所有情况下都使用这种计算公式，如双倍余

图 8.32 计算累计折旧金额

额递减法下计提折旧,由于每年计提折旧的金额在逐期递减,则不可以直接使用上述公式,应使用前文介绍的 VDB 公式。

以 2020 年 6 月 30 日购入的办公设备为例,在第 10 行输入该资产各项基础资料,如果该资产采用双倍余额递减法计提折旧,在 P10 单元格输入公式"=VDB(H10,L10,I10,0,INT(J10/12))+DDB(H10,L10,I10,INT(J10/12)+1)/12*MOD(J10,12)"。

VDB(H10,L10,I10,0,INT(J10/12)),即计算该批固定资产从开始使用至当年的前一年的折旧总额(按整年数计算),本例为已经计提 1 整年的折旧。

DDB(H10,L10,I10,INT(J10/12)+1)/12 为计算该批资产(J10/12)+1 期的折旧,本例中 J10 为 18 个月,因此(J10/12)+1 等于 2,DDB(H10,L10,I10,INT(J10/12)+1)即求出第二年的年折旧额,再除以 12 得出第二年每月折旧额;DDB(H10,L10,I10,INT(J10/12)+1)/12*MOD(J10,12)则为第二年前 6 个月的折旧合计金额。本例截至当月累计计提折旧金额为 8 100 元。

选中 N10 单元格,输入公式"=DDB(H10,L10,I10,INT(J10/12)+1)/12"可以计算本月折旧金额为 300 元,如图 8.33 所示。

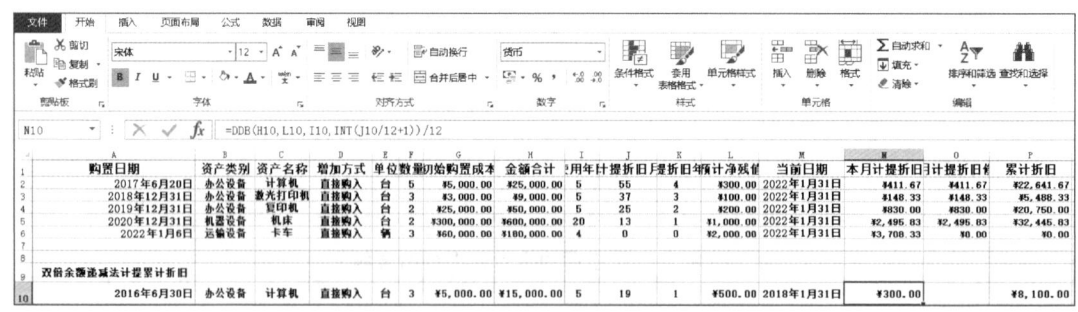

图 8.33 使用双倍余额递减法计算累计折旧

(4) 计算固定资产账面价值

固定资产账面价值=固定资产原价-累计折旧。

① 选中 Q1 单元格,输入"账面价值"。

② 选中 Q2 单元格,输入公式"=H2-P2",并将此公式复制到 Q 列的其他单元格,在相关单元格显示出固定资产的账面价值,如图 8.34 所示。

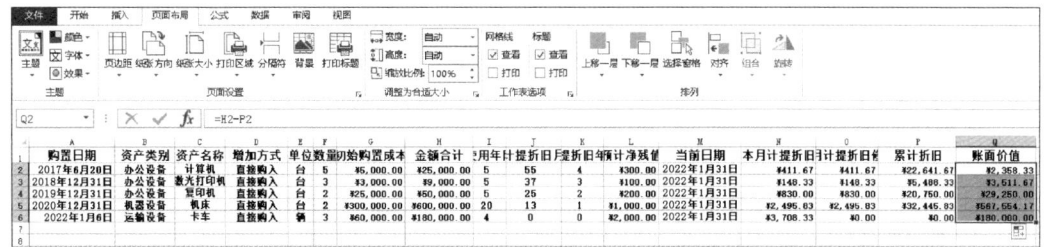

图 8.34　计算固定资产账面价值

实战演练

升达有限责任公司 2021 年 1 月 31 日有关固定资产资料,如表 8.1 所示。

表 8.1　固定资产概况

项　　目	取得时间	金额(元)	预计使用年限	预计净残值率
机器设备	2017 年 5 月 20 日	300 000	10	0.3%
办公设备	2018 年 3 月 5 日	80 000	5	0.5%
建筑物	2018 年 8 月 13 日	90 000 000	50	0.02%

要求:利用折旧函数,采用年限平均法、双倍余额递减法、年数总和法计算各项固定资产的年折旧额和月折旧额。

第 4 部分

Excel 在资金管理中的应用

　　企业的资金管理一般包括了筹资管理、投资管理及财务预测与预算等内容,资金管理是对资金来源和使用进行计划、监督和控制等工作的总称,是保证资金充足与流通顺畅的重要手段,具有十分重要的意义。本部分筹资管理包括了资金需要量预测以及资本成本的计算;投资决策管理从相关的投资决策指标及函数出发,介绍了其实际应用;财务预测包括了企业日常经营过程中的销售预测、成本费用预测以及利润预测的内容;财务预算包括了日常业务预算和财务预算。利用 Excel 进行资金管理工作,不仅可以简化工作量,同时提高了资金预测及管理的准确率,在实际应用中非常广泛。

任务 9　筹 资 管 理

学习目标 ▶

（1）学会利用销售百分比法、回归直线法、高低点法进行资金需要量的预测。

（2）学会利用相关财务函数计算筹资的资本成本，做出最优的筹资决策。

思政目标 ▶

让学生理解信用的财务价值，培养学生诚信的观念，让"企业和个人要想发展，走得长远，信誉是保证"这一社会主义核心价值观的重要内容深入人心。

资金是企业生存和发展的基础，而筹集资金是企业资金运动的起点。因此，筹资管理是决定资金运动规模的重要环节，对于企业的经营发展有着重要意义。

9.1　Excel 在资金需要量预测中的应用

资金需求量预测是指根据企业未来的发展目标和现实条件，结合企业财务数据，利用专门方法对企业未来某一时期内的资金需求量所进行的推测和估算，是企业财务预测的重要组成部分。合理预测一定时期的资金需求量，对于保证资金供应、有效组织资金运用、提高资金利用效果具有重要的意义。资金需求量的预测方法主要有销售百分比法、回归直线法和高低点法等，这里对这三种方法进行分别介绍。

9.1.1　销售百分比法

销售百分比法是指根据资金各个项目与销售收入之间的依存关系，并结合销售收入的增长情况来预测计划期企业需要从外部追加筹措资金的数额的方法。运用销售百分比法预测资金需求量的具体步骤如下。

微课 9-1

第一步：将资产负债表上的全部项目划分为敏感性项目和非敏感性项目。敏感性项目是指其金额随销售收入的变动呈同比率变动的项目，非敏感性项目是指其金额不随销售收入自动成比例增减变动的项目。

资产类项目中的货币资金、应收账款、存货等一般都会因销售额的增长而相应地增长，往往称为敏感性项目。

在负债类项目中，短期借款、应付账款、应付票据、预提费用等短期负债与销售额也存在较为密切的关系，所以称为敏感性项目。长期负债则往往是非敏感性项目。

在所有者权益项目中，留存收益属于内部融资来源，这部分资金的多少取决于净收益的

多少和股利支付率的高低。

第二步:对于各个敏感性项目,计算其基期的金额占基期销售收入的百分比,并分别计算出敏感性资产项目占基期销售收入百分比的合计数和敏感性负债项目占基期销售收入百分比的合计数。

第三步:根据计划期的销售收入和销售净利润率,结合计划期支付股利的比率,确定计划期内部留存收益的增加额。

第四步:根据预计资产总量,减去已有的资金来源、负债的自然增长和内部提供的资金来源便可预测出外部融资的需要量。

计算公式为:

$$追加的外部融资 = 增加的资产 - 自然增加的负债 - 增加的留存收益$$

当企业计划期需要从外部筹措资金时,公式为:

$$追加的外部融资 = 增加的资产 - 自然增加的负债 - 增加的留存收益 + 计划资金需求量$$

【例 9.1】　升达有限责任公司 2021 年的销售收入为 20 000 万元,销售净利润率为 12%,净利润的 60% 分配给投资者。2021 年 12 月 31 日,升达有限责任公司的资产负债表(简表)如表 9.1 所示。该公司 2022 年的计划销售收入比上年增长 30%。为实现这一目标,公司需新增设备一台,价值 148 万元。根据历年的财务数据分析,公司流动资产与流动负债随销售额呈同比率增减。假定该公司 2022 年的销售净利率和利润分配政策与上年保持一致。要求:计算 2022 年升达有限责任公司所需的外部资金需求量。

表 9.1　升达有限责任公司资产负债表(简表)

2021 年 12 月 31 日　　　　　　　　　　　　　　　　　　单位:万元

资产	期末余额	负债及所有者权益	期末余额
货币资金	1 000	应付账款	1 000
应收账款净额	3 000	应付票据	2 000
存货	6 000	长期借款	9 000
固定资产净值	7 000	实收资本	4 000
无形资产	1 000	留存收益	2 000
资产合计	18 000	负债及所有者权益合计	18 000

具体操作步骤如下。

① 首先对有关项目是否敏感进行判断,将结果填入 B11:B15 单元格区域和 E11:E15 单元格区域中,并将其他相关数据填入 Excel 表格中,如图 9.1 所示。

② 利用逻辑函数 IF 判断资产项目的敏感性,并计算出各个项目占基期销售收入的百分比。在 C11 单元格中输入公式"=IF(B11="是",B3/\$F\$3,"不适用")",利用填充柄将其填充至 C15 单元格;在 C16 单元格中输入公式"=SUM(C11:C15)",并设置 C11:C16 单元格格式为"百分比"。

③ 利用逻辑函数 IF 判断负债及权益项目的敏感性,并计算出各个项目占基期销售收入的百分比。在 F11 单元格中输入公式"=IF(E11="是",D3/\$F\$3,"不适用")",利用填充柄将其填充至 F15 单元格;在 F6 单元格中输入公式"=SUM(F11:F15)",并设置 F11:

图 9.1　销售百分比法预测资金需求量

F16 单元格区域格式为"百分比"。

④ 根据销售百分比法计算公式来确定外部融资需求量。在 B17 单元格中输入公式"＝C16＊(G3－F3)－F16＊(G3－F3)－G3＊G4＊(1－G5)＋G6",即计算出该公司 2022 年的外部资金需求量为 1 000 万元。

9.1.2　回归直线法

回归直线法是资金习性预测法中的一种。资金习性预测法是根据资金同业务量之间的依存关系来预测未来资金需要量的一种方法,资金习性是指资金的变动同产销量(或销售额)变动之间的依存关系。资金按照习性可以分为不变资金、变动资金和半变动资金。

不变资金是指在一定的产销量范围内,不受产销量变动的影响而保持固定不变的那部分资金,包括为维持营业而占用的最低数额的现金,存货的保险储备,厂房、机器设备等固定资产占用的资金。变动资金是指随产销量的变动而同比例变动的那部分资金,一般包括直接构成产品实体的原材料等占用的资金。半变动资金是指虽然受产销量变化的影响,但不成同比例变动的资金,如一些辅助材料占用的资金,半变动资金可采用一定的方法划分为不变资金和变动资金两部分。

回归直线法就是根据过去一定时期的销售量和资金总额,运用反映资金量和销售量之间关系的回归直线方程,并据此确定资金总额中的变动资金和固定资金的一种定量分析方法。用公式表示为 $y = a + bx$,其中因变量 y 代表预测的资金需要量,a 代表不变资金的部分,b 代表变动资金的部分,自变量 x 则代表销售量(或销售额)。

【例 9.2】　升达有限责任公司 2017—2021 年的销售收入与资金占用之间的关系如表 9.2 所示。2022 年的预计销售收入为 700 万元。要求:用回归直线法预测该公司 2022 年的资金需求量。

表 9.2　销售收入与资金占用关系表

年度	2017	2018	2019	2020	2021
销售额 x(万元)	500	520	480	540	690
资金占用 y(万元)	100	110	120	125	130

具体操作步骤如下。

① 加载宏。单击 Excel 文件选项卡，进入 Excel 选项，单击"加载项"，选择"分析工具库"，如图9.2 所示。

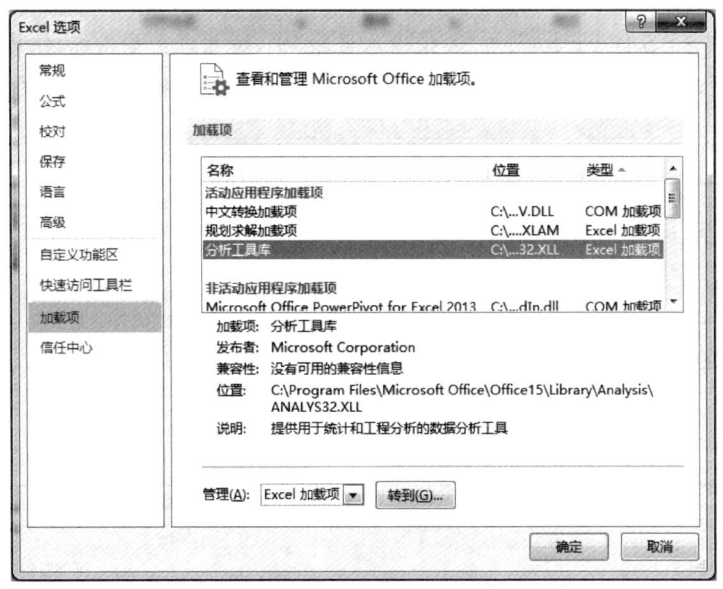

图 9.2　加载分析工具库

② 调用分析数据库。管理 Excel 加载项，单击"转到"按钮，进入"加载宏"对话框，勾选"分析工具库"选项，单击"确定"按钮，如图 9.3 所示。

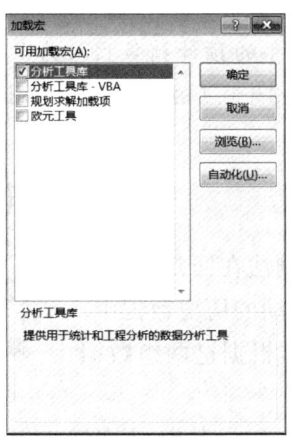

图 9.3　加载宏

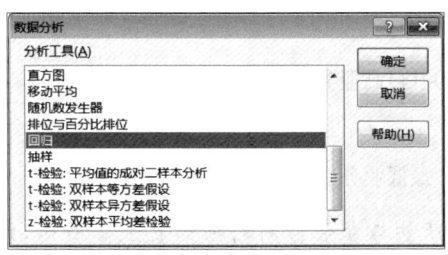

图 9.4　选择回归分析方法

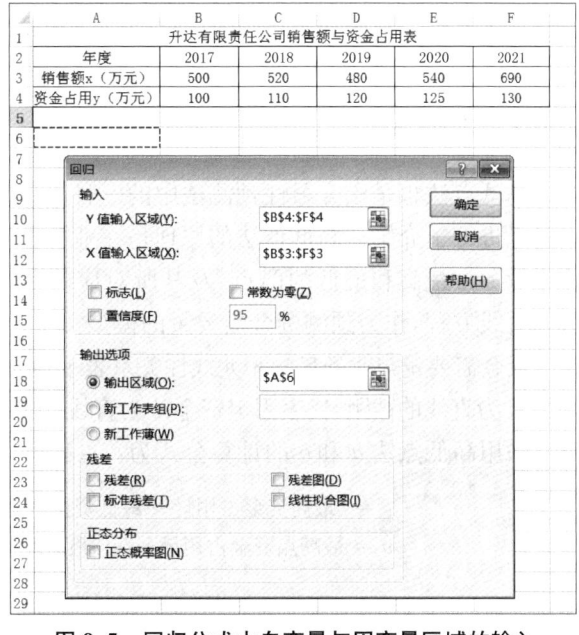

图 9.5　回归公式中自变量与因变量区域的输入

③ 选择回归分析方法。单击"数据"选项卡,选择"数据分析"功能,在弹出的"数据分析"对话框中选择"回归",单击"确定"按钮,如图 9.4 所示。

④ 设置因变量和自变量计算区域。在"回归"对话框的"Y 值输入区域"中,输入因变量指标,资金占用额"＄B＄4:F＄4";在"X 值输入区域"中,输入自变量指标,销售额"＄B＄3:F＄3";在"输出区域"中,输入"＄A＄6",如图 9.5 所示,回归分析输出结果如图 9.6 所示。

6	SUMMARY OUTPUT							
7								
8	回归统计							
9	Multiple R	0.6436178						
10	R Square	0.4142439						
11	Adjusted R Square	-1.666667						
12	标准误差	10.641719						
13	观测值	1						
14								
15	方差分析							
16		df	SS	MS	F	gnificance F		
17	回归分析	5	240.26146	48.052292	2.1215856	#NUM!		
18	残差	3	339.73854	113.24618				
19	总计	8	580					
20								
21		Coefficient	标准误差	t Stat	P-value	Lower 95%	Upper 95%	下限 95.0%	上限 95.0%
22	Intercept							-4E-180	4.3E-180
23	X Variable 1							0	0
24	X Variable 2							-2E-200	2.3E-200
25	X Variable 3							9.5E-241	-1E-240
26	X Variable 4	66.350287	35.097523	1.890455	0.1550848	-45.3457	178.0463	-45.3457	178.0463
27	X Variable 5	0.092765	0.0636875	1.4565664	0.2412721	-0.109917	0.295447	-0.10992	0.295447
28								

图 9.6 回归分析输出结果

⑤ 编辑资金预测的线性回归公式 $y = a + bx$。在系统计算的结果中,B26 单元格输出的值为不变资金 a,B27 单元格输出的值为变动资金 b。2022 年的预计销售收入为 700 万元,根据以上数据可以写出资金预测的线性公式:$y = 66.3503 + 0.0928 \times 700$,得出该公司 2022 年的资金需求量为 131.31 万元。

9.1.3 高低点法

高低点法也是资金习性预测法中的一种,资金习性预测法在回归直线法中已经进行了介绍。高低点法的原理是在业务量与资金变动的历史数据中,找出业务量最高和最低的两点,及其所对应的资金占用量,根据这两组数据求出直线方程,作为预测资金需要量的模型。

微课 9-2

资金需要量与业务量的一元线性关系表示为公式:$y = a + bx$。其中,因变量 y 代表资金需要量,a 为直线的截距,代表固定资金;b 为直线的斜率,代表单位变动资金,自变量 x 代表业务。

采用高低点法 a 和 b 的计算公式为:

$$b = (最高资金占用量 - 最低资金占用量)/(最高业务量 - 最低业务量)$$
$$a = 最高点资金占用量 - b \times 最高业务量$$

或者
$$a = 最低点资金占用量 - b \times 最低业务量$$

【例 9.3】 升达有限责任公司 2017—2021 年的产量与资金占用数据如表 9.3 所示,该公司 2022 年的计划产量为 120 件。要求:利用高低点法预测 2022 年的资金需要量。

表 9.3 升达有限责任公司 2017—2021 年的产量与资金占用表

年度	产量 x（件）	资金占用量 y（万元）
2017	60	121
2018	70	132
2019	80	140
2020	90	147
2021	100	151

具体操作步骤如下。

① 设计高低点法预测资金需要量的计算模型，并录入相关数据，如图 9.7 所示。

② 计算单位变动资金 b 的值，在 B8 单元格中输入公式"＝（MAX（C3：C7）－MIN（C3：C7））/（MAX（B3：B7）－MIN（B3：B7））"，得到 $b=0.75$；计算固定资金 a 的值，在 B9 单元格输入公式"＝MAX（C3：C7）－B8＊MAX（B3：B7）"，得到 $a=76$。

图 9.7 高低点法预测资金需要量的计算模型

计算"计划产量 $x=120$"时的预计资金需要量 y，在 B10 单元格输入"120"后，在 B11 单元格中输入公式"＝B9＋B8＊B10"，得到该公司 2022 年预测资金需要量为 166 万元。

9.2 Excel 在资本成本计算中的应用

资本成本是指企业为筹集和使用资金而付出的代价，是企业制定筹资决策和投资决策的基础。资本成本包括资金筹资费和资金占用费两部分。资金筹资费是指在资金筹资过程中支付的各项费用，如发行股票或债券支付的印刷费、发行手续费、律师费、资信评估费、公证费、担保费、广告费等；资金占用费是指占用资金支付的费用，如股票的股息、借款和债券的利息等。其计算的基本公式为：

$$资本成本 = 资金使用费 ÷ 筹资净额（筹资总额减筹资费用）$$

企业进行筹资决策时，力求选择资本成本最低的筹资方式，资本成本就成为衡量筹资方案的重要依据。在比较各种单一筹资方式时，需要对比个别资本成本；在进行多渠道筹资时，要对资本结构进行评价，需要借助综合资本成本来进行衡量。资本成本作为投资资本的机会成本，是衡量企业投资收益的最低极限标准，只有投资项目的收益率高于对应筹资的资本成本时投资项目才是可以接受的。

9.2.1 债务资本成本

债务资本成本是指借款和发行债券的成本，包括借款或债券的利息和筹资费用。根据我国税法的相关规定，债务的利息在缴纳所得税之前支付，因此，企业实际负担的利息为：利息×（1－所得税税率）。

微课 9-3

1. 长期借款资本成本

不考虑资本的时间价值,计算公式为:

$$长期借款资本成本 = \frac{借款年利息 \times (1-所得税税率)}{借款本金 \times (1-借款筹资费率)} = \frac{借款利率 \times (1-所得税税率)}{1-借款筹资费率}$$

2. 债券资本成本

当债券按平价(票面价)发行时,债券资本成本的计算与长期借款资本成本的计算方法是相同的。当债券溢价或折价发行时,债券筹资额为债券的实际发行价格,利息则按票面利率和票面价格计算,以此为依据计算资本成本。

【例9.4】 升达有限责任公司取得 6 年期长期借款 1 500 万元,年利率 8%,每年付息一次,到期一次还本,筹资费用率为 0.5%,所得税税率为 25%。要求:如果不考虑资本时间价值,计算该公司长期借款的资金成本;如果考虑资本时间价值,计算该公司长期借款的资金成本。

1. 不考虑资本时间价值

① 设计如图 9.8 所示的 Excel 计算模型,并定义 B7 单元格格式为百分比。

② 在 B7 单元格中输入公式"＝B3＊(1－B6)/(1－B5)",最终结果为 6.03%。

长期借款资本成本的计算（不考虑资本时间价值）	
长期借款额	1500
年利率	8%
借款期限	6
筹资费用率	0.50%
所得税税率	25%
资本成本	

图 9.8　长期借款资本成本计算模型
(不考虑资本时间价值)

2. 考虑资本时间价值

(1) 利用 Excel 的单变量求解的方法

① 设计如图 9.9 所示的 Excel 计算模型,并定义 F3 单元格格式为百分比。

长期借款的资本成本（单变量求解法）					
长期借款额	年利率	借款期限	筹资费用率	所得税税率	资本成本
1500	8%	6	0.50%	25%	

图 9.9　用单变量求解法计算的长期借款的资本成本

② 在 G3 单元格中输入公式"G3＝A3＊(1－D3)－PV(F3,C3,－A3＊B3＊(1－E3),－A3)"。

其中,A3＊(1－D3)计算的是资本的流入量,PV(F3,C3,－A3＊B3＊(1－E3),－A3)计算的是资本的流出量。

③ 找到 Excel 中的"数据"选项卡下的"模拟分析",执行"单变量求解"命令,在出现的"单变量求解"对话框中,"目标单元格"确定为"＄G＄3","目标值"定义为"0","可变单元格"确定为"＄F＄3",如图 9.10 所示。接着单击"确定"按钮,出现"单变量求解状态"对话框,当运算完成时,再单击"确定"按钮,则求解得到长期借款的资本成本,结果如图 9.11 所示。

(2) 利用 Excel 的 IRR 函数的方法

① 设计如图 9.12 所示的 Excel 计算模型,并定义 G2 单元格格式为百分比。

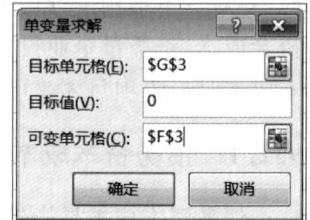

图 9.10　单变量求解对话框

	A	B	C	D	E	F	G
1	长期借款的资本成本（单变量求解法）						
2	长期借款额	年利率	借款期限	筹资费用率	所得税税率	资本成本	
3	1500	8%	6	0.50%	25%	6.10%	-0.00

图 9.11　用单变量求解法计算的长期借款的资本成本计算结果

	A	B	C	D	E	F	G	H
1	长期借款的资本成本（IRR函数法）							
2	长期借款额	年利率	借款期限	筹资费用率	所得税税率	资本成本		
3	1500	8%	6	0.50%	25%			
4	筹资净额（资本流入）	税后利息支出及还本						
5		第1年	第2年	第3年	第4年	第5年	第6年	
6								
7								

图 9.12　用 IRR 函数法计算的长期借款的资本成本

② 在 A6:G6 单元格区域分别输入计算公式。

A6 单元格为筹资净额（资本流入），输入公式"＝A3＊(1－D3)"。

B6:G6 单元格区域分别是各年的税后利息支出额和还本额，即资本的流出量。

第 1～5 年为各年支出的税后利息，第六年除了税后利息支出外，还包括一次性还本额。在 B6 单元格中输入公式"＝－\$A\$3＊\$B\$3＊(1－\$E\$3)"，接着利用填充柄将公式横向填充至 F6 单元格。在 G6 单元格中输入公式"＝－\$A\$3＊\$B\$3＊(1－\$E\$3)－A3"。

③ 最后利用 IRR 函数计算长期借款的资本成本。在 G2 单元格中输入公式"＝IRR(A6:G6)"，结果为 6.10%。

【例 9.5】　升达有限责任公司发行面额为 1 000 万元的 7 年期债券，票面利率为 13%，发行费率为 3%，发行价格为 1 100 万元，所得税税率为 25%。要求：利用 IRR 函数法计算该公司所发行债券的资本成本。

具体操作步骤如下。

① 设计如图 9.13 所示的 Excel 计算模型，并定义 H2 单元格格式为百分比。

② 在 A6:H6 单元格区域分别输入计算公式。

在 A6 单元格中输入公式"＝A3＊(1－E3)"

在 B6 单元格中输入公式"＝－\$A\$3＊\$B\$3＊(1－\$E\$3)"，接着利用填充柄将公式横向填充至 G6 单元格。在 H6 单元格中输入公式"＝－\$A\$3＊\$B\$3＊(1－\$E\$3)－A3"。

③ 最后利用 IRR 函数计算债券的资本成本。在 H2 单元格中输入公式"＝IRR(A6:H6)"，结果为 8.44%，如图 9.14 所示。

	A	B	C	D	E	F	G	H
1	债券资本成本（IRR函数法）							
2	发行总额	总面值	票面利率	期限	筹资费率	所得税率	资本成本	
3	1100	1000	13%	7	3%	25%		
4	筹资净额（资本流入）	税后利息支出及还本（资本流出）						
5		第1年	第2年	第3年	第4年	第5年	第6年	第7年
6								
7								

图 9.13　用 IRR 函数法计算的债券资本成本

	A	B	C	D	E	F	G	H
1	债券资本成本（IRR函数法）							
2	发行总额	总面值	票面利率	期限	筹资费率	所得税率	资本成本	8.44%
3	1100	1000	13%	7	3%	25%		
4	筹资净额（资本流入）	税后利息支出及还本（资本流出）						
5		第1年	第2年	第3年	第4年	第5年	第6年	第7年
6	1067	-97.5	-97.5	-97.5	-97.5	-97.5	-97.5	-1097.5
7								
8								

图 9.14　用 IRR 函数法计算的债券资本成本计算结果

9.2.2　权益资本成本

权益资本成本主要包括优先股成本、普通股成本、留存收益成本等。由于各种权益性资金红利的支付是在缴纳完所得税之后进行的，所以权益资本成本不考虑所得税的影响。

1.　优先股资本成本

优先股的资本成本包括支付的股利（股息）和筹资费用。发行优先股筹集资金需支付发行费用，而且优先股股利通常是固定的，这类似于债券，但优先股的股利只能从税后利润中支付，不像债券利息那样具有抵税作用。

$$优先股成本 = \frac{优先股年股利}{按发行价确定的优先股筹资额 \times (1 - 优先股筹资费率)}$$

2.　普通股成本

普通股的资本成本包括筹资费用和支付给股东的股利两部分。普通股的资本成本可以看作是投资者购买某一风险水平的普通股所要求得到的最低收益率。

$$普通股成本 = \frac{第1年的股利}{普通股筹资额 \times (1 - 普通股筹资费率)} + 普通股股利年增长率$$

3.　留存收益资本成本

留存收益在资本成本分析中是作为机会成本对待的，至少要求与普通股有等价的报酬。与普通股资本成本相比，留存收益没有筹资费用。

$$留存收益成本 = \frac{第1年的股利}{普通股筹资额} + 普通股股利年增长率$$

【例 9.6】　升达有限责任公司拟筹资 4 000 万元，公司留存收益有 500 万元；发行优先股 500 万元，股利率 12%，筹资费率 2%；发行普通股 3 000 万元，预计第一年股利为 13%，以后每年增长 1%，筹资费用率为 3%。要求：计算各项资本的个别资本成本。

具体操作步骤如下。

① 设计如图 9.15 所示的 Excel 计算模型,并定义 B7:D7 单元格区域格式为百分比。

② 在 B7:D7 单元格区域分别输入下列计算公式:在 B7 单元格输入公式"=B5+B6",在 C7 单元格输入公式"=C5/(1-C4)",在 D7 单元格输入公式"=D5/(1-D4)+D6"。计算结果如图 9.16 所示。

	A	B	C	D
1	权益资本成本的计算			
2	筹资方式	留存收益	优先股	普通股
3	筹资金额	500	500	3000
4	筹资费率	—	2%	3%
5	年股利率	13%	12%	13%
6	股利年增长率	1%	—	1%
7	个别资本成本			
8				

图 9.15　权益资本成本的计算

	A	B	C	D
1	权益资本成本的计算			
2	筹资方式	留存收益	优先股	普通股
3	筹资金额	500	500	3000
4	筹资费率	—	2%	3%
5	年股利率	13%	12%	13%
6	股利年增长率	1%	—	1%
7	个别资本成本	14.00%	12.24%	14.40%
8				

图 9.16　权益资本成本的计算结果

9.2.3　综合资本成本

企业总资本往往是由多种筹资方式形成的,不同筹资方式的资本成本存在差异。企业为了更好地进行筹资和投资决策,需计算综合资本成本(也称加权平均资本成本)。综合资本成本是对各种个别资本成本按所占资本比重进行加权平均所得到的,故称为加权平均资本成本。

【例 9.7】根据例 9.4、例 9.5 和例 9.6,计算升达有限责任公司的综合资本成本。

具体操作步骤如下。

① 设计如图 9.17 所示的 Excel 计算模型,并定义 B5:G5 单元格区域和 B6 单元格格式为百分比。

	A	B	C	D	E	F	G
1	综合资本成本的计算						
2	筹资方式	留存收益	优先股	普通股	长期借款	长期债权	合计
3	筹资金额	500	500	3000	1500	1100	6600
4	个别资本成本	14.00%	12.24%	14.40%	6.10%	8.44%	—
5	筹资比重						
6	综合资本成本						
7							

图 9.17　综合资本成本的计算

② 在 B5:G5 单元格区域和 B6 单元格分别输入计算公式。计算结果如图 9.18 所示。

在 B5 单元格中输入公式"=B3/$G$3",利用填充柄将此公式横向填充至 G5 单元格。

在 B6 单元格输入公式"=SUMPRODUCT(B4:F4,B5:F5)"。

函数说明:SUMPRODUCT 函数是在给定的几组数据中,将数组之间对应的元素相乘,并返回乘积之和。

语法:SUMPRODUCT(array 1,[array 2],[array 3],…)。

array 1,array 2,array 3,…为 2 到 30 个数组,其相应元素需要进行相乘并求和。数组参数必须具有相同的维数,否则,函数 SUMPRODUCT 将返回错误值"#VALUE!"。

函数 SUMPRODUCT 将非数值型的数组元素作为 0 处理。本例中,SUMPRODUCT

	A	B	C	D	E	F	G
1	综合资本成本的计算						
2	筹资方式	留存收益	优先股	普通股	长期借款	长期债权	合计
3	筹资金额	500	500	3000	1500	1100	6600
4	个别资本成本	14.00%	12.24%	14.40%	6.10%	8.44%	—
5	筹资比重	7.58%	7.58%	45.45%	22.73%	16.67%	100.00%
6	综合资本成本	11%					
7							

图 9.18　综合资本成本的计算结果

(B4:F4,B5:F5)的效果等同于"B4 * B5＋C4 * C5＋D4 * D5＋E4 * E5＋F4 * F5",对于多组单元格相乘,使用 SUMPRODUCT 函数的计算更为简单。

实战演练

1. 升达有限责任公司 2021 年 12 月 31 日资产负债表(简表)如表 9.4 所示。

表 9.4　升达有限责任公司 2021 年资产负债表简表　　　　　　单位:元

资产	期末余额	负债及所有者权益	期末余额
货币资金	80 000	短期借款	150 000
应收账款	120 000	应付账款	50 000
存货	550 000	应付票据	50 000
固定资产	150 000	长期借款	100 000
		所有者权益	550 000
资产合计	900 000	负债及所有者权益合计	900 000

该公司 2021 年销售收入为 1 000 000 元,还有剩余生产能力,即增加收入不需要进行固定资产投资。公司销售净利率保持 10%不变,2022 年计划销售收入提高到 1 200 000 元,利润分配率为 70%。要求:预测该公司的 2022 年资金需求量。

2. 升达有限责任公司 2015—2021 年的产销量与资金占用量之间的关系如表 9.5 所示。要求:采用回归分析法预测该公司 2022 年的产销量和资金需要量。

表 9.5　产销量与资金占用量之间的关系表

年度	产销量 x(万件)	资金占用 y(万元)
2015	12	100
2016	11	95
2017	12	99
2018	13	105
2019	14	110
2020	15	112
2021	16	115

3. 升达有限责任公司 2017—2021 年销售收入与资金占用量之间的关系如表 9.6 所示。要求:根据资料,采用高低点法,预测该公司 2022 年资金需要量。

表 9.6 销售收入与资金占用量表 单位:万元

年度	销售收入	资金占用量
2017	2 000	110
2018	2 400	130
2019	2 600	140
2020	2 800	150
2021	3 000	160

4. 升达有限责任公司向银行借入一笔长期借款,借款年利率为 6%,手续费率为 0.1%,所得税税率为 25%。要求:计算该公司银行借款成本。

5. 升达有限责任公司拟平价发行 6 年期公司债券,债券面值 800 万元,票面利率 10%,每年年末付息一次,所得税税率为 25%。要求:计算该公司债券成本。

6. 升达有限责任公司发行普通股股票 1 000 万元,筹资费用率为 5%,第 1 年年末股利率为 9%,预计股利的年增长率为 3%,所得税税率为 25%。要求:计算该公司普通股成本。

7. 升达有限责任公司平价发行优先股股票 1 000 万元,筹资费用率为 4%,年股利率为 10%,所得税税率为 25%。要求:计算该公司优先股成本。

8. 升达有限责任公司留存收益 200 万元,上 1 年年末普通股股利率为 11%,预计股利年增长率为 3%,所得税税率为 25%。要求:计算该公司留存收益成本。

9. 升达有限责任公司目前拥有资金 5 000 万元,其中,普通股 250 万股,每股价格为 10 元,每股股利 2 元;债券 1 500 万元,年利率为 8%;优先股 1 000 万元,年股利率为 15%,目前的税后净利润为 600 万元,所得税税率为 25%。该公司计划开发一个新项目,新项目需要资金 800 万元,预计项目投产后可使企业的年息税前利润增加 700 万元。投资所需资金有两种方案可供选择,A 方案,发行债券 800 万元,年利率为 10%;B 方案,发行普通股股票 800 万元,每股发行价格为 20 元。要求:不考虑风险因素,确定该公司的最佳筹资方案。

任务 10　投　资　决　策

学习目标 ▶

（1）理解资金时间价值函数的参数设置。

（2）掌握项目现金流量的确定方法。

（3）理解常用项目评价指标的含义及函数设置。

（4）熟悉资本限额决策的应用及投资项目财务可行性分析的实施。

思政目标 ▶

通过 Excel 在投资决策中的应用，培养学生的协作能力、分析能力和诚实守信、开拓创新的职业精神，使其养成规则意识，形成正确的会计职业道德观念。

投资决策是三项财务决策中最重要的决策（本任务所说的投资主要是指资本投资），投资决定了购置的资产类别，不同的生产经营活动需要不同的资产，因此投资决定了日常经营活动的特点和方式。投资决策决定着企业的前景，以至于提出投资方案和评价方案的工作已经不是财务人员能单独完成的，需要所有经理人员的共同努力。Excel 提供了丰富的投资决策分析函数，利用这些工具进行投资决策分析有很大的优势。

10.1　投资决策指标

投资决策评价指标，是指用于衡量和比较投资项目可行性，以便据以进行方案决策的定量化标准与尺度，是由一系列综合反映投资效益、投入产出关系的量化指标构成的。在作项目投资决策评价之前，首先需要确定的是项目给企业带来的现金流量。

利用 Excel 对项目进行评价的指标主要包括：会计收益率、静态投资回收期、净现值、获利指数、内含报酬率、净现值率。这些指标按照是否考虑资金的时间价值可分为静态评价指标和动态评价指标。静态评价指标主要包括会计收益率和静态投资回收期等，动态评价指标有净现值、获利指数、内含报酬率、净现值率等。

10.2　资金时间价值函数

资金时间价值是指资金经历一定时间的投资和再投资所增加的价值，也称为货币的时间价值。在筹资、投资决策时，财务人员必须充分了解资金的时间价值，这样可以促使合理有效地筹集和利用资金。常用的时间价值函数有 PV 函数、FV 函数、PMT 函数、IPMT 函

数、PPMT 函数等。

10.2.1　PV 函数

主要功能:返回投资的现值(即一系列付款或收款的当前值的累积和)。

使用格式:PV(rate, nper, pmt, fv, type)。

参数说明:Rate 为各期利率。Nper 为总投资(或贷款)期,即该项投资(或贷款)的付款期总数。Pmt 为各期所应支付的金额,其数值在整个年金期间保持不变。如果忽略 pmt,则必须包含 *fv* 参数。*fv* 为未来值,或在最后一次支付后希望得到的现金余额,如果省略 *fv*,则假设其值为零(一笔贷款的未来值即为零)。如果忽略 *fv*,则必须包含 pmt 参数。Type 数字 0 或 1,用以指定各期的付款时间是在期初还是期末,0 或省略表示期末,1 表示期初。

10.2.2　FV 函数

主要功能:基于固定利率及等额分期付款方式,返回某项投资的未来值。

使用格式:FV(rate, nper, pmt, pv, type)。

参数说明:rate,各期利率。nper,总投资期,即该项投资的付款期总数。pmt,各期所应支付的金额,其数值在整个年金期间保持不变,如果省略 pmt,则必须包括 *pv* 参数。*pv*,现值,即从该项投资开始计算时已经入账的款项,如果省略 *pv*,则假设其值为零,并且必须包括 pmt 参数。type,数字 0 或 1,是 0 或省略代表付款时间是期末,1 代表期初。

10.2.3　PPMT 函数

主要功能:PPMT 函数可以基于固定利率及等额分期付款方式,返回投资在某一给定期间内的本金偿还额。

使用格式:PPMT(rate, per, nper, pv, fv, type)。

参数说明:rate,投资或贷款的利率。per,用于计算其利息数额的期次。nper,总投资期或贷款期,即该项投资或贷款的付款期总数。*pv*,表示本金。*fv*,表示未来值,或在最后一次付款可以获得的现金余额,*fv* 参数可以省略,如果省略该参数,则假设其值为零。type,逻辑值 0 或 1,用以指定付款时间在起初还是期末。

10.2.4　PPMT 函数

主要功能:PPMT 函数可以基于固定利率及等额分期付款方式,返回投资在某一给定期间内的本金偿还额。

使用格式:PPMT(rate, per, nper, pv, fv, type)。

参数说明:rate,投资或贷款的利率。per,用于计算其利息数额的期次。nper,总投资期或贷款期,即该项投资或贷款的付款期总数。*pv*,表示本金。*fv*,表示未来值,或在最后一次付款可以获得的现金余额,*fv* 参数可以省略,如果省略该参数,则假设其值为零。type,逻辑值 0 或 1,用以指定付款时间在起初还是期末。

10.2.5　IPMT 函数

主要功能:IPMT 函数可以在定期偿还、固定利率条件下,返回给定的期次内某项投资

回报(或贷款偿还)的利息部分。

使用格式:IPMT(rate,per,nper,pv,fv,type)。

参数说明:rate:投资或贷款的利率。per,用于计算其利息数额的期次。nper,总投资期或贷款期,即该项投资或贷款的付款期总数。*pv*,表示本金。*fv*,表示未来值,或在最后一次付款可以获得的现金余额,*fv* 参数可以省略,如果省略该参数,则假设其值为零。type,逻辑值 0 或 1,用以指定付款时间在起初还是期末。

10.2.6 资金时间价值函数的简单应用

微课 10-1   微课 10-2   微课 10-3

【例 10.1】 假设发行债券的面值为 1 000 元,票面利率为 8%,期限是 5 年。若市场利率为 10%,规定每年年末付息,到期一次还本。要求计算:①债券的发行价格;②企业支付款项的未来值(即终值,支付款项 5 年末的价值)。

提示:在计算资金时间价值时,金额前加"一"代表资金的流出,金额前加"十"或忽略代表资金的流入。

操作步骤如下:

① 基于案例资料,设计债券发行价格及未来值表表格项目并进行优化,并根据案例资料填制表格如图 10.1 所示。

② 完成发行价格和未来值的计算。

在发行价格 C9 单元格中输入公式:"=PV(C8,C7,C4 * C5,C4,C6)",PV 函数使用方法如图 10.2 所示。

在未来值 C10 单元格中输入公式:"=FV(C8,C7,

债券发行价格及未来值	
项目	金额
债券面值	−1000.00
票面利率	8.00%
付息类型	0
债券期限	5
市场利率	10.00%
发行价格	
未来值	

图 10.1 债券发行价格及未来值表

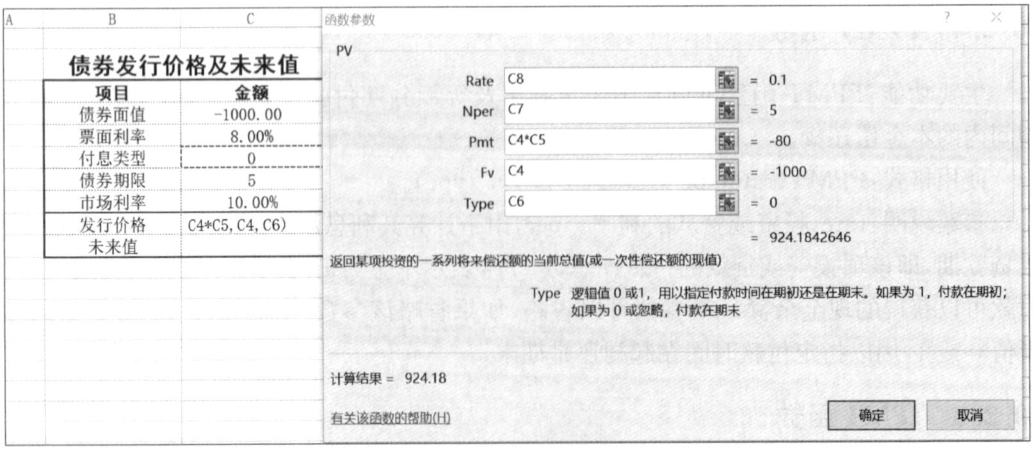

图 10.2 PV 函数的使用

C5 * C4,,C6)—C4",FV 函数使用方法如图 10.3 所示。

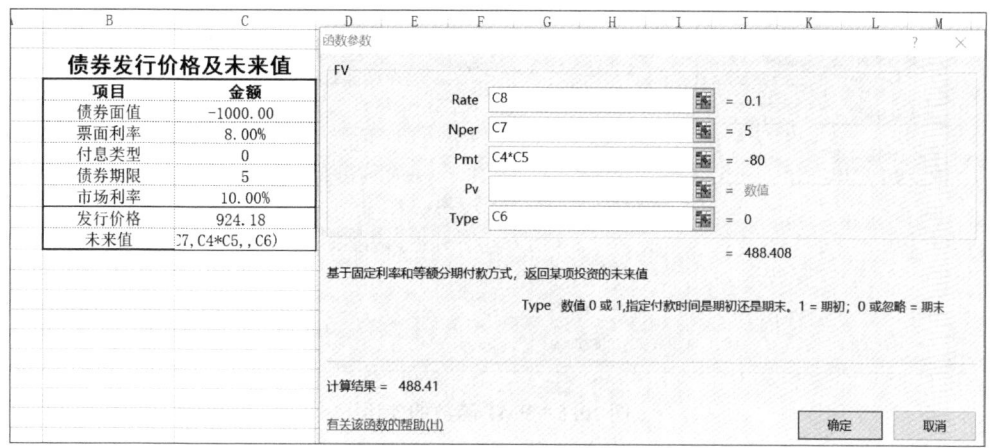

图 10.3 FV 函数的使用

【例 10.2】 一笔期限为 10 年,利息为 6% 的 200 000 元的贷款,若每月月末等额偿还,每月应偿还多少? 第 1 个月偿还的本金和利息分别是多少?

提示:在应用 PMT、PPMT、IPMT 时,当求贷款的月还款额、月偿还本金、月偿还利息时,贷款利率、贷款总期数应该以月为的单位;当求贷款的年还款额、年偿还本金、年偿还利息时,贷款利率、贷款总期数应该以年为的单位。

操作步骤如下:

① 基于案例资料,设计月等额还款额表表格项目并进行优化,并根据案例资料填制表格如图 10.5 所示。

债券发行价格及未来值

项目	金额
债券面值	-1000.00
票面利率	8.00%
付息类型	0
债券期限	5
市场利率	10.00%
发行价格	924.18
未来值	1488.41

图 10.4 债券发行价格及未来值的计算

月等额还款额

项目	金额
贷款金额	200000.00
贷款利率	6.00%
还款类型	0
贷款期限	10
月还款额	
第1个月偿还本金	
第1个月偿还利息	

图 10.5 月等额还款额表

② 完成月还款额,第 1 个月偿还本金和第 1 个月偿还利息的计算。

在月还款额 C18 单元格中输入公式"=PMT(C5/12,C7 * 12,C4,,C6)",PMT 函数使用方法如图 10.6 所示。

在第 1 个月偿还本金 C19 单元格中输入公式"=PPMT(C15/12,1,C17 * 12,C14,,C16)",PPMT 函数使用方法如图 10.7 所示。

在第 1 个月偿还利息 C20 单元格中输入公式"=IPMT(C15/12,1,C17 * 12,C14,,C16)",IPMT 函数使用方法如图 10.8 所示。

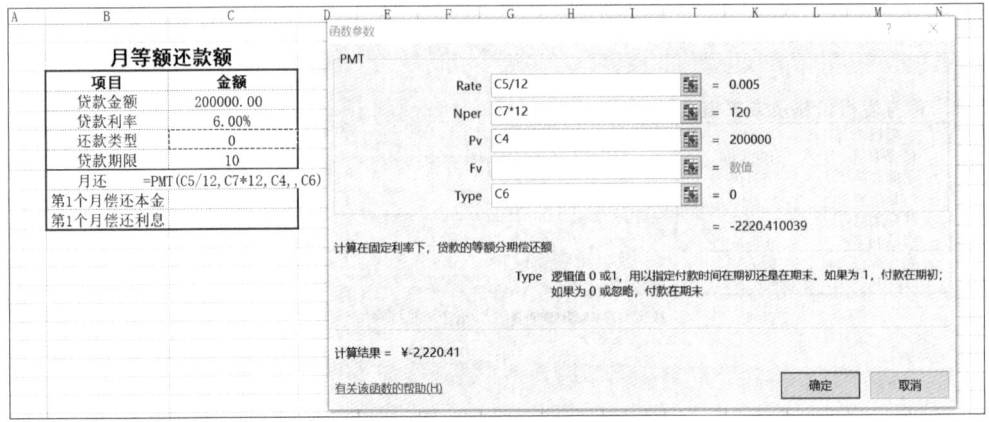

图 10.6　PMT 函数的使用

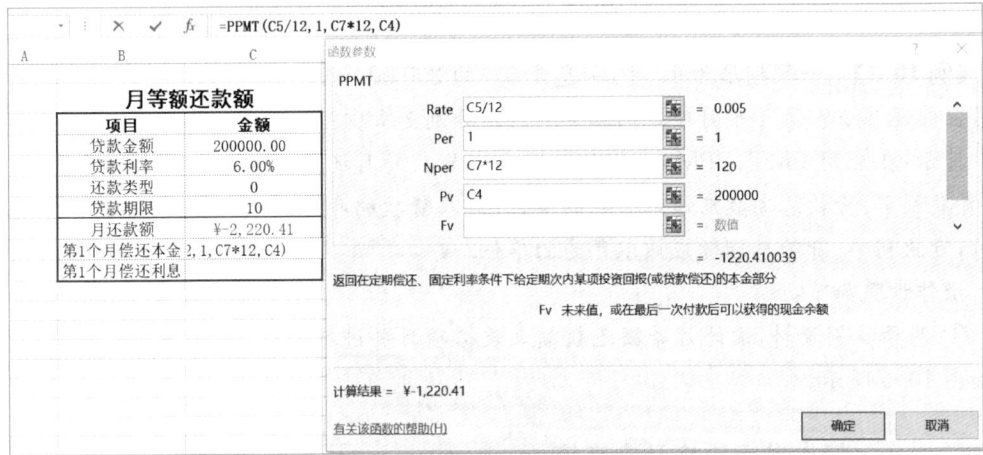

图 10.7　PPMT 函数的使用

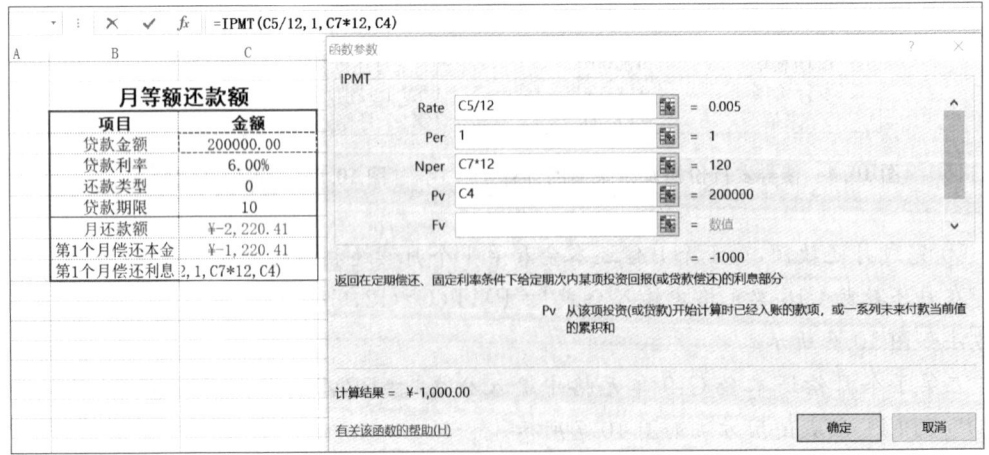

图 10.8　IPMT 函数的使用

月等额还款额	
项目	金额
贷款金额	200000.00
贷款利率	6.00%
还款类型	0
贷款期限	10
月还款额	¥-2,220.41
第1个月偿还本金	¥-1,220.41
第1个月偿还利息	¥-1,000.00

图 10.9　月等额还款额的计算

10.3　投资决策指标相关函数

项目评价指标的运用涉及 Excel 中相关公式有 NPV 函数、XNPV 函数和 IRR 函数等。

10.3.1　NPV 函数(净现值函数)

函数说明:基于一系列将来的收(正值)、支(负值)现金流和一贴现率,返回一项投资的净现值。

语法:NPV(rate,value1,[value2],…)。

rate 为某一期间的贴现率,是一固定值。value 1, value 2, …为 1 到 29 个参数,代表支出及收入。value 1, value 2, …在时间上必须具有相等间隔,并且都发生在期末。NPV 使用 value 1, value 2, …的顺序来解释现金流的顺序,所以务必保证支出和收入的数额按正确的顺序输入。函数 NPV 假定投资开始于 value 1 现金流所在日期的前一期,并结束于最后一笔现金流的当期。如果第一笔现金流发生在第一个周期的期初,则第一笔现金必须添加到函数 NPV 的结果中,而不应包含在 values 参数中。

10.3.2　XNPV 函数

函数说明:返回一组现金流的净现值,这些现金流不一定定期发生。

语法:XNPV(rate,values,dates)。

rate 为应用于现金流的贴现率。values 为与 dates 中的支付时间相对应的一系列现金流转。dates 为与现金支付相对应的支付日期表。第一个支付日期代表支付表的开始,其他日期应迟于该日期,但可按任何顺序排列。

10.3.3　IRR 函数

函数说明:返回一系列现金流的内部报酬率。

语法:IRR(values,[guess])。

values 为数组或单元格的引用,包含用来计算返回的内部收益率的数字。values 必须包含至少一个正值和一个负值,以计算返回的内部收益率。函数 IRR 根据数值的顺序来解释现金流的顺序,故应按需要的顺序输入支付和收入的数值。guess 为对函数 IRR 计算结果的估计值。

10.4 评价指标和函数的简单应用

微课 10-4　　　　　微课 10-5

【例 10.3】　升达有限责任公司某投资项目需 4 年建成,每年初投入资金 30 万元,共投入 120 万元。建成投产后,产销 A 产品,需投入营运资金 40 万元,以满足日常经营活动需要。A 产品销售后,估计每年可获利润 20 万元。固定资产使用年限为 6 年,使用第 3 年需大修理,估计大修理费用 36 万元,分 3 年摊销。资产使用期满后,估计有残值收入 6 万元,采用直线法折旧。项目期满时,垫支营运资金收回。本案例不考虑所得税的影响。

提示:项目现金流量的计算主要包括以下 3 项内容:①在建设期发生的建设投资,在建设期期末或运营期前发生垫支的流动资金投资;②在运营期发生的营业收入、补贴收入、经营成本(付现成本),以及在运营期发生的各种税费;③通常在项目计算期末回收的固定资产余值、流动资金。

操作步骤如下(假设贴现率是 10%)。

① 基于案例资料,设计现金流量表项目并进行优化,根据案例资料填制表格如图 10.10 所示。在现金流量表中,年份"0"表示第 1 年年初、"1"表示第 2 年年初,以此类推;单元格 H9:M9 单元格区域为折旧额计算,输入公式"=(120-6)/6"。

年份 项目	0	1	2	3	4	5	6	7	8	9	10
									单位:		万元
固定资产投资	-30	-30	-30	-30							
垫支营运资金					-40						
大修理费								-36			
利润						20	20	20	20	20	20
固定资产折旧						19	19	19	19	19	19
大修理费摊销									12	12	12
固定资产残值											6
收回营运资金											40
现金流量合计	-30	-30	-30	-30	-40	39	39	3	51	51	97
备注:表中数据,正值表示现金流入,负值表示现金流出。											

投资项目现金流量表

图 10.10　投资项目现金流量表

② 根据案例现金流量设计评价指标计算表格,如图 10.11 所示。

投资项目评价指标的计算

贴现率	10%								单位:		万元
年份	0	1	2	3	4	5	6	7	8	9	10
利润						20	20	20	20	20	20
现金流量	-30	-30	-30	-30	-40	39	39	3	51	51	97
会计收益率			投资回收期				净现值				
获利指数			内含报酬率				净现值率				

图 10.11　投资项目评价指标计算表格

③ 完成评价指标的计算。不考虑建设期时，前 4 年的现金流入总计为 132 万元，所以在投资回收期 H7 单元格中输入公式"＝4＋(160－132)/51"；在会计收益率 D7 单元格中输入公式"＝20/－SUM(C6:G6)"；在净现值 L7 单元格中输入公式"＝NPV(C3,D6:M6)＋C6"，NPV 函数使用方法如图 10.12 所示；

在获利指数 D8 单元格中输入公式"＝NPV(C3,0,0,0,0,H6:M6)/(－NPV(C3,D6:G6)－C6)"；在内含报酬率 H8 单元格中输入公式"＝IRR(C6:M6)"，IRR 函数使用方法如图 10.13 所示；在净现值率 L8 单元格中输入公式"＝L7/(－NPV(C3,D6:G6)－C6)"。计算结果如图 10.14 所示。

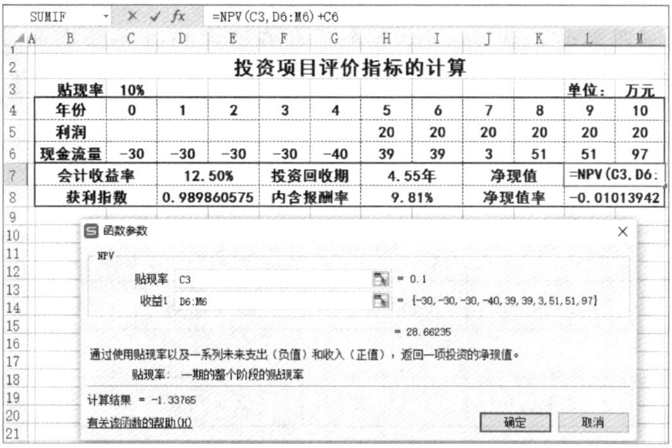

图 10.12　NPV 函数的使用

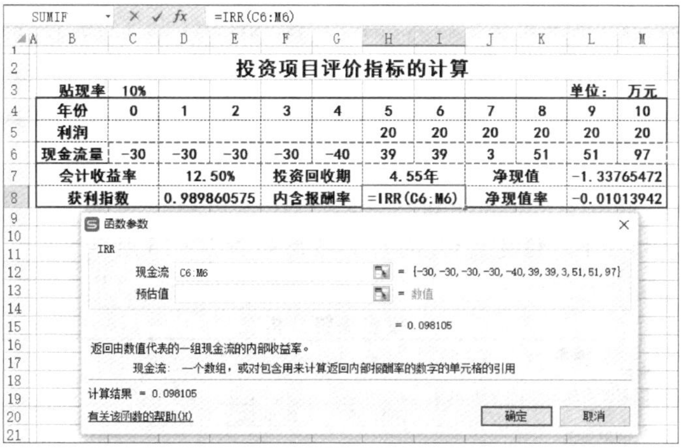

图 10.13　IRR 函数的使用

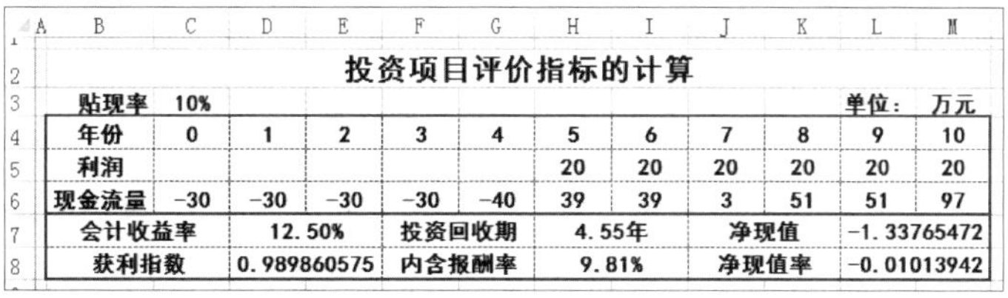

图 10.14　投资项目评价指标的计算

10.5 投资决策实际应用

10.5.1 资本限额决策

企业可以用于投资的资金总量是有限的，不能投资于所有可接受的项目，为了使企业获得最大利益，应该选择那些使净现值最大的投资组合。运用 Excel 2013 可以迅速找出在不同贴现率下的可行方案，为决策提供方便。

【例 10.4】 升达有限责任公司有 5 个可供选择的项目 A、B、C、D、E，5 个项目彼此独立，公司的初始投资限额为 400 000 元。5 个项目在 5 年内每年给企业带来的利润分别为 8 000元、15 300 元、12 000 元、17 200 元、29 800 元，各项目设备（均采用直线法计提折旧）投资情况如表 10.1 所示。

表 10.1　固定资产原始资料数据　　　　单位:元

设备 项目	A	B	C	D	E
固定资产原值	100 000.00	125 000.00	150 000.00	200 000.00	300 000.00
使用年限	5				
残值	2 000.00	3 000.00	2 500.00	2 000.00	5 000.00

操作步骤如下。

① 建立投资决策分析模型，并填制投资决策分析表格，假设贴现率为 10%。

计算年折旧额，在 C7 单元格中输入公式“=SLN(C4,C5,$C$6)”；

计算经营现金流量，在 C9 单元格中输入公式“=C7+C8”；

计算收益净现值，在 C11 单元格中输入公式“=NPV($C$10,C9,C9,C9,C9,C9)-C4”；

计算决策结果，在 C12 单元格中输入公式“=IF(C11>=0,"可行","不可行")”。将以上这些公式复制到相应单元格完成计算，计算结果如图 10-15 所示。

	A	B	C	D	E	F	G
1							
2		投资决策分析表					
3		设备 项目	A	B	C	D	E
4		固定资产原值	100000.00	125000.00	150000.00	200000.00	300000.00
5		残值	2000.00	3000.00	2500.00	2000.00	5000.00
6		使用年限	5				
7		年折旧额	19600.00	24400.00	29500.00	39600.00	59000.00
8		每年利润	8000.00	15300.00	12000.00	17200.00	29800.00
9		经营现金流量	27600.00	39700.00	41500.00	56800.00	88800.00
10		贴现率	10.00%				
11		收益净现值	4625.71	25494.23	7317.65	15316.69	36621.87
12		项目可行决策	可行	可行	可行	可行	可行

图 10.15　投资决策结果

② 运用图表进行动态化决策分析。选取 C3:G3 单元格区域和 C11:G11 单元格区域，选择“插入”→“图表”→“柱形图”→“三维簇状柱形图”命令，插入三维簇状柱形图如图10.16 所示。选中图表区，选择“图表工具”→“布局”→“标签”命令，进行相关设置：图表标题为置

于图表上方,黑体,16 号字;横坐标轴标题为置于坐标轴下方,黑体,16 号字;纵坐标轴标题为竖排标题,黑体,16 号字。右键单击柱形图,通过"设置数据系列格式",可以设置边框线颜色,设置结果见图 10.17 所示。

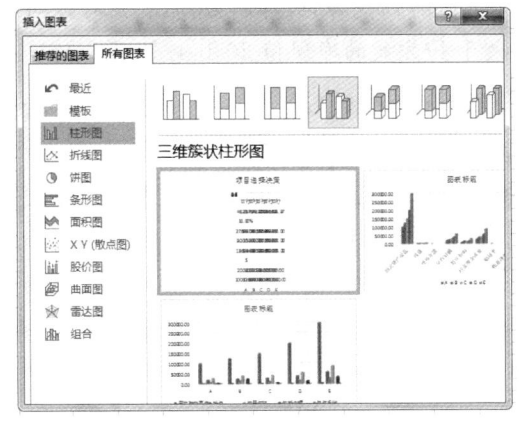

图 10.16 插入三维柱状图

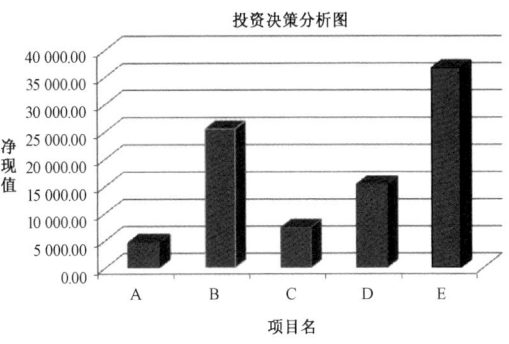

图 10.17 投资决策分析图

提示:在 Excel 2013 中,标题、X 轴、Y 轴的设置是通过选择"图表区",打开图表选项进行操作,也可以在建立图表的过程中进行设置;字体的设置可通过选择目标对象,单击右键选择相应的格式进行操作。

③ 运用滚动条控制贴现率。设置调整贴现率的精确度为万分之一,可调范围在 0～30% 之间。选择"开发工具"→"控件"→"插入"命令,在表单控件中选择滚动条按钮,将其放在图表区域的左下角。"开发工具"选项卡可以从"文件"→"选项"→"自定义功能区"将其调出,如图 10.18 所示。

图 10.18 调出开发工具图

Excel 2013 中,选择"开发工具"→"插入"→"表单控件"→"滚动条"。右键单击滚动条按钮,设置控件格式(链接单元格可以变动),如图 10.19 所示。设置贴现率计算公式:C10

=G13/10 000,这样就可以通过调节滚动条使贴现率在 0~30% 进行变动。若企业要求的最低报酬率为 12%,投资决策结果如图 10.20 所示。

提示:案例分析,在企业要求的报酬率为 12% 时,B、D、E 三个项目可行。由于资金限额为 400 000 元,有单选 B、D、E 和同时选 B、D 四个方案可以选择,经分析可知,企业可以同时上 B、D 两个项目,净现值合计为 22 860.90 元,大于 E 方案的净现值 20 104.13 元。

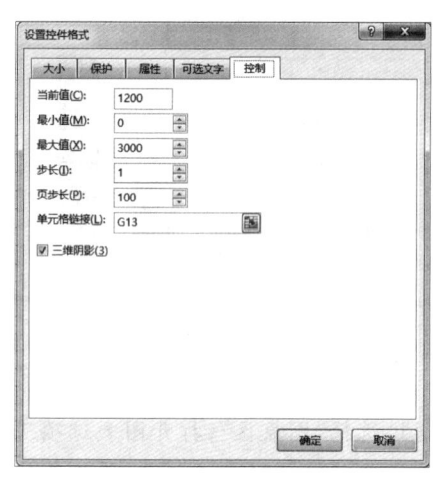

图 10.19　设置控件格式

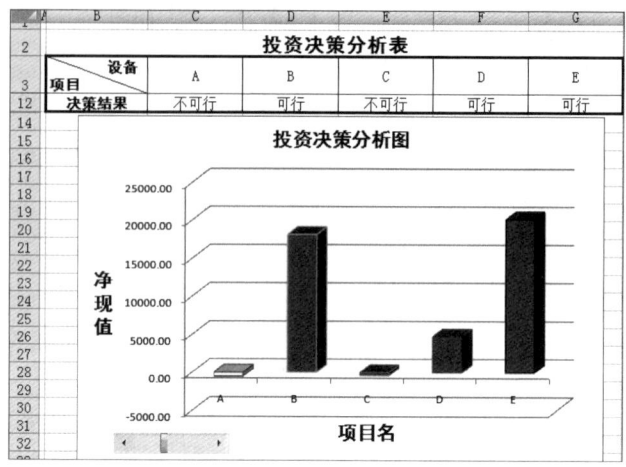

图 10.20　投资决策结果分析图

10.5.2　投资项目财务可行性分析

财务可行性评价,是指在已完成相关环境与市场分析、技术与生产分析的前提下,围绕已具备技术可行性的建设项目而开展的有关该项目在财务方面是否具有投资可行性的一种专门分析评价。

【例 10.5】　升达有限责任公司拟投资甲项目,经可行性分析,有关资料如下。

① 该项目需固定资产投资 100 万元,其中第一年年初和第二年年初分别投资 55 万元和 45 万元,第一年年末该项目部分竣工并投入试生产,第二年年末该项目全部竣工交付使用。

② 该项目投产时需垫支营运资金 60 万元,用于购买原材料、支付工资以及存货增加占用等。其中,第一年年末垫支 35 万元,第二年年末又增加垫支 25 万元。

③ 该项目经营期预计为 6 年,固定资产按直线法计提折旧。预计残余价值为 10 万元。

④ 根据有关部分的市场预测,该项目投产后第一年销售收入 70 万元,以后 5 年每年销售收入均为 95 万元。第一年付现成本为 35 万元,以后 5 年每年的付现成本均为 46 万元。

⑤ 甲项目需征用土地 10 亩,支付 10 年土地使用费共计 60 万元,于项目建设第一年年初支付、投产后开始摊销。

⑥ 该企业适用所得税税率为 25%。

操作步骤如下。

① 根据资料甲项目实际情况设置"甲项目财务可行性分析"工作表,并进行优化,根据案例填写已知数据。在 C8 单元格中输入公式"=C5+C6+C7",将公式复制到 D8:F8 单元格区域,如图 10.13 所示。

② 计算营业现金流量,根据案例填写已知数据。建设期形成固定资产原值为 100 万元,

使用年限为 6 年,若按直接法计提折旧,在 E11 单元格中输入公式"＝SLN(ABS(C5＋D5),100 000,6)"。在税前利润 E13 单元格中输入公式"＝E9－E10－E11－E12",在所得税 E14 单元格中输入公式"＝E13＊25%",在税后利润 E15 单元格中输入公式"＝E13－E14",在营业现金流量 E18 单元格中输入公式"＝E15＋E16＋E17",将这些公式复制到相应单元格。在现金流量合计 C21 单元格中输入公式"＝C8＋C18＋C19＋C20",将公式复制到相应单元格。

③ 计算累计现金流量。在 C22 单元格中输入公式"＝C21";在 D22 单元格中输入公式"＝C22＋D21",将该公式复制到 E22:J22 单元格区域。

④ 计算评价指标,累计现金流量为正的年份 D24 单元格中输入公式"＝COUNTIF(C22:J22,"＜＝0")";项目的投资回收期 G24 单元格中输入公式"＝D24＋ABS(HLOOKUP(D24－1,C4:J22,19))/HLOOKUP(D24,C4:J22,18)";在项目的会计收益率 J24 单元格中输入公式"＝AVERAGE(F15:J15)/ABS(SUM(C8:E8))"。在内含报酬率 D25 单元格中输入公式"＝IRR(C21:J21)";在净现值 G25 单元格中输入公式"＝NPV(C3,D21:J21)＋C21";在净现值率 J25 单元格中输入公式"＝G25/ABS(NPV(C3,D8:E8)＋C8)";在获利指数 D26 单元格中输入公式"＝NPV(C3,,E21:J21)/(PV(C3,1,,D21)－C8)";在评价结论 G26 单元格中输入公式"＝IF(D25＞＝C3,IF(G24＜＝MAX(C4:J4)/2,'项目完全具备财务可行性','项目基本具备财务可行性'),'项目不具备财务可行性')",公式使用如图 10.21 所示。计算结果如图 10.22 所示。

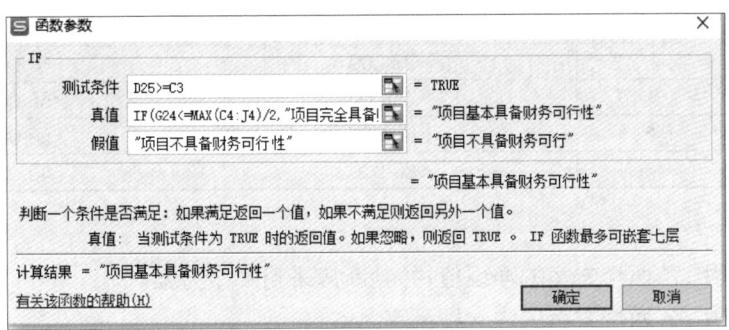

图 10.21 IF 函数使用

图 10.22 甲项目财务可行性分析

评价结论:因为该项目各项主要评价指标均达到或超过相应标准,所以基本上具有财务可行性,只是项目的投资回收期较长,有一定的风险。如果条件允许,可实施投资。

在对同一个投资项目进行财务可行性评价时,净现值、获利指数、内含报酬率指标的评价结论是一致的。在项目评价过程中,主要指标处于可行区间即内含报酬率大于等于基准收益率、净现值大于等于零、净现值率大于等于零、获利指数大于等于1,完全可以判定该项目基本具有财务可行性。若要判断项目是否完全具备财务可行性,辅助指标也要处于可行区间即静态投资回收期、会计收益率等也要符合要求。

实战演练

(1) 升达有限责任公司 A 投资方案的经济寿命为 5 年,每年现金流量数据分别为:$NCF_0 = -75\ 000$,$NCF_1 = 30\ 000$,$NCF_2 = 25\ 000$,$NCF_3 = 28\ 000$,$NCF_4 = 25\ 000$,$NCF_5 = 20\ 000$。要求:计算 A 方案的投资回收期。

(2) 升达有限责任公司计划投资,预定投资报酬率为 10%,现有甲、乙两个方案可供选择,资料如表 10.2 所示。

表 10.2　净现金流量表　　　　　　　　　　　　　　　　单位:元

期间	甲方案	乙方案
	净现金流量	净现金流量
0	−180 000	−200 000
1	20 000	80 000
2	23 000	64 000
3	45 000	55 000
4	60 000	50 000
5	80 000	40 000

要求:

(1) 计算甲、乙两个方案的净现值,并判断应采用哪个方案。

(2) 计算甲、乙两个方案的内含报酬率。

(3) 计算甲、乙两个方案的现值指数。

任务 11　Excel 在财务预测与预算中的应用

学习目标 ▶

（1）掌握趋势分析图的制作方法以及回归直线方法的应用。

（2）学会运用高低点法进行成本费用预测。

（3）学会应用目标利润分析模型和利润敏感性分析模型进行利润规划分析。

（4）掌握日常业务预算和企业财务预算的流程及编制方法。

思政目标 ▶

（1）培养学生正确评价企业现状、预测企业未来的能力，使其在财务预算表编制过程中加强风险意识。

（2）做好安全观教育。培养学生善于发现潜在的不利因素以及应对不利因素的能力，使其树立坚定扭转不利局面的信心。

　　财务预测是根据企业财务活动的历史资料并结合现实需求，测算各项生产经营活动的经济效益，为决策提供可靠的依据。财务预算是一系列专门反映企业未来一定期限内预计财务状况和经营成果，以及现金收支等价值指标的各种预算的总称。财务预测与预算是财务管理的重要环节之一，在企业日常经营决策和未来发展中处于核心地位。

11.1　Excel 在销售预测中的应用

　　销售预测是指根据以往的销售情况以及使用系统内部内置或用户自定义的销售预测模型获得的对未来销售情况的预测。销售预测方法分为定性预测方法和定量预测方法。通过 Excel 主要进行销售定量预测，以下使用趋势分析图法及回归直线法来介绍 Excel 在销售预测中的应用。

11.1.1　趋势分析图法

　　在 Excel 中可以使用图表中添加趋势线的方法来预测销售，称为趋势分析图法。

　　【例 11.1】　升达有限责任公司 2021 年的销售情况如表 11.1 所示，要求对其进行销售预测模型设计。

表 11.1　升达有限责任公司 2021 年的销售情况表　　　　　　　　单位:元

月份	1	2	3	4	5	6	7	8	9	10	11	12
实际销售额	160 000	190 000	200 000	220 000	210 000	190 000	230 000	240 000	235 000	260 000	265 000	270 000

操作步骤如下。

① 在 Excel 中建立如图 11.1 所示的表格。

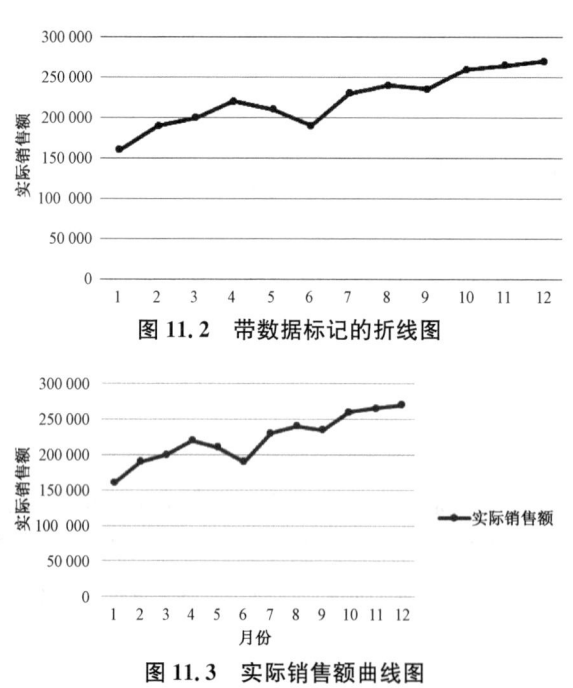

图 11.1　升达有限责任公司 2021 年的销售情况

② 选中 A3:M3 单元格区域,"插入"选项卡下找到"图表",插入折线图,选择"带数据标记的折线图",系统自动生成带数据标记的折线图,如图 11.2 所示。

③ 设置图表格式。在图表工具的"设计"选项下,找到"添加图表元素"→"轴标题",将主要横坐标轴标题设为"月份",主要纵坐标轴标题设为"实际销售额",图表标题设为"实际销售额",在右侧添加图例"实际销售额",最终的实际销售额曲线图如图 11.3 所示。

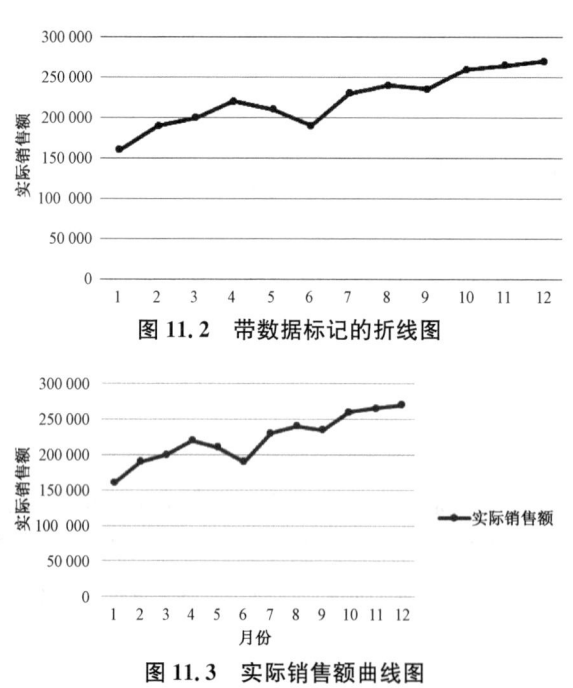

图 11.2　带数据标记的折线图

图 11.3　实际销售额曲线图

图 11.4　设置趋势线格式

④ 单击绘制的实际销售额曲线,然后右击,在弹出的快捷菜单中选择"添加趋势线"命令。在 Excel 右侧"设置趋势线格式"中,"趋势线选项"为"线性";"趋势线名称"单击选中"自定义"单选按钮,并在其文本框内输入趋势线的名称"预测销售额";"趋势预测"中设置向

前"1 周期",向后"0.5 周期",它们分别表示前后预测的月份,如图 11.4 所示。输出的预测销售额折线图如图 11.5 所示。

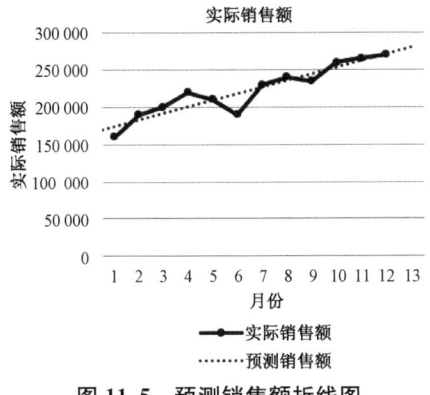

图 11.5　预测销售额折线图　　　　　图 11.6　添加网格线的预测销售额折线图

⑤ 在添加图表元素中找到网格线,分别单击"主轴主要水平网格线""主轴主要垂直网格线""主轴次要水平网格线""主轴次要垂直网格线",如图 11.6 所示,从图中可以读出第 12 个月的预测销售额为 27 万元。

11.1.2　回归直线法

微课 11-1

回归直线法就是根据过去一定时期的销售量和资金总额,运用反映资金量和销售量之间关系的回归直线方程,并据此确定资金总额中的变动资金和固定资金的一种定量分析方法。用公式表示为 $y = a + bx$,其中因变量 y 代表预测的资金需要量,a 代表不变资金的部分,b 代表变动资金的部分,自变量 x 则代表销售量(或销售额)。

【例 11.2】　升达有限责任公司 2014—2021 年的销售额与广告费关系如表 11.2 所示,在此,假定产品销售额只受广告费支出大小的影响,2022 年度预计广告费支出为 155 万元。要求:利用回归直线法预测 2022 年度销售额。

表 11.2　升达有限责任公司销售额与广告费关系表　　　　　单位:万元

年度	销售额	广告费
2014	3 250	100
2015	3 300	105
2016	3 150	90
2017	3 350	125
2018	3 450	135
2019	3 500	140
2020	3 400	140
2021	3 600	150

操作步骤如下。

① 在 Excel 中建立如图 11.7 所示的表格。

	A	B	C	D
1	销售额与广告费数据表			
2	年度	销售额	广告费	
3	2014	3250	100	
4	2015	3300	105	
5	2016	3150	90	
6	2017	3350	125	
7	2018	3450	135	
8	2019	3500	140	
9	2020	3400	140	
10	2021	3600	150	
11	回归直线截距a			
12	回归直线斜率b			
13	2022年预计广告费			
14	2022年预计销售额			
15				

图 11.7　销售额与广告费数据图

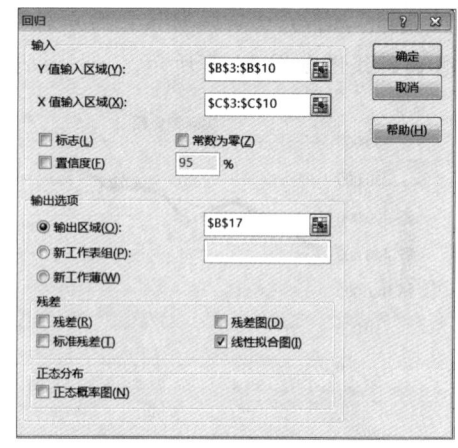

图 11.8　设置回归对话框选项

② 在数据选项卡里单击"数据分析",弹出数据分析对话框,单击选中"回归"选项,然后单击"确定"按钮,弹出"回归"对话框。在该对话框的"Y 值输入区域"和"X 值输入区域"文本框中分别输入"＄B＄3:＄B＄10"和"＄C＄3:＄C＄10",然后在"输出选项"选项组内选中"输出区域"单选按钮,并在其文本框中输入"＄B＄17",为使计算结果显示出线性拟合图,选中"线性拟合图"复选框,如图 11.8 所示。

③ 设置完成之后,单击"确定"按钮,自动显示出计算结果和拟合图,如图 11.9 和图 11.10 所示。

	A	B	C	D	E	F	G	H	I	J
16										
17		SUMMARY OUTPUT								
18										
19			回归统计							
20		Multiple	0.95186							
21		R Square	0.906037							
22		Adjusted	0.890376							
23		标准误差	47.65266							
24		观测值	8							
25										
26		方差分析								
27			df	SS	MS	F	nificance F			
28		回归分析	1	131375.3	131375.3	57.85483	0.000269			
29		残差	6	13624.66	2270.776					
30		总计	7	145000						
31										
32			Coefficien	标准误差	t Stat	P-value	Lower 95%	Upper 95%	下限 95.0%	上限 95.0%
33		Intercept	2609.292	102.0686	25.5641	2.36E-07	2359.539	2859.044	2359.539	2859.044
34		X Variab	6.218951	0.817612	7.606236	0.000269	4.218326	8.219576	4.218326	8.219576
35										
36										
37										
38		RESIDUAL OUTPUT								
39										
40		观测值	预测 Y	残差						
41			1	3231.187	18.81325					
42			2	3262.282	37.71849					
43			3	3168.997	-18.9972					
44			4	3386.661	-36.6605					
45			5	3448.85	1.149954					
46			6	3479.945	20.0552					
47			7	3479.945	-79.9448					
48			8	3542.134	57.86569					
49										

图 11.9　输出计算结果

④ 计算 2022 年预计销售额。在"回归直线截距 a"C11 单元格中输入公式"＝C33";"回归直线斜率 b"C12 单元格中输入公式"＝C34";在预计销售额 C14 单元格中输入公式"＝C11＋C12＊C13",结果如图 11.11 所示。

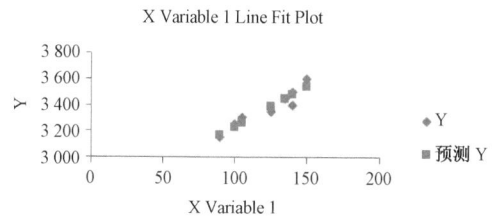

	A	B	C	D
1	销售额与广告费数据表			
2	年度	销售额	广告费	
3	2014	3250	100	
4	2015	3300	105	
5	2016	3150	90	
6	2017	3350	125	
7	2018	3450	135	
8	2019	3500	140	
9	2020	3400	140	
10	2021	3600	150	
11	回归直线截距a		2609.292	
12	回归直线斜率b		6.218951	
13	2022年预计广告费		155	
14	2022年预计销售额		3573.229	
15				

图 11.10　输出拟合图　　　　　　　　图 11.11　回归直线预测销售额计算结果

11.2　Excel 在成本费用预测中的应用

成本费用是企业生产经营过程中资金消耗的反映,可以理解为企业为取得预期收益而发生的各项支出,主要包括制造成本和期间费用等。成本费用是衡量企业内部运行效率的重要指标,在收入一定的情况下,它直接决定了公司的盈利水平。成本费用指标在促进企业提高经营管理水平、降低生产经营中的劳动耗费方面起着十分重要的作用。成本费用预测是指企业通过分析前期经营活动的相关数据,采用特定的计算法来预测企业在未来一定时期内的成本费用情况。通过预测,可以使企业做好前期采购和费用计划,从而保证生产经营活动的顺利进行。在此,我们分别采用高低点法和函数法进行成本费用预测。

11.2.1　高低点法进行成本费用预测

根据成本习性,固定成本和变动成本只是两种极端的类型,企业大量的费用项目属于混合成本,为了经营管理的需要,必须把混合成本分为固定与变动两个部分,高低点法就是其分解方法之一。高低点法,是以过去某一会计期间的总成本费用和业务量资料为依据,从中选取业务量最高点和业务量最低点,将总成本费用进行分解,得出成本性态的模型,进而根据预计的业务量预测未来的成本费用。

【例 11.3】　升达有限责任公司 2021 年成本费用与产量数据资料如表 11.3 所示,预计 2022 年 1 月产销量为 125 件,要求利用高低点法预测 2022 年 1 月份的成本费用。

表 11.3　2021 年成本费用与产量数据表

月份	产销量(件)	成本费用(元)
1	45	15 846
2	54	16 130
3	52	26 412
4	56	17 321

（续表）

月份	产销量（件）	成本费用（元）
5	54	16 872
6	53	17 316
7	62	19 543
8	69	23 143
9	98	33 465
10	102	34 519
11	114	35 078
12	119	38 419

操作步骤如下。

① 设计高低点法成本费用预测模型，如图 11.12 所示。

② 设置高低点产销量、成本费用计算公式。在 C17 单元格中输入公式"＝MAX(B3：B14)"，C18 单元格中输入公式"＝MIN(B3：B14)"，C19 单元格中输入公式"＝VLOOKUP(C17,B3：C14,2)"，C20 单元格中输入公式"＝VLOOKUP(C18,B3：C14,2)"。

③ 计算单位变动成本、固定成本。在 C21 单元格中输入公式"＝(C19－C20)/(C17－C18)"，C22 单元格中输入公式"＝C19－C21＊C17"。

④ 设置预测成本费用计算公式。在 C24 单元格中输入公式"＝C22＋C21＊C23"。制作完成的成本费用预测模型如图 11.13 所示。

图 11.12　高低点法成本费用预测模型

图 11.13　高低点法成本费用预测计算结果

11.2.2　函数法进行成本费用预测

运用 Excel 提供的函数也可以进行成本费用的预测，比如 GROWTH、FORECAST、

LINEST、TREND、SLOPE 和 INTERCEPT 函数,在此只介绍 GROWTH 和 TREND 函数,其他函数的用法请参阅有关函数的帮助。

GROWTH 函数的主要功能是根据现有的 x 值和 y 值,GROWTH 函数返回一组新的 x 值对应的 y 值(指数曲线)。它的使用格式为:GROWTH (known_y's,[known_x's],[new_x's],[const])。参数 known_y's 为满足指数回归拟合曲线 $y=b*m^x$ 的一组已知的 y 值。参数 known_x's 为满足指数回归拟合曲线 $y=b*m^x$ 的一组已知的 x 值,为可选参数,如果省略 known_x's,则假设该数组为{1,2,3,...},其大小与 known_y's 相同。参数 new_x's 为需要通过 GROWTH 函数返回的对应 y 值的一组新 x 值,如果省略 new_x's,则假设它和 known_x's 相同。参数 const 为一逻辑值,用于指定是否将常数 b 强制设为 1,如果 const 为 TRUE,b 将按正常计算;如果 const 为 FALSE 或忽略,b 将设为 1,关系表达式调整为 $y=m^x$。

微课 11-2

TREND 函数的主要功能是找到适合已知数组 known_y's 和 known_x's 的直线用最小二乘法,并返回指定数组 new_x's 在直线上对应的 y 值。它的使用格式为:TREND(known_y's,[known_x's],[new_x's],[const])。参数 known_y's 是关系表达式 $y=mx+b$ 中已知的 y 值集合。known_x's 是关系表达式 $y=mx+b$ 中已知的 x 值集合,可以包含一组或多组变量。参数 new_x's 为需要函数 TREND 返回对应 y 值的新 x 值。参数 const 为一逻辑值,用于指定是否将常量 b 强制设为 0,如果 const 为 TRUE 或省略,b 将按正常计算,如果 const 为 FALSE,b 将被设为 0,m 将被调整以使 $y=mx$。

【例 11.4】　升达有限责任公司 2021 年成本费用与产量数据资料见表 11.3,预计 2022 年 1 月产销量为 124 件,要求利用函数法预测 1 月份的成本费用。假设 2~8 月的产销量分别为 118 件、120 件、122 件、124 件、126 件、128 件、130 件,要求:利用函数法预测多期的成本费用。

操作步骤如下。

① 建立函数法预测成本费用模型,如图 11.14 所示。

月份	产销量（件）	成本费用（元）		1、预测下期成本费用	
				产销量	成本费用
1	45	15846		124	
2	54	16130			
3	52	26412		2、预测多期成本费用	
4	56	17321		产销量	成本费用
5	54	16872		118	
6	53	17316		120	
7	62	19543		122	
8	69	23143		124	
9	98	33465		126	
10	102	34519		128	
11	114	35078		130	
12	119	38419			

图 11.14　函数法预测成本费用模型

② 使用 GROWTH 函数进行成本费用预测。预测下期成本费用,在 F4 单元格中输入公式"=GROWTH(C3:C14,B3:B14,E4)";预测多期成本费用,选中 F8:F14 单元格区域,在编辑栏中输入公式"=GROWTH(C3:C14,B3:B14,E8:E14)",同时按"Ctrl+Shift+Enter"组合键。输入完成的成本费用预测模型如图 11.15 所示。

③ 使用 TREND 函数进行成本费用预测。预测下期成本费用,在 F4 单元格中输入公

A	B	C	D	E	F
1	2021年成本费用与产量数据资料				
2	月份	产销量（件）	成本费用（元）		1、预测下期成本费用	
3	1	45	15846		产销量	成本费用
4	2	54	16130		124	42132.11605
5	3	52	26412			
6	4	56	17321		2、预测多期成本费用	
7	5	54	16872		产销量	成本费用
8	6	53	17316		118	39262.86909
9	7	62	19543		120	40196.88925
10	8	69	23143		122	41153.12871
11	9	98	33465		124	42132.11605
12	10	102	34519		126	43134.39242
13	11	114	35078		128	44160.51183
14	12	119	38419		130	45211.04148
15						

图 11.15　GROWTH 函数法预测成本费用计算结果

式"＝TREND(C3:C14,B3:B14,E4)"；预测多期成本费用，选中 F8:F14 单元格区域，在编辑栏中输入公式"＝TREND(C3:C14,B3:B14,E8:E14)"，同时按"Ctrl＋Shift＋Enter"组合键。输入完成的成本费用预测模型如图 11.16 所示。

A	B	C	D	E	F
1	2021年成本费用与产量数据资料				
2	月份	产销量（件）	成本费用（元）		1、预测下期成本费用	
3	1	45	15846		产销量	成本费用
4	2	54	16130		124	39816.93135
5	3	52	26412			
6	4	56	17321		2、预测多期成本费用	
7	5	54	16872		产销量	成本费用
8	6	53	17316		118	38009.66076
9	7	62	19543		120	38612.08429
10	8	69	23143		122	39214.50782
11	9	98	33465		124	39816.93135
12	10	102	34519		126	40419.35488
13	11	114	35078		128	41021.7784
14	12	119	38419		130	41624.20193
15						

图 11.16　TREND 函数法预测成本费用计算结果

注意：在用 GROWTH 和 TREND 函数预测多期成本费用时，为什么要按"Ctrl＋Shift＋Enter"组合键来输入公式？ 在此，需熟悉一个概念——数组公式。

数组公式是指可以在数组的一项或多项上执行多个计算的公式，数组公式可以返回多个结果，也可返回一个结果。位于多个单元格中的数组公式称为多单元格公式，位于单个单元格中的数组公式称为单个单元格公式。使用数组公式时必须按"Ctrl＋Shift＋Enter"组合键，Excel 将在公式两边自动加上大括号"{}"。不要自己输入大括号，否则，Excel 会认为输入的是一个正文标签。编辑数组公式时，先选取数组区域并激活编辑栏，公式两边的大括号将消失，然后编辑公式，最后按"Ctrl＋Shift＋Enter"组合键。删除数组公式时，先选取数组公式所在的全部区域，按"Delete"键即可。

11.3　Excel 在利润预测中的应用

在计算机环境中，通过 Excel 的强大的数据处理及数据动态链接功能，建立具有实时和自动计算能力的利润分析模型，只需用鼠标单击微调按钮来调整各个因素的值，就可以非常灵活、方便、高效地进行多因素组合分析企业利润。

目前多数企业都使用损益法来计算销售利润，即首先确定一定期间的销售收入，然后计

算与这些收入相配合的成本,两者之差为利润。假设产量和销量相同,则有:

利润 = 销售收入 − 变动成本 − 固定成本 = 单价 × 销量 − 单位变动成本 × 销量 − 固定成本

11.3.1　目标利润分析模型

在短期规划中,通常把单价、单位变动成本和固定成本视为常量,只有销量和利润两个自有变量。给定销量时,可利用方程式直接计算出预期利润;给定目标利润时,可直接计算出应达到的销售量。Excel 提供的单变量求解工具可以很方便地完成这类问题的计算,单变量求解是一种典型的逆运算,可用作假设分析的工具。用户可以在工作表上建立起所需的数据模型,通过变动某关键变量立刻得到相应的结果,根据利润与收入、成本、费用之间的因果关系,可以在 Excel 中建立分析模型。通过选择数据选项卡下的模拟分析,找到单变量求解命令,即可使用单变量求解功能。

【例 11.5】　升达有限责任公司生产一种产品,单位售价为 200 元,单位变动成本为 50元,固定成本为 20 000 元,该公司 2022 年的目标利润预计为 4 480 000 元。要求:利用单变量求解工具进行分析,要想实现该目标,销量至少为多少?

操作步骤如下。

① 在工作表中建立目标利润分析模型,在 B7 单元格中输入公式"=B3 * (B4−B5)−B6",如图 11.17 所示。

图 11.17　目标利润分析模型　　　　图 11.18　单变量求解对话框设置

② 通过选择数据选项卡下的模拟分析,找到单变量求解命令,在弹出的"单变量求解"对话框目标单元格中输入"$B$7",目标值输入"4 480 000",可变单元格输入"$B$3",如图 11.18 所示,单击"确定",待求解完成后,再次单击"确定"。目标利润预计为 4 480 000 元时,要想实现该目标,销量至少为 30 000 件,如图 11.19 所示。

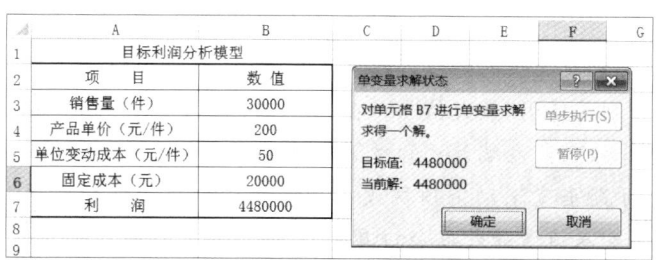

图 11.19　单变量求解完成

11.3.2 利润敏感性分析模型

利润敏感分析是研究与分析各个因素变动对利润变化的影响程度。利润对某些因素的变化十分敏感,我们称这类因素为敏感因素;与此相反,利润对某些因素的变化反应较为迟钝,这类因素被称为不敏感因素。反映敏感程度的指标是敏感系数,其计算公式为:

$$敏感系数 = 目标值变动百分比 / 参数值变动百分比$$

Excel 可以建立动态分析模型来分析各因素变动对利润的影响情况,在模型中可以通过拖动滚动条或数值调节按钮来随意查看各因素变动时的成本、收入和利润值。

【例 11.6】 升达有限责任公司生产一种产品,单位售价为 200 元,该年的销量为 30 000 件,单位变动成本为 50 元,固定成本为 20 000 元。假设这几种影响利润的因素的变化范围为 −50%~50%,要求:在 Excel 中进行利润敏感性分析。

操作步骤如下。

① 在工作表中设置如图 11.20 所示的利润敏感性分析模型,设置 D4:D7、C12:C15、E12 单元格格式为百分比。

	A	B	C	D	E	F
1		利润敏感性分析模型				
2		影响利润因素变动分析				
3	影响利润因素	当前数值	数值调节滚动条	变动百分比	变动后数值	
4	销售量(件)	30000				
5	产品单价(元/件)	200				
6	单位变动成本(元/件)	50				
7	固定成本(元)	20000				
8	当前利润					
9	各因素变动对利润的影响					
10	影响利润因素	单因素变动对利润的影响		多因素变动对利润的综合影响		
11		变动后利润	利润变动幅度	变动后利润	利润变动幅度	
12	销售量(件)					
13	产品单价(元/件)					
14	单位变动成本(元/件)					
15	固定成本(元)					
16						

图 11.20 利润敏感性分析模型

② 添加“滚动条”。在“自定义快速访问工具栏”中找到其他命令,在弹出的“Excel 选项”对话框中选择“不在功能区中的命令”,添加“滚动条(窗体控件)”,单击“确定”按钮,即可将滚动条命令放置在快速访问工具栏,方便后期使用,如图 11.21 所示。

③ 插入并设置滚动条格式。在快速访问工具栏中单击“滚动条(窗体控件)”按钮,将滚动条设置在 C4 单元格中,调节滚动条的大小,使其充满该单元格。在滚动条上右击,在弹出的菜单中选择“设置控件格式”。在“设置控件格式”对话框中,“当前值”框中,输入与滚动框在滚动条中的位置相对应的初始值。此值不得小于“最小值”(否则将使用“最小值”),不得大于“最大值”(否则将使用“最大值”)。在“最小值”框中,输入用户在将滚动框置于距垂直滚动条底端或水平滚动条左端最近的位置时可以指定的最小值。在“最大值”框中,输入用户在将滚动框置于距垂直滚动条顶端或水平滚动条右端最远的位置时可以指定的最大值。在“步长”框中,输入值增加或减小的幅度,以及单击滚动条任意一端的箭头时使滚动框产生的移动程度。在“页步长”框中,输入值增加或减小的幅度,以及在单击滚动框与任一滚动箭头之间的区域时使滚动框产生的移动程度。“单元格链接”框表示该滚动条所调控的单

图 11.21 添加滚动条(窗体控件)

元格,在其中输入包含滚动框当前位置的单元格引用。

在本例中,我们将当前值设置为 0,最小值设置为 1,最大值设置为 10 000,步长设置为 1,页步长设置为 100,单元格链接为 C4 单元格,如图 11.22 所示。同理,在 C5、C6、C7 单元格中设置相同的滚动条。

④ 设置变动百分比单元格的公式,计算变动后数值和当前利润值。由于影响利润的因素的变化范围为 $50\%\sim-50\%$,结合滚动条的设置,在 D4 单元格中输入公式"$=(C4-5\,000)/10\,000$",此时拖动滚动条,D4 单元格的变化范围为 $50\%\sim-50\%$,将此公式利用填充柄向下填充至 D7 单元格。在 E4 单元格中输入公式

图 11.22 "设置控件格式"对话框

"$=B4*(1+D4)$",再将此公式利用填充柄向下填充至 E7 单元格。在 B8 单元格中输入公式"$=B4*(B5-B6)-B7$"。

⑤ 设置因素变动对利润的影响计算公式。在考虑某个因素变动时,其他因素都假定不变。

在 B12 单元格中输入公式"$=E4*(B5-B6)-B7$",以此类推,计算出 B13:B15 单元格区域变动后利润的值。

在 C12 单元格中输入公式"$=(B12-\$B\$8)/\$B\$8$",将该公式利用填充柄向下填充

至 C15 单元格。在 D12 单元格中输入公式"＝E4＊(E5－E6)－E7"。在 E12 单元格中输入公式"＝(D12－B8)/B8"。

最终结果如图 11.23 所示。

	A	B	C	D	E
1			利润敏感性分析模型		
2			影响利润因素变动分析		
3	影响利润因素	当前数值	数值调节滚动条	变动百分比	变动后数值
4	销售量（件）	30000		−50.0%	15000
5	产品单价（元/件）	200		−50.0%	100
6	单位变动成本（元/件）	50		−50.0%	25
7	固定成本（元）	20000		−50.0%	10000
8	当前利润		4480000		
9			各因素变动对利润的影响		
10	影响利润因素	单因素变动对利润的影响		多因素变动对利润的综合影响	
11		变动后利润	利润变动幅度	变动后利润	利润变动幅度
12	销售量（件）	2230000	−50.22%		
13	产品单价（元/件）	1480000	−66.96%	1115000	−75.11%
14	单位变动成本（元/件）	5230000	16.74%		
15	固定成本（元）	4490000	0.22%		
16					

图 11.23　利润敏感性分析模型

11.3.3　利润最大化规划求解

要实现资源的合理配置，正确使用"规划求解"工具是关键。通过分析生产条件，对直接或间接与目标单元格中的公式相关的单元格进行处理，从而得到实现最大利润的生产方案。

微课 11-3

【例 11.7】　升达有限责任公司生产产品的基本资料如表 11.4 所示，试在 Excel 中利用规划求解分析工具，建立利润最大化模型进行分析。

表 11.4　产品基本资料

产品	A	B	C
单价(元/件)	14	20	45
单位变动成本(元/件)	10	16	30
最大生产能力(件)	40 000	35 000	35 000
甲车间的单位产品工时(小时)	5	4	4
乙车间的单位产品工时(小时)	3	4	5
丙车间的单位产品工时(小时)	4	3	4
甲车间最大工量限量(小时)	400 000		
乙车间最大工量限量(小时)	350 000		
丙车间最大工量限量(小时)	300 000		
产品总固定成本	300 000		

操作步骤如下。

① 根据产品基本资料列出规划求解方程。

目标函数:$\max\{\pi\}=(14-10)\times Q1+(20-16)\times Q2+(45-30)\times Q3-300\ 000$

约束条件:$5Q1+4Q2+4Q3\le400\ 000$

$\qquad\qquad3Q1+4Q2+5Q3\le350\ 000$

$\qquad\qquad4Q1+3Q2+4Q3\le300\ 000$

$\qquad\qquad0\le Q1\le40\ 000$

$\qquad\qquad0\le Q2\le35\ 000$

$\qquad\qquad0\le Q3\le35\ 000$

其中:Q1、Q2、Q3 分别为产品 A、B、C 的产销量,且为整数。

② 根据案例资料及方程,建立利润最大化模型,如图 11.24 所示。

			利润最大化模型		
			约束条件(工时约束)		
	产 品		A	B	C
	甲车间的单位产品工时(小时)		5	4	4
	乙车间的单位产品工时(小时)		3	4	5
	丙车间的单位产品工时(小时)		4	3	4
车间	约束值	约束条件	实际工时	约束条件	约束值
甲车间	0	<=		<=	400000
乙车间	0	<=		<=	350000
丙车间	0	<=		<=	300000
			约束条件(生产能力约束)		
产品	约束值	约束条件	实际产量	约束条件	约束值
A产品	0	<=		<=	40000
B产品	0	<=		<=	35000
C产品	0	<=		<=	35000
			备注:产量为整数。		
			目标函数(利润最大化函数)		
	产 品		A	B	C
	实际产量				
	单价(元/件)		14	20	45
	单位变动成本(元/件)		10	16	30
	产品总固定成本		300000		
	利 润				

图 11.24 利润最大化模型

② 设置实际工时、实际产量、利润计算公式。设置后如图 11.25 所示。

在 D8 单元格中输入公式"$=$SUMPRODUCT($D$19:$F$19,D4:F4)",利用填充柄将该公式向下填充至 D10 单元格。

在 D13、D14、D15 单元格中分别输入公式"$=$D19""$=$E19""$=$F19",其中 D19、E19、F19 单元格为可变单元格。

在 D23 单元格中输入公式"$=$SUMPRODUCT(D19:F19,D20:F20$-$D21:F21)$-$D22"。

③ 进行规划求解。找到数据选项卡下的"规划求解"命令,弹出"规划求解参数"对话框。设置目标单元格为利润单元格"$D$23",求"最大值";可变单元格为实际产量"$D$19:$F$19"单元格区域。

设置完成之后添加约束条件,单击"添加",打开添加对话框即可添加条件,根据模型当中约束条件进行添加。

工时约束,设置如下:每个车间工时都不能小于零,同时也不能大于最大限量。如图11.26 和图 11.27 所示。

	A	B	C	D	E	F
1	利润最大化模型					
2	约束条件（工时约束）					
3	产　品			A	B	C
4	甲车间的单位产品工时（小时）			5	4	4
5	乙车间的单位产品工时（小时）			3	4	5
6	丙车间的单位产品工时（小时）			4	3	4
7	车间	约束值	约束条件	实际工时	约束条件	约束值
8	甲车间	0	<=	0	<=	400000
9	乙车间	0	<=	0	<=	350000
10	丙车间	0	<=	0	<=	300000
11	约束条件（生产能力约束）					
12	产品	约束值	约束条件	实际产量	约束条件	约束值
13	A产品	0	<=	0	<=	40000
14	B产品	0	<=	0	<=	35000
15	C产品	0	<=	0	<=	35000
16	备注：产量为整数。					
17	目标函数（利润最大化函数）					
18	产　品			A	B	C
19	实际产量					
20	单价（元/件）			14	20	45
21	单位变动成本（元/件）			10	16	30
22	产品总固定成本			300000		
23	利　润			−300000		
24						

图 11.25　设置实际工时、实际产量、利润计算公式

生产能力约束，设置如下：实际产量必须为整数，每个产品的实际产量都不能小于零，同时也不能大于最大限量。如图 11.28、图 11.29 和图 11.30 所示。

图 11.26　设置工时约束条件

图 11.27　设置工时约束条件

图 11.28　设置实际产量约束条件

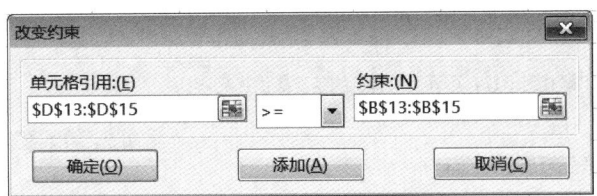

图 11.29　设置实际产量约束条件

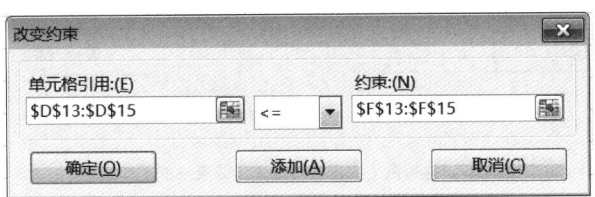

图 11.30　设置实际产量约束条件

规划求解参数最终设置效果如图 11.31 所示。

图 11.31　规划求解参数最终设置效果

④ 建立分析报告。上一步骤单击"求解"后,在"规划求解结果"对话框中,选中"报告"列表框中的"运算结果报告"选项,如图 11.32 所示,然后单击"确定"按钮,Excel 会自动插入一张"运算结果报告 1"工作表。

注意:使用规划求解功能计算后,除了可以显示出求解结果之外,还可以建立分析报告以供参考,如运算结果报告、敏感性报告和极限值报告。要建立分析报告,只需在"规划求解结果"对话框的"报告"列表框中选择需要的选项即可。但是,具有整数约束条件的问题不生

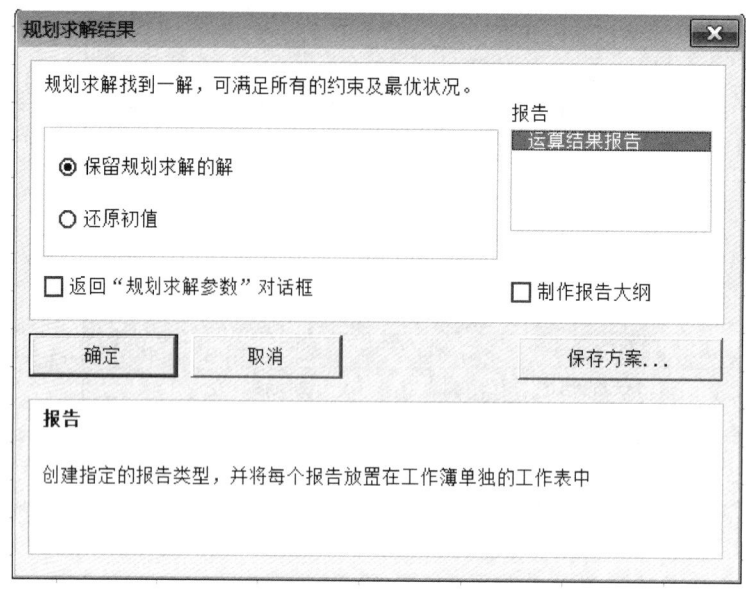

图 11.32　规划求解结果

成敏感性报告及极限值报告。

⑤ 方案管理。在"规划求解结果"对话框中,选择"保存方案",打开"保存方案"对话框。输入方案名称"利润最大化基本模型",单击"确定"即可,如图 11.33 所示。

如果要查看方案,需选择数据选项卡下的模拟分析,打开"方案管理器"对话框。可以进行显示方案结果、添加新方案、删除和编辑方案、查看方案摘要等操作。

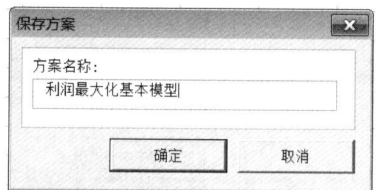

图 11.33　保存方案

11.4　Excel 在财务预算管理中的应用

预算是企业在预测、决策的基础上,以数量和金额的形式反映企业未来一定时期内经营、投资、财务等活动的具体计划,是为实现企业目标而对各种资源和企业活动的详细安排。通过目标利润预测确定利润目标以后,即可以此为基础编制全面预算。全面预算的编制应以销售预算为起点,根据各种预算之间的勾稽关系,按顺序从前往后逐步进行,直至编制出预计财务报表。根据预算的内容不同,分为日常业务预算(即经营预算)、专门决策预算和财务预算。

11.4.1　日常业务预算

日常业务预算是指与企业日常经营活动直接相关的经营业务的各种预算,主要包括销售预算、生产预算、直接材料预算、直接人工预算、制造费用预算、产品成本以及期间费用预算,各预算之间相互衔接,是编制现金预算和财务报表预算的基础。

1. 销售预算

销售预算是用于规划预算期销售活动的一种业务预算,是编制全面预算的起点。在编制预算过程中,一般分两部分进行。一是企业在年度目标利润

微课 11-4

指导下,根据市场预测或销售合同并结合企业生产能力确定销售量,根据价格政策确定销售单价,进而预测销售收入。二是销售预算确定后,根据预测销售收入和企业信用政策,确定销售现金流量,以便为编制现金预算提供资料。

【例 11.8】　升达有限责任公司计划 2022 年度只生产和销售一种产品。预测销售情况如下:预计产品价格为每件 250 元,1~4 季度预计销售量分别为 2 000 件、2 500 件、3 000 件、2 500 件。每季度的产品销售货款有 60% 于当期收到现金,有 40% 于下一个季度收到现金,上年末的应收账款为 175 000 元。要求:编制 2022 年度的销售预算表。

操作步骤如下。

① 新建一个工作簿,将其命名为"预算管理.xls"。将"sheet1"工作表重命名为"销售预算",并设计销售预算模型,如图 11.34 所示。

	A	B	C	D	E	F
1			销售预算表			
2			2022年度		单位:元	
3	项　目	第1季度	第2季度	第3季度	第4季度	全年
4	预计销量（件）	2000	2500	3000	2500	
5	预计单价（元）	250	250	250	250	250
6	预计销售收入					
7	应收账款期初余额	175000				
8	第1季度销售收现					
9	第2季度销售收现					
10	第3季度销售收现					
11	第4季度销售收现					
12	现金收入合计					
13						

图 11.34　销售预算模型

② 计算预计销售收入。在 B6 单元格中输入公式"=B4*B5",利用填充柄将该公式向下填充至 F6 单元格;在 F4 单元格中输入公式"=SUM(B4:E4)"。

③ 计算现金收入。在 B8 单元格中输入公式"=B6*0.6",C8 单元格中输入公式"=B6*0.4",C9 单元格中输入公式"=C6*0.6";以此类推,计算出 D9、D10、E10、E11 单元格的销售收现。

在 F7 单元格中输入公式"=SUM(B7:E7)",利用填充柄将该公式向下填充至 F12 单元格;

在 B12 单元格中输入公式"=SUM(B7:B11)",利用填充柄将该公式向下填充至 E12单元格。

制作完成的销售预算如图 11.35 所示。

	A	B	C	D	E	F
1			销售预算表			
2			2022年度		单位:元	
3	项　目	第1季度	第2季度	第3季度	第4季度	全年
4	预计销量（件）	2000	2500	3000	2500	10000
5	预计单价（元）	250	250	250	250	250
6	预计销售收入	500000	625000	750000	625000	2500000
7	应收账款期初余额	175000				175000
8	第1季度销售收现	300000	200000			500000
9	第2季度销售收现		375000	250000		625000
10	第3季度销售收现			450000	300000	750000
11	第4季度销售收现				375000	375000
12	现金收入合计	475000	575000	700000	675000	2425000
13						

图 11.35　销售预算计算结果

④ 定义名称。将单元格区域"销售预算！＄A＄3：＄F＄12"定义为"销售预算"。

2. 生产预算

生产预算是规划计划年度生产数量而编制的一种业务预算,是在销售预算的基础上,结合计划年度期初库存量,考虑计划期期末存量编制而成。它是编制材料采购预算和生产成本预算的依据,也可以为预计资产负债表提供数据,其主要内容有预计销售量、期初存货、期末存货以及生产量。具体计算公式为:

$$预计生产量 ＝ 预计销售量 ＋ 预计期末结存量 － 预计期初结存量$$

【例 11.9】 承[例 11.8]升达有限责任公司 2022 年预计生产情况为年初结存产成品 300 件,计划 1～4 季度结存产成品分别为 500 件、550 件、500 件、400 件。要求:编制 2022 年度的生产预算表。

操作步骤如下。

① 将"sheet2"工作表重命名为"生产预算",并设计生产预算模型,如图 11.36 所示。

	A	B	C	D	E	F
1			生产预算表			
2			2022年度		单位: 元	
3	项　　目	第1季度	第2季度	第3季度	第4季度	全年
4	预计销售量					
5	加: 预计期末结存	500	550	500	400	
6	预计需要量					
7	减: 期初结存量	300				
8	预计生产量					
9						

图 11.36　生产预算模型

② 计算预计需求量。这里用到了 HLOOKUP 函数,它的工作原理和 VLOOKUP 函数接近,区别在于 HLOOKUP 函数的查找表是水平排列,而不是垂直排列。语法: HLOOKUP(lookup_value,table_array,row_index_num,[range_lookup])。

参数 lookup_value 为需要查找的数值。参数 table_array 为需要在其中查找数据的单元格区域。参数 row_index_num 为在 table_array 区域中待返回的匹配值的行序号(当 row_index_num 为 2 时,返回 table_array 第 2 行中的数值,为 3 时,返回第 3 行的值⋯⋯)。参数 range_lookup 为一逻辑值,如果为 TRUE 或省略,则返回近似匹配值,也就是说,如果找不到精确匹配值,则返回小于 lookup_value 的最大数值;如果为 FALSE,则返回精确匹配值,如果找不到,则返回错误值♯N/A。

选中 B4 单元格,输入公式"＝HLOOKUP(B3,销售预算,2,FALSE)",利用填充柄将该公式向右填充至 F4 单元格;

选中 F5 单元格,输入公式"＝E5";

选中 B6 单元格,输入公式"＝B4＋B5",利用填充柄将该公式向右填充至 F6 单元格。

③ 计算预计生产量。选中 C7 单元格输入公式"＝B5",利用填充柄将该公式向右填充至 E7 单元格;选中 F7 单元格,输入公式"＝B7";选中 B8 单元格,输入公式"＝B6－B7",利用填充柄将公式向右填充至 F8 单元格。制作完成的销售预算如图 11.37 所示。

④ 定义名称。将单元格区域"生产预算！＄A＄3：＄F＄8"定义为"生产预算"。

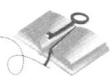

	A	B	C	D	E	F
1	生产预算表					
2		2022年度			单位：元	
3	项　　目	第1季度	第2季度	第3季度	第4季度	全年
4	预计销售量	2000	2500	3000	2500	10000
5	加：预计期末结存	500	550	500	400	400
6	预计需要量	2500	3050	3500	2900	10400
7	减：期初结存量	300	500	550	500	300
8	预计生产量	2200	2550	2950	2400	10100
9						

图 11.37　生产预算计算结果

3. 直接材料和采购预算

直接材料和采购预算是以生产预算为基础编制的,依据预计生产量和材料单位耗用量,确定生产需要耗用量,再根据材料的期初期末结存情况,确定材料采购量,最后根据采购材料的付款,确定现金支出情况。具体计算公式为:

某种材料耗用量 = 产品预计生产量×单位产品定额耗用量

某种材料采购量 = 某种材料耗用量＋该种材料期末结存量－该种材料期初结存量

【例 11.10】 承[例 11.9],升达有限责任公司 2022 年预计材料耗用及采购情况如下:计划年度期初材料结存量 720 千克,1～4 季度结存材料分别为 820 千克、980 千克、784 千克、860 千克。购买材料货款于当季支付 40%,剩余 60% 于下一个季度支付,应付账款期初余额为 120 000 元。单位产品材料定额耗用量 5 千克,材料计划单价 20 元。要求:编制 2022 年度的直接材料和采购预算表。

操作步骤如下。

① 将"sheet3"工作表重命名为"直接材料和采购预算",并设计直接材料和采购预算模型,如图 11.38 所示。

	A	B	C	D	E	F
1	直接材料和采购预算表					
2		2022年度			单位：元	
3	项　　目	第1季度	第2季度	第3季度	第4季度	全年
4	预计生产量（件）					
5	材料定额单耗（Kg）	5	5	5	5	5
6	预计生产需要量（Kg）					
7	加：期末结存量	820	980	784	860	860
8	预计需要量合计					
9	减：期初结存量	720				
10	预计材料采购量					
11	材料计划单价	20	20	20	20	20
12	预计采购金额					
13	应付账款年初余额	120000				
14	第1季度购料付现					
15	第2季度购料付现					
16	第3季度购料付现					
17	第4季度购料付现					
18	现金支出合计					
19						

图 11.38　直接材料和采购预算模型

② 计算预计材料采购量。选中 B4 单元格,输入公式"＝HLOOKUP(B3,生产预算,6,FALSE)",利用填充柄将该公式填充至 F4 单元格;选中 B6 单元格,输入公式"＝B4＊B5",利用填充柄将该公式填充至 F6 单元格;选中 B8 单元格,输入公式"＝B6＋B7",利用填充柄将该公式填充至 F8 单元格;选中 C9 单元格,输入公式"＝B7",利用填充柄将该公式填充至 E9 单元格;选中 F9 单元格,输入公式"＝B9";选中 B9 单元格,输入"＝B8－B9",利用填充柄将该公式填充至 F10 单元格。

③ 计算现金支出。选中 B12 单元格,输入公式"＝B10＊B11",利用填充柄将该公式填充至 F12 单元格;

选中 B14 单元格,输入公式"＝B12＊0.4",选中 C14 单元格,输入公式"＝B12＊0.6",选中 C15 单元格,输入公式"＝C12＊0.4";同理,计算出 D15、D16 和 E16、E17 单元格的值;

选中 F12 单元格,输入公式"＝F10＊F11",利用填充柄将该公式填充至 F18 单元格;

选中 B18 单元格,输入公式"＝SUM(B13:B17)",利用填充柄将该公式填充至 E18 单元格。

制作完成的直接材料和采购预算表如图 11.39 所示。

	A	B	C	D	E	F
1	直接材料和采购预算表					
2		2022年度			单位：元	
3	项　　目	第1季度	第2季度	第3季度	第4季度	全年
4	预计生产量（件）	2200	2550	2950	2400	10100
5	材料定额单耗（Kg）	5	5	5	5	5
6	预计生产需要量（Kg）	11000	12750	14750	12000	50500
7	加：期末结存量	820	980	784	860	860
8	预计需要量合计	11820	13730	15534	12860	51360
9	减：期初结存量	720	820	980	784	720
10	预计材料采购量	11100	12910	14554	12076	50640
11	材料计划单价	20	20	20	20	20
12	预计采购金额	222000	258200	291080	241520	1012800
13	应付账款年初余额	120000				120000
14	第1季度购料付现	88800	133200			222000
15	第2季度购料付现		103280	154920		258200
16	第3季度购料付现			116432	174648	291080
17	第4季度购料付现				96608	96608
18	现金支出合计	208800	236480	271352	271256	987888
19						

图 11.39　直接材料和采购预算计算结果

④ 定义名称。将单元格区域"直接材料和采购预算！＄A＄3：＄F＄18"定义为"直接材料预算"。

4. 直接人工预算

直接人工预算是反映预算期内人工工时消耗水平和人工成本开支的一种日常业务预算。它是以生产预算中的预计生产量以及单位产品所需的直接人工小时和单位小时工资率进行编制的,其基本计算公式如下:

$$某种产品直接人工总工时 ＝ 单位产品定额工时 × 该产品预计生产量$$
$$某种产品直接人工总成本 ＝ 单位工时工资率 × 该种产品直接人工工时总数$$

【例 11.11】 承[例 11.10],升达有限责任公司 2022 年预计人工耗用情况如下:假设公司单位产品耗用工时为 6 小时,单位工时的工资率为 5 元。要求:编制 2022 年度的直接人

工预算表。

操作步骤如下。

① 将工作表命名为"直接人工预算",并设计直接人工预算模型,如图 11.40 所示。

	A	B	C	D	E	F
1				直接人工成本预算表		
2				2022年度		单位:元
3	项　目	第1季度	第2季度	第3季度	第4季度	全年
4	预计生产量（件）					
5	单耗工时（小时）	6	6	6	6	6
6	直接人工小时数					
7	单位工时工资率	5	5	5	5	5
8	预计直接人工成本					
9						

图 11.40　直接人工预算模型

② 计算预计直接人工成本。选中 B4 单元格,输入公式"＝HLOOKUP(B3,生产预算,6,FALSE)",利用填充柄将该公式填充至 F4 单元格;选中 B6 单元格,输入公式"＝B4 * B5",利用填充柄将该公式填充至 F6 单元格;选中 B8 单元格,输入公式"＝B6 * B7",利用填充柄将该公式填充至 F8 单元格。制作完成的销售预算如图 11.41 所示。

	A	B	C	D	E	F
1				直接人工成本预算表		
2				2022年度		单位:元
3	项　目	第1季度	第2季度	第3季度	第4季度	全年
4	预计生产量（件）	2200	2550	2950	2400	10100
5	单耗工时（小时）	6	6	6	6	6
6	直接人工小时数	13200	15300	17700	14400	60600
7	单位工时工资率	5	5	5	5	5
8	预计直接人工成本	66000	76500	88500	72000	303000
9						

图 11.41　直接人工预算计算结果

③ 定义名称。将单元格区域"直接人工预算！＄A＄3:＄F＄8"定义为"直接人工预算"。

5. 制造费用预算

制造费用按成本习性分为变动性制造费用和固定性制造费用。随产量变动而变动的费用为变动性制造费用,如间接材料与零配件的维修用料、水电费等;不随产量变动的为固定性制造费用,如房租、折旧费和管理费用等。

变动制造费用预算,应区分不同费用项目,根据单位变动制造费用分配率和业务量(一般是直接人工总工时或机器工时等)确定各项目的变动制造费用预算数。

某项目变动制造费用分配率＝该项目变动制造费用预算总额/业务量预算总数

固定制造费用预算部分,也应区分不同费用项目,逐一确定预算期的固定费用预算。另外,在制造费用预算表下还要附有预计现金支出表,以方便编制现金预算。

【例 11.12】 承[例 11.11],升达有限责任公司 2022 年预计固定制造费用如表 11.5 所示,预计变动制造费用工时分配率如表 11.6 所示,要求:编制 2022 年度的制造费用预算表(变动制造费用根据直接人工工时分配)。

表 11.5　固定制造费用表　　　　　　　　　单位:元

项目	第1季度	第2季度	第3季度	第4季度	全年
修理费用	800	1 200	1 100	900	4 000
折旧	18 300	18 300	18 300	18 300	73 200
管理费用	8 750	8 750	8 750	8 750	35 000
保险费用	1 500	2 000	1 200	1 300	6 000
财产税	750	750	750	750	3 000

表 11.6　变动制造费用工时分配率表

项目	间接人工	间接材料	维护费用	水电费用	机物料
分配率	0.2	0.1	0.15	0.25	0.05

操作步骤如下。

① 新建工作表,将工作表重命名为“制造费用预算”,并设计制造费用预算模型,如图 11.42 所示。

图 11.42　制造费用预算模型

② 计算变动制造费用。选中 B5 单元格输入公式“＝HLOOKUP(B3,直接人工预算, 4,FALSE)＊＄B＄24”,利用填充柄将该公式填充至 F5 单元格;选中 B6 单元格,输入公式 “＝HLOOKUP(B3,直接人工预算,4,FALSE)＊＄C＄24”,利用填充柄将该公式填充至 F6 单元格;选中 B7 单元格,输入公式“＝HLOOKUP(B3,直接人工预算,4,FALSE)＊＄D ＄24”,利用填充柄将该公式填充至 F7 单元格;选中 B8 单元格,输入公式“＝HLOOKUP (B3,直接人工预算,4,FALSE)＊＄E＄24”,利用填充柄将该公式填充至 F8 单元格;选中 B9 单元格,输入公式“＝HLOOKUP(B3,直接人工预算,4,FALSE)＊＄F＄24”,利用填充 柄将该公式填充至 F9 单元格;选中 B10 单元格,输入公式“＝SUM(B5:B9)”,利用填充柄

将该公式填充至 F10 单元格。

③ 计算固定制造费用和制造费用合计。选中 B17 单元格,输入公式"＝SUM(B12：B16)",利用填充柄将该公式填充至 F17 单元格;选中 B18 单元格,输入公式"＝B10＋B17",利用填充柄将该公式填充至 F18 单元格;选中 B19 单元格,输入公式"＝B13",利用填充柄将该公式填充至 F19 单元格。

④ 计算预计现金支出合计。选中 B20 单元格,输入公式"＝B18－B19",利用填充柄将该公式填充至 F20 单元格。

制作完成的制造费用预算如图 11.43 所示。

项　目	第1季度	第2季度	第3季度	第4季度	全年
制造费用预算表					
2022年度				单位：元	
变动制造费用					
间接人工	2640	3060	3540	2880	12120
间接材料	1320	1530	1770	1440	6060
修理费用	1980	2295	2655	2160	9090
水电费用	3300	3825	4425	3600	15150
机物料	660	765	885	720	3030
合　计	9900	11475	13275	10800	45450
固定制造费用					
修理费用	800	1200	1100	900	4000
折旧	18300	18300	18300	18300	73200
管理费用	8750	8750	8750	8750	35000
保险费用	1500	2000	1200	1300	6000
财产税	750	750	750	750	3000
合　计	30100	31000	30100	30000	121200
制造费用合计	40000	42475	43375	40800	166650
减：折旧	18300	18300	18300	18300	73200
预计现金支出合计	21700	24175	25075	22500	93450
变动制造费用分配率表					
项　目	间接人工	间接材料	维护费用	水电费用	机物料
分配率	0.2	0.1	0.15	0.25	0.05

图 11.43　制造费用预算计算结果

⑤ 定义名称。将单元格区域"制造费用预算！＄A＄3：＄F＄20"定义为"制造费用预算"。

6. 产品成本预算

产品成本预算是在销售预算、生产预算、直接材料预算、直接人工预算和制造费用预算的基础上编制的,通常反映各产品的单位生产成本和总成本,该预算的要点是确定单位产品预计生产成本、期末存货成本和销货成本。

【例 11.13】　承[例 11.12],要求:在已经编制好的销售预算、生产预算、直接材料预算、直接人工预算和制造费用预算的基础上,编制升达有限责任公司 2022 年度的生产预算表。

操作步骤如下。

① 新建工作表。将工作表重命名为"产品成本预算",并设计产品成本预算模型,如图 11.44 所示。

② 计算单位产品成本。选中 B7 单元格,输入公式"＝制造费用预算！F10/直接人工预算！F6";选中 B8 单元格,输入公式"＝制造费用预算！F17/直接人工预算！F6";选中 D5 单元格,输入公式"＝B5＊C5",利用填充柄将该公式填充至 D8 单元格;选中 D9 单元格,输入公式"＝SUM(D5：D8)"。

③ 计算生产成本、期末成本和销货成本。选中 E5 单元格,输入公式"＝HLOOKUP

	产品成本预算表					
	2022年度				单位：元	
项　目	单位产品成本			生产成本	期末成本	销货成本
	单价	单耗	成本			
直接材料	20	5				
直接人工	5	6				
变动制造费用		6				
固定制造费用		6				
合　计	—	—				

图 11.44　产品成本预算模板

("全年",生产预算,6,FALSE)＊D5",利用填充柄将该公式填充至 E8 单元格;选中 F5 单元格,输入公式"=HLOOKUP("全年",生产预算,3,FALSE)＊D5",利用填充柄将该公式填充至 F8 单元格;选中 G5 单元格,输入公式"＝HLOOKUP("全年",销售预算,2,FALSE)＊D5",利用填充柄将该公式填充至 G8 单元格;选中 E9 单元格,输入公式"＝SUM(E5:E8)",利用填充柄将该公式填充至 G9 单元格。

制作完成的产品成本预算如图 11.45 所示。

	产品成本预算表					
	2022年度				单位：元	
项　目	单位产品成本			生产成本	期末成本	销货成本
	单价	单耗	成本			
直接材料	20	5	100	1010000	40000	1000000
直接人工	5	6	30	303000	12000	300000
变动制造费用	0.75	6	4.5	45450	1800	45000
固定制造费用	2	6	12	121200	4800	120000
合　计	—	—	146.5	1479650	58600	1465000

图 11.45　产品成本预算计算结果

④ 定义名称。将单元格区域"产品成本预算！＄A＄3:＄G＄9"定义为"产品成本预算"。

7. 销售及管理费用预算

销售及管理费用预算是以价值形式反映整个预算期内为销售产品和维持一般行政管理工作而发生的各项目费用支出预算。销售费用预算编制时应以销售预算为基础。管理费用预算编制时应以过去发生的实际支出为参考,结合企业的业务情况。

【例 11.14】　承[例 11.13],升达有限责任公司 2022 年预计管理费用情况如表 11.7 所示,预计销售费用占销售额的百分比情况如表 11.8 所示,要求:编制该公司 2022 年度的销售及管理费用预算表。

表 11.7　管理费用表　　　　　　　　　　　　　　单位:元

项目	第 1 季度	第 2 季度	第 3 季度	第 4 季度
管理人员工资	12 000	12 000	12 000	12 000
办公费	4 055	4 055	4 055	4 055
工会经费	300	300	300	300
无形资产摊销	2 500	2 500	2 500	2 500
折旧费用	12 500	12 500	12 500	12 500

表 11.8　销售费用占销售额的百分比情况表

项目	工资	广告费	运输费	业务费	保管费
比率	4.50%	1.20%	0.50%	2.00%	0.20%

操作步骤如下。

① 新建工作表,将工作表重命名为"销售及管理费用预算",并设计销售及管理费用预算模型,如图 11.46 所示。

图 11.46　销售及管理费用预算模型

② 计算销售费用及合计数。

选中 B5 单元格,输入公式"＝HLOOKUP(B3,销售预算,4,FALSE)＊＄B＄24",利用填充柄将该公式填充至 F5 单元格;选中 B6 单元格,输入公式"＝HLOOKUP(B3,销售预算,4,FALSE)＊＄C＄24",利用填充柄将该公式填充至 F6 单元格;选中 B7 单元格,输入公式"＝HLOOKUP(B3,销售预算,4,FALSE)＊＄D＄24",利用填充柄将该公式填充至 F7 单元格;选中 B8 单元格,输入公式"＝HLOOKUP(B3,销售预算,4,FALSE)＊＄E＄24",利用填充柄将该公式填充至 F8 单元格;选中 B9 单元格,输入公式"＝HLOOKUP(B3,销售预算,4,FALSE)＊＄F＄24",利用填充柄将该公式填充至 F9 单元格;选中 B10 单元格,输入公式"＝SUM(B5:B9)",利用填充柄将该公式填充至 F10 单元格。

③ 计算管理费用合计数及费用预算总额。选中 F12 单元格,输入公式"＝SUM(B12:E12)",利用填充柄将该公式填充至 F17 单元格;选中 B17 单元格,输入公式"＝SUM(B12:B16)",利用填充柄将该公式填充至 E17 单元格;选中 B18 单元格,输入公式"＝B10＋

B17",利用填充柄将该公式填充至 F18 单元格。

④ 计算销售及管理费用现金支出。选中 B19 单元格,输入公式"＝B15＋B16",利用填充柄将该公式填充至 F19 单元格;选中 B20 单元格,输入公式"＝B18－B19",利用填充柄将该公式填充至 F20 单元格。制作完成的产品成本预算如图 11.47 所示。

	A	B	C	D	E	F
1	销售及管理费用预算表					
2	2022年度					单位:元
3	项　　目	第1季度	第2季度	第3季度	第4季度	全年
4	销售费用预算					
5	销售人员工资	22500	28125	33750	28125	112500
6	广告费	6000	7500	9000	7500	30000
7	运输费	2500	3125	3750	3125	12500
8	业务费	10000	12500	15000	12500	50000
9	保管费	1000	1250	1500	1250	5000
10	合　　计	42000	52500	63000	52500	210000
11	管理费用预算					
12	管理人员工资	12000	12000	12000	12000	48000
13	办公费	4055	4055	4055	4055	16220
14	工会经费	300	300	300	300	1200
15	无形资产摊销	2500	2500	2500	2500	10000
16	折旧费用	12500	12500	12500	12500	50000
17	合　　计	31355	31355	31355	31355	125420
18	费用预算总额	73355	83855	94355	83855	335420
19	减:折旧摊销费	15000	15000	15000	15000	60000
20	预计现金支出合计	58355	68855	79355	68855	275420
21						
22	销售费用销售比率表					
23	项　　目	工资	广告费	运输费	业务费	保管费
24	比率	4.50%	1.20%	0.50%	2.00%	0.20%
25						

图 11.47　销售及管理费用预算计算结果

⑤ 定义名称。将单元格区域"销售及管理费用预算! ＄A＄3:＄F＄20"定义为"销售及管理费用预算"。

11.4.2　企业财务预算

企业财务预算是指一系列专门反映企业未来一定期限内预计财务状况、经营成果和现金收支等价值指标的各种预算的总称。它具体包括专门决策预算、现金预算、预计利润表、预计资产负债表等内容。

1. 专门决策预算

专门决策预算主要是长期投资预算,又称资本支出预算,通常是指与项目投资决策相关的专门预算,它往往涉及长期建设项目的资金投放与筹集,并经常跨越多个年度。编制专门决策预算的依据是财务可行性分析资料,以及企业筹资决策资料。

【例 11.15】　升达有限责任公司 2022 年预计企业资本投资情况如下:年度内安装一条新的生产线,并于年内安装完毕,年末投入使用,有关投资与筹资预算见表 11.9。要求:编制 2022 年度的专门决策预算表。

表 11.9　专门决策预算表　　　　　　　　　　　　　　　　　　单位:元

项目	第1季度	第2季度	第3季度	第4季度
投资支出预算	50 000	40 000	70 000	80 000
借入长期借款				80 000

操作步骤如下。

① 新建工作表,将工作表重命名为"专门决策预算",并设计专门决策预算模型,如图 11.48 所示。

图 11.48　专门决策预算模型

② 计算全年合计数。选中 F4 单元格,输入公式"=SUM(B4:E4)",利用填充柄将该公式填充至 F5 单元格。制作完成的产品成本预算如图 11.49 所示。

图 11.49　专门决策预算计算结果

③ 定义名称。将单元格区域"专门决策预算!＄A＄3:＄F＄5"定义为"专门决策预算"。

2. 现金预算

现金预算是以日常业务预算和专门决策预算为依据编制的,反映预算期内预计现金收入与现金支出,包括现金收入、现金支出、现金多余或不足的计算,以及不足部分的筹措和多余部分的利用方案。

【例 11.16】　承[例 11.15],升达有限责任公司 2022 年预计现金收支情况如下:公司年初现金余额为 80 000 元,每季支付各种流转税 35 000 元,前三季度每季度预交所得税 50 000 元,年末汇缴 89 440 元,年末支付股利 250 000 元,最低现金持有量为 50 000 元。要求:编制 2022 年度的现金预算表。

操作步骤如下。

① 新建工作表,将工作表重命名为"现金预算",并设计现金预算模型,如图 11.50 所示。

② 计算可供使用现金。选中 C4 单元格,输入公式"=B29",利用填充柄将该公式填充至 E4 单元格;选中 F4 单元格,输入公式"=B4";选中 B6 单元格,输入公式"=HLOOKUP(B3,销售预算,10,FALSE)",利用填充柄将该公式填充至 F6 单元格;选中 B8 单元格,输入

	A	B	C	D	E	F
1			现金预算表			
2		2022年度			单位：元	
3	项　目	第1季度	第2季度	第3季度	第4季度	全年
4	期初现金余额	80000				
5	一、现金收入					
6	经营现金收入					
7	其他现金收入					
8	可供使用现金					
9	二、现金支出					
10	经营现金支出					
11	直接材料采购					
12	直接人工支出					
13	制造费用					
14	销售及管理费用					
15	支付流转税	35000	35000	35000	35000	
16	预交所得税	50000	50000	50000	89440	
17	分配利润				250000	
18	资本性现金支出					
19	现金支出合计					
20	现金余缺					
21	三、资金的筹集与运用					
22	长期借款（10%）					
23	短期借款（5%）					
24	出售短期投资					
25	支付利息					
26	偿还短期借款					
27	偿还长期借款					
28	进行短期投资					
29	期末现金余额					
30						

图 11.50　现金预算模型

公式"＝B4＋B6＋B7"，利用填充柄将该公式填充至 F8 单元格。

③ 计算现金支出和现金余缺。选中 B11 单元格，输入公式"＝HLOOKUP(B3,直接材料预算,16,FALSE)"，利用填充柄将该公式填充至 F11 单元格；选中 B12 单元格，输入公式"＝HLOOKUP(B3,直接人工预算,6,FALSE)"，利用填充柄将该公式填充至 F12 单元格；选中 B13 单元格，输入公式"＝HLOOKUP(B3,制造费用预算,18,FALSE)"，利用填充柄将该公式填充至 F13 单元格；选中 B14 单元格，输入公式"＝HLOOKUP(B3,销售及管理费用预算,18,FALSE)"，利用填充柄将该公式填充至 F14 单元格；选中 F15 单元格，输入公式"＝SUM(B15:E15)"，利用填充柄将该公式填充至 F17 单元格；选中 B18 单元格，输入公式"＝HLOOKUP(B3,专门决策预算,2,FALSE)"，利用填充柄将该公式填充至 F18 单元格；选中 B19 单元格，输入公式"＝SUM(B11:B18)"，利用填充柄将该公式填充至 F19 单元格；选中 B20 单元格，输入公式"＝B8－B19"，利用填充柄将该公式填充至 F20 单元格。

④ 计算期末现金余额。选中 B22 单元格，输入公式"＝HLOOKUP(B3,专门决策预算,3,FALSE)"，利用填充柄将该公式填充至 F22 单元格；选中 F23 单元格，输入公式"＝SUM(B23:E23)"，利用填充柄将该公式填充至 F28 单元格；选中 E25 单元格，输入公式"＝E22＊0.1＊0.25"；选中 B29 单元格，输入公式"＝B20＋B22＋B23＋B24－B25－B26－B27－B28"，利用填充柄将该公式填充至 F29 单元格。

⑤ 设置 B20:F20 单元格区域、B29:F29 单元格区域的格式为"数值"，小数位数为"0"，同时负数用红色括号显示的格式。此时，企业的年末现金持有量为 53 802 元，大于企业最低现金持有量 50 000 元。制作完成的现金预算如图 11.51 所示。

⑥ 定义名称。将单元格区域"现金预算！＄A＄3:＄F＄29"定义为"现金预算"。

⑦ 假设公司前三季度进行短期投资分别为 10 000 元、40 000 元和 80 000 元，此时，年

	A	B	C	D	E	F
1				现金预算表		
2			2022年度			单位：元
3	项　目	第1季度	第2季度	第3季度	第4季度	全年
4	期初现金余额	80000	65145	109135	189853	80000
5	一、现金收入					
6	经营现金收入	475000	575000	700000	675000	2425000
7	其他现金收入					
8	可供使用现金	555000	640145	809135	864853	2505000
9	二、现金支出					
10	经营现金支出					
11	直接材料采购	208800	236480	271352	271256	987888
12	直接人工支出	66000	76500	88500	72000	303000
13	制造费用	21700	24175	25075	22500	93450
14	销售及管理费用	58355	68855	79355	68855	275420
15	支付流转税	35000	35000	35000	35000	140000
16	预交所得税	50000	50000	50000	89440	239440
17	分配利润				250000	250000
18	资本性现金支出	50000	40000	70000	80000	240000
19	现金支出合计	489855	531010	619282	889051	2529198
20	现金余缺	65145	109135	189853	(24198)	(24198)
21	三、资金的筹集与运用					
22	长期借款（10%）	0	0	0	80000	80000
23	短期借款（5%）					0
24	出售短期投资					0
25	支付利息				2000	2000
26	偿还短期借款					0
27	偿还长期借款					0
28	进行短期投资					
29	期末现金余额	65145	109135	189853	53802	53802
30						

图 11.51　现金预算计算结果

末的现金持有量为负数，如图 11.52 所示。这种情况下，公司应该将前三季度的短期投资出售，以缓解公司现金不足的情况，维持公司的正常生产运营，假设第四季度出售短期投资130 000 元（期间较短，我们假设收益为零），则计算结果如图 11.53 所示。

	A	B	C	D	E	F
1				现金预算表		
2			2022年度			单位：元
3	项　目	第1季度	第2季度	第3季度	第4季度	全年
4	期初现金余额	80000	55145	59135	59853	80000
5	一、现金收入					
6	经营现金收入	475000	575000	700000	675000	2425000
7	其他现金收入					
8	可供使用现金	555000	630145	759135	734853	2505000
9	二、现金支出					
10	经营现金支出					
11	直接材料采购	208800	236480	271352	271256	987888
12	直接人工支出	66000	76500	88500	72000	303000
13	制造费用	21700	24175	25075	22500	93450
14	销售及管理费用	58355	68855	79355	68855	275420
15	支付流转税	35000	35000	35000	35000	140000
16	预交所得税	50000	50000	50000	89440	239440
17	分配利润				250000	250000
18	资本性现金支出	50000	40000	70000	80000	240000
19	现金支出合计	489855	531010	619282	889051	2529198
20	现金余缺	65145	99135	139853	(154198)	(24198)
21	三、资金的筹集与运用					
22	长期借款（10%）	0	0	0	80000	80000
23	短期借款（5%）					0
24	出售短期投资					0
25	支付利息				2000	2000
26	偿还短期借款					0
27	偿还长期借款					0
28	进行短期投资	10000	40000	80000		130000
29	期末现金余额	55145	59135	59853	(76198)	(76198)
30						

图 11.52　低于最低现金持有量时计算结果

	A	B	C	D	E	F
1				现金预算表		
2			2022年度		单位：元	
3	项　　目	第1季度	第2季度	第3季度	第4季度	全年
4	期初现金余额	80000	55145	59135	59853	80000
5	一、现金收入					
6	经营现金收入	475000	575000	700000	675000	2425000
7	其他现金收入					
8	可供使用现金	555000	630145	759135	734853	2505000
9	二、现金支出					
10	经营现金支出					
11	直接材料采购	208800	236480	271352	271256	987888
12	直接人工支出	66000	76500	88500	72000	303000
13	制造费用	21700	24175	25075	22500	93450
14	销售及管理费用	58355	68855	79355	68855	275420
15	支付流转税	35000	35000	35000	35000	140000
16	预交所得税	50000	50000	50000	89440	239440
17	分配利润				250000	250000
18	资本性现金支出	50000	40000	70000	80000	240000
19	现金支出合计	489855	531010	619282	889051	2529198
20	现金余缺	65145	99135	139853	(154198)	(24198)
21	三、资金的筹集与运用					
22	长期借款（10%）	0	0	0	80000	80000
23	短期借款（5%）					
24	出售短期投资				130000	130000
25	支付利息				2000	2000
26	偿还短期借款					0
27	偿还长期借款					0
28	进行短期投资	10000	40000	80000		130000
29	期末现金余额	55145	59135	59853	53802	53802
30						

图 11.53　出售短期投资后的计算结果

3. 预计利润表

预计利润表是以货币为计量单位，全面综合地反映企业预算期内全部经营活动成果的预算。它是在汇总销售、成本和管理费用等预算的基础上编制的。

【**例 11.17**】　承［例 11.16］，要求：根据上述例题资料编制的预算表，编制 2022 年度的预计利润表。

操作步骤如下。

① 新建工作表，将工作表重命名为"预计利润表"，并设计预计利润表模型，如图 11.54 所示。

② 计算销售毛利。选中 B4 单元格，输入公式"＝HLOOKUP(B3,销售预算,4,FALSE)"，利用填充柄将

	A	B	C	D	E	F
1				预计利润表		
2			2022年度		单位：元	
3	项　　目	第1季度	第2季度	第3季度	第4季度	全年
4	销售收入					
5	减：销售成本					
6	销售毛利					
7	减：销售费用					
8	管理费用					
9	财务费用					
10	营业利润					
11	减：所得税					
12	净利润					
13						

图 11.54　预计利润表模型

该公式填充至 F4 单元格；选中 B5 单元格，输入公式"＝HLOOKUP(B3,销售预算,2,FALSE)＊产品成本预算！＄D＄9"，利用填充柄将该公式填充至 F5 单元格；选中 B6 单元格，输入公式"＝B4－B5"，利用填充柄将该公式填充至 F6 单元格。

③ 计算营业利润。选中 B7 单元格，输入公式"＝HLOOKUP(B3,销售及管理费用预算,8,FALSE)"，利用填充柄将该公式填充至 F7 单元格；选中 B8 单元格，输入公式"＝HLOOKUP(B3,销售及管理费用预算,15,FALSE)"，利用填充柄将该公式填充至 F8 单元

格;选中 B9 单元格,输入公式"=HLOOKUP(B3,现金预算,23,FALSE)",利用填充柄将该公式填充至 F9 单元格;

选中 B10 单元格,输入公式"=B6−B7−B8−B9",利用填充柄将该公式填充至 F10 单元格。

④ 计算净利润。选中 B11 单元格,输入公式"=HLOOKUP(B3,现金预算,14,FALSE)",利用填充柄将该公式填充至 F11 单元格;选中 B12 单元格,输入公式"=B10−B11",利用填充柄将该公式填充至 F12 单元格。

制作完成的预计利润表如图 11.55 所示。

	A	B	C	D	E	F
1				预计利润表		
2			2022年度		单位:元	
3	项　目	第1季度	第2季度	第3季度	第4季度	全年
4	销售收入	500000	625000	750000	625000	2500000
5	减:销售成本	293000	366250	439500	366250	1465000
6	销售毛利	207000	258750	310500	258750	1035000
7	减:销售费用	42000	52500	63000	52500	210000
8	管理费用	31355	31355	31355	31355	125420
9	财务费用	0	0	0	2000	2000
10	营业利润	133645	174895	216145	172895	697580
11	减:所得税	50000	50000	50000	89440	239440
12	净利润	83645	124895	166145	83455	458140
13						

图 11.55　预计利润表计算结果

4. 预计资产负债表

预计资产负债表用来反映企业在计划期末预计的财务状况,它的编制需以计划期开始日的资产负债表为基础,结合计划期间各项业务预算、专门决策预算、现金预算和预计利润表进行编制,它是编制全面预算的终点。

【例 11.18】 承[例 11.17],升达有限责任公司 2022 年计划年度末应缴税费 20 000元,预收账款 24 198 元,计划期开始日财务状况如表 11.10 所示。要求:编制 2022 年度的预计资产负债表。

表 11.10　期初财务数据表　　　　　　　　　　　　　　单位:元

资产	期初数	负债及权益	期初数
流动资产:		流动负债:	
现金	80 000	短期借款	
应收账款	175 000	应付账款	120 000
存货	58 350	应交税费	160 000
短期投资		预收账款	24 198
流动资产合计	313 350	流动负债合计	304 198
非流动资产:		长期负债:	
固定资产	800 000	长期借款	
减:累计折旧	76 800	长期负债合计	

(续表)

资产	期初数	负债及权益	期初数
固定资产净值	723 200	负债合计	304 198
在建工程		所有者权益:	
无形资产	194 200	实收资本	500 000
		盈余公积	100 000
		留存收益	326 552
非流动资产合计	917 400	权益合计	926 552
资产合计	1 230 750	负债及权益合计	1 230 750

操作步骤如下。

① 新建工作表,将工作表重命名为"预计资产负债表",并设计资产负债表模型,如图 11.56 所示。

图 11.56 预计资产负债表模型

② 计算流动资产。选中 C5 单元格,输入公式"=现金预算! F29",选中 C6 单元格,输入公式"=销售预算! E6 * 0.4",选中 C7 单元格,输入公式"=直接材料和采购预算! F7 * 直接材料和采购预算! F11+产品成本预算! F9",选中 C8 单元格,输入公式"=现金预算! F28-现金预算! F24",选中 C9 单元格,输入公式"=SUM(C5:C8)"。

③ 计算非流动资产及资产合计数。选中 C11 单元格,输入公式"=B11",选中 C12 单元格,输入公式"=B12+制造费用预算! F13+销售及管理费用预算! F16",选中 C13 单元格,输入公式"=C11-C12",选中 C14 单元格,输入公式"=专门决策预算! F4",选中 C15 单元格,输入公式"=B15-销售及管理费用预算! F15",选中 C18 单元格,输入公式"=SUM(C13:C17)",选中 C19 单元格,输入公式"=C9+C18"。

④ 计算流动负债。选中 F5 单元格,输入公式"=现金预算! F23-现金预算! F26",选中 F6 单元格,输入公式"=直接材料和采购预算! E12 * 0.6",选中 F7 单元格,输入公式"=20 000",选中 F8 单元格,输入公式"=24 198",选中 F9 单元格,输入公式"=SUM(F5:

F8)"。

⑤ 计算长期负债及负债合计数。选中 F11 单元格,输入公式"=现金预算! F22－现金预算! F27",选中 F12 单元格,输入公式"=F11",选中 F13 单元格,输入公式"=F9＋F12"。

⑥ 计算所有者权益及负债和权益合计数。选中 F15 单元格,输入公式"=E15",选中 F16 单元格,输入公式"=E16",选中 F17 单元格,输入公式"=E17＋预计利润表! F12－现金预算! F17,单元格 F18＝SUM(F15:F17)",选中 F19 单元格,输入公式"=F13＋F18"。

制作完成的预计资产负债表如图 11.57 所示。

	A	B	C	D	E	F
1			预计资产负债表			
2			2022年度		单位:元	
3	资　产	期初数	预计金额	负债及权益	期初数	预计金额
4	流动资产:			流动负债:		
5	现金	80000	53802	短期借款		0
6	应收账款	175000	250000	应付账款	120000	144912
7	存货	58350	75800	应交税费	160000	20000
8	短期投资		0	预收账款	24198	24198
9	流动资产合计	313350	379602	流动负债合计	304198	189110
10	非流动资产:			长期负债:		
11	固定资产	800000	800000	长期借款		80000
12	减:累计折旧	76800	200000	长期负债合计		80000
13	固定资产净值	723200	600000	负债合计	304198	269110
14	在建工程		240000	所有者权益:		
15	无形资产	194200	184200	实收资本	500000	500000
16				盈余公积	100000	100000
17				留存收益	326552	534692
18	非流动资产合计	917400	1024200	权益合计	926552	1134692
19	资产合计	1230750	1403802	负债及权益合计	1230750	1403802
20						

图 11.57　预计资产负债表计算结果

实战演练

(1) 假设升达有限责任公司 2021 年 1～11 月的销售情况如表 11.11 所示。要求:利用趋势图分析法和回归直线法预测其 12 月的销量。

表 11.11　2021 年 1～11 月销售情况　　　　　　单位:件

月份	1	2	3	4	5	6	7	8	9	10	11
销售量	940	938	895	910	915	946	973	1 000	1 010	1 008	1 015

(2) 假设升达有限责任公司 2021 年 1～6 月的营业额和营业费用如表 11.12 所示,7～12 月的预计营业额如表 11.13 所示。要求:分别使用高低点法和函数法对其 7～12 月的营业费用进行预测。

表 11.12　2021 年 1～6 月营业额和营业费用　　　　　单位:元

月份	1	2	3	4	5	6
营业额	85 465	98 000	150 000	125 000	142 000	158 000
营业费用	5 800	6 700	7 200	10 250	11 000	15 000

月份	7	8	9	10	11	12
预计营业额	165 000	170 000	180 000	190 000	195 000	200 000

表 11.13　2021 年 7～12 月预计营业额　　　　单位:元

（3）升达有限责任公司只生产一种产品,每月销量为 2 000 件,产品单价为 60 元,单位变动成本 36 元,每月固定成本 8 000 元。假设各因素变动百分比上下浮动数为 50%,请在 Excel 中进行利润敏感分析。

如果销售单价提高 10%,将导致销量下降 15%;如果销售单价降低 5%,可以增加销售量 25%。要求:根据以上情况,分析哪种措施对该公司更有利。

参 考 文 献

[1] 陈潇怡.财务与会计数据出来——以 Excel 为工具[M].北京:清华大学出版社,2017.

[2] 宗邵君,王红心.Excel 在财务中的应用[M].长春:吉林大学出版社,2016.

[3] 蔡素兰.Excel 在会计和财务管理中的应用[M].上海:立信会计出版社,2016.

[4] 衣光臻.Excel 在财务会计中的应用[M].北京:中国人民大学出版社,2016.

[5] 闫本宗,何保国.Excel 财务管理实验教程[M].南京:南京大学出版社,2013.

[6] 付姝宏.Excel 在会计中的应用[M].北京:中国人民大学出版社,2014.

[7] 钭志斌.Excel 在财务中的应用[M].北京:高等教育出版社,2014.

[8] 钟爱军,李良敏,刘静.Excel 在会计中的应用[M].武汉:武汉大学出版社,2011.